MW00478505

৩৫৬৲৵৬

PRAYER FOR TRAVELERS

This prayer is to be said, standing if possible, outside the city on the first day of one's journey. On subsequent days of the journey until reaching home again, whether on the road or at a hotel, the prayer should be recited every morning, but should be concluded thus: *Blessed are You who hears prayer.*

יהי May it be Your will, Lord our God and God of our fathers, to lead us in peace and direct our steps in peace; to guide us in peace, to support us in peace, and to bring us to our destination in life, joy, and peace (One who intends to return that day says: and return us in peace). Deliver us from the hands of every enemy and lurking foe, from robbers and wild beasts on the journey, and from all kinds of calamities that may come and afflict the world; and bestow blessing upon all our actions. Grant me[1] grace, kindness, and mercy in Your eyes and in the eyes of all who behold us, and bestow bountiful kindness upon us. Hear the voice of our prayer, for You hear everyone's prayer. Blessed are You, Lord, who hears prayer.

৩৫৬৲৵৬

TWELVE TORAH PASSAGES

1. The Torah that Moshe commanded us is the heritage of the congregation of Jacob.[2]

2. Hear O Israel, God is our Lord, God is One.[3]

3. In every generation one must look upon himself as if he personally had gone out of Egypt.[4]

4. All Israel have a share in the world to come, as it is stated "And your people are all tzadikim (righteous)." They shall inherit the land forever. They are the branch of My planting, the work of My hands, in which I take pride.[5]

5. It is within your close reach to follow the Torah in speech, feeling and deed.[6]

6. God stands over him, and the whole earth is full of His glory and He searches his mind and heart (to see) if he is serving Him as is fitting.[7]

7. In the beginning God created the heavens and the earth.[8]

8. And you shall teach the Torah to your children, and you should speak about it when you are home and when you travel, before you lie down to sleep and when you wake up.[9]

9. If someone says: "I have worked hard but I have not been succesful," don't believe him. If someone says: "I have not worked hard and have been succsesful," don't believe him. If someone says: "I have worked hard and have been succsesul," believe him.[10]

10. Rabbi Akiva says that "to love your fellow as yourself", is a basic principle of the Torah.[11]

11. The purpose of the creation of every Jew and of all the worlds is to make a dwelling place for God in this world.[12]

12. The Jews should rejoice in their Maker. Every Jew should share in God's joy, Who rejoices and is happy in His dwelling in this world.[13]

PRAYER FOR TRAVELERS

This prayer is to be said, standing if possible, outside the city on the first day of one's journey. On subsequent days of the journey until reaching home again, whether on the road or at a hotel, the prayer should be recited every morning, but should be concluded thus: בָּרוּךְ אַתָּה שׁוֹמֵעַ תְּפִלָּה.

יְהִי רָצוֹן מִלְּפָנֶיךָ יְיָ אֱלֹהֵינוּ וֵאלֹהֵי אֲבוֹתֵינוּ, שֶׁתּוֹלִיכֵנוּ לְשָׁלוֹם וְתַצְעִידֵנוּ לְשָׁלוֹם וְתַדְרִיכֵנוּ לְשָׁלוֹם וְתִסְמְכֵנוּ לְשָׁלוֹם, וְתַגִּיעֵנוּ לִמְחוֹז חֶפְצֵנוּ לְחַיִּים וּלְשִׂמְחָה וּלְשָׁלוֹם (One who intends to return that day says: וְתַחֲזִירֵנוּ לְשָׁלוֹם), וְתַצִּילֵנוּ מִכַּף כָּל אוֹיֵב וְאוֹרֵב וְלִסְטִים וְחַיּוֹת רָעוֹת בַּדֶּרֶךְ וּמִכָּל פּוּרְעָנִיּוֹת הַמִּתְרַגְּשׁוֹת וּבָאוֹת לָעוֹלָם. וְתִשְׁלַח בְּרָכָה בְּכָל מַעֲשֵׂה יָדֵינוּ, וְתִתְּנֵנִי[1] לְחֵן וּלְחֶסֶד וּלְרַחֲמִים בְּעֵינֶיךָ וּבְעֵינֵי כָל רוֹאֵינוּ, וְתִגְמְלֵנוּ חֲסָדִים טוֹבִים, וְתִשְׁמַע קוֹל תְּפִלָּתֵנוּ, כִּי אַתָּה שׁוֹמֵעַ תְּפִלַּת כָּל פֶּה: בָּרוּךְ אַתָּה יְיָ, שׁוֹמֵעַ תְּפִלָּה:

TWELVE TORAH PASSAGES

1. תּוֹרָה צִוָּה לָנוּ מֹשֶׁה מוֹרָשָׁה קְהִלַּת יַעֲקֹב:[2]
2. שְׁמַע יִשְׂרָאֵל יְיָ אֱלֹהֵינוּ יְיָ אֶחָד:[3]
3. בְּכָל דּוֹר וָדוֹר חַיָּב אָדָם לִרְאוֹת אֶת עַצְמוֹ כְּאִלּוּ הוּא יָצָא מִמִּצְרָיִם:[4]
4. כָּל יִשְׂרָאֵל יֵשׁ לָהֶם חֵלֶק לָעוֹלָם הַבָּא שֶׁנֶּאֱמַר וְעַמֵּךְ כּוּלָּם צַדִּיקִים לְעוֹלָם יִירְשׁוּ אָרֶץ נֵצֶר מַטָּעַי מַעֲשֵׂה יָדַי לְהִתְפָּאֵר:[5]
5. כִּי קָרוֹב אֵלֶיךָ הַדָּבָר מְאֹד בְּפִיךָ וּבִלְבָבְךָ לַעֲשׂוֹתוֹ:[6]
6. וְהִנֵּה ה׳ נִצָּב עָלָיו וּמְלֹא כָל הָאָרֶץ כְּבוֹדוֹ וּמַבִּיט עָלָיו וּבוֹחֵן כְּלָיוֹת וָלֵב אִם עוֹבְדוֹ כָּרָאוּי:[7]
7. בְּרֵאשִׁית בָּרָא אֱלֹהִים אֵת הַשָּׁמַיִם וְאֵת הָאָרֶץ:[8]
8. וְשִׁנַּנְתָּם לְבָנֶיךָ וְדִבַּרְתָּ בָּם, בְּשִׁבְתְּךָ בְּבֵיתֶךָ וּבְלֶכְתְּךָ בַדֶּרֶךְ וּבְשָׁכְבְּךָ וּבְקוּמֶךָ:[9]
9. יָגַעְתִּי וְלֹא מָצָאתִי אַל תַּאֲמִין לֹא יָגַעְתִּי וּמָצָאתִי אַל תַּאֲמִין יָגַעְתִּי וּמָצָאתִי תַּאֲמִין:[10]
10. וְאָהַבְתָּ לְרֵעֲךָ כָּמוֹךָ; רַבִּי עֲקִיבָא אוֹמֵר זֶה כְּלַל גָּדוֹל בַּתּוֹרָה:[11]
11. וְזֶה כָּל הָאָדָם וְתַכְלִית בְּרִיאָתוֹ וּבְרִיאַת כָּל הָעוֹלָמוֹת עֶלְיוֹנִים וְתַחְתּוֹנִים לִהְיוֹת לוֹ דִירָה זוֹ בְּתַחְתּוֹנִים:[12]
12. יִשְׂמַח יִשְׂרָאֵל בְּעוֹשָׂיו פֵּירוּשׁ שֶׁכָּל מִי שֶׁהוּא מִזֶּרַע יִשְׂרָאֵל יֵשׁ לוֹ לִשְׂמֹחַ בְּשִׂמְחַת ה׳ אֲשֶׁר שָׂשׂ וְשָׂמֵחַ בְּדִירָתוֹ בְּתַחְתּוֹנִים:[13]

1. In the singular [V. Shulchan Aruch HaRav, Orach Chayim 110:4]. **2.** Deuteronomy 33:4. **3.** Ibid. 6:4. **4.** Pesachim 116b. **5.** Sanhedrin 90a. **6.** Deuteronomy 30:14. Tanya explains how this is indeed close. **7.** Tanya ch. 45. **8.** Genesis 1:1. **9.** Deuteronomy 6:7. **10.** Megillah 6b. **11.** Leviticus 19:18; Toras Kohanim ad loc. **12.** Tanya ch. 33. **13.** Ibid.

KADDISH D'RABBANAN

Mourners recite the following Kaddish. Congregation responds Amen as indicated.

יִתְגַּדַּל *Yis-gadal v'yis-kadash sh'mayh rabö.* (Cong: *Ömayn*)

B'öl'mö di v'rö chir'u-sayh v'yamlich mal'chusayh, v'yatzmach pur-könayh vikörayv m'shi-chayh. (Cong: *Ömayn*)

B'cha-yay-chon u-v'yomaychon u-v'cha-yay d'chöl bays yisrö-ayl, ba-agölö u-viz'man köriv v'im'ru ömayn.

(Cong: *Ömayn. Y'hay sh'mayh rabö m'vörach l'ölam u-l'öl'may öl'ma-yö, yisböraych.*)

Y'hay sh'mayh rabö m'vörach l'ölam u-l'öl'may öl'ma-yö. Yisböraych, v'yishtabach, v'yispö-ayr, v'yisromöm, v'yis-nasay, v'yis-hadör, v'yis-aleh, v'yis-halöl, sh'may d'kudshö b'rich hu. (Cong: *Ömayn*)

L'aylö min köl bir-chösö v'shirösö, tush-b'chösö v'neche-mösö, da-amirön b'öl'mö, v'im'ru ömayn. (Cong: *Ömayn*)

Al yisrö-ayl v'al rabönön, v'al tal-midayhon, v'al köl tal-miday tal-midayhon, v'al köl mön d'ös'kin b'ora-y'sö. Di v'asrö hödayn, v'di v'chöl asar v'asar. Y'hay l'hon u-l'chon shlömö rabö, chinö v'chisdö v'rachamin v'cha-yin arichin, u-m'zonö r'vichö u-furkönö min ködöm avu-hon d'vish'ma-yö v'im'ru ömayn. (Cong: *Ömayn*)

Y'hay sh'lömö rabö min sh'ma-yö, v'cha-yim tovim ölaynu v'al köl yisrö-ayl v'im'ru ömayn. (Cong: *Ömayn*)

Take three steps back, then bow right saying *Oseh shölom bim'romöv*, bow forward saying *hu*, bow left saying *ya-aseh shölom ölaynu*, and bow forward saying *v'al köl yisrö-ayl, v'im'ru ömayn*.

From Rosh Hashanah through Yom Kippur, substitute *ha-shölom* for *shölom*.

Oseh (ha-shölom) shölom bim'romöv, hu ya-a-se shölom ölaynu v'al köl yisrö-ayl, v'im'ru ömayn. (Cong: *Ömayn*)

KADDISH D'RABBANAN

Mourners recite the following Kaddish. Congregation responds אָמֵן as indicated.

יִתְגַּדַּל וְיִתְקַדַּשׁ שְׁמֵהּ רַבָּא. (Cong—אָמֵן) בְּעָלְמָא דִּי בְרָא כִרְעוּתֵהּ וְיַמְלִיךְ מַלְכוּתֵהּ, וְיַצְמַח פּוּרְקָנֵהּ וִיקָרֵב מְשִׁיחֵהּ. (Cong—אָמֵן) בְּחַיֵּיכוֹן וּבְיוֹמֵיכוֹן וּבְחַיֵּי דְכָל בֵּית יִשְׂרָאֵל, בַּעֲגָלָא וּבִזְמַן קָרִיב וְאִמְרוּ אָמֵן:

(Cong—אָמֵן. יְהֵא שְׁמֵהּ רַבָּא מְבָרַךְ לְעָלַם וּלְעָלְמֵי עָלְמַיָּא, יִתְבָּרַךְ.)

יְהֵא שְׁמֵהּ רַבָּא מְבָרַךְ לְעָלַם וּלְעָלְמֵי עָלְמַיָּא. יִתְבָּרַךְ, וְיִשְׁתַּבַּח, וְיִתְפָּאַר, וְיִתְרוֹמַם, וְיִתְנַשֵּׂא, וְיִתְהַדָּר, וְיִתְעַלֶּה, וְיִתְהַלָּל, שְׁמֵהּ דְּקוּדְשָׁא בְּרִיךְ הוּא. (Cong—אָמֵן)

לְעֵלָּא מִן כָּל בִּרְכָתָא וְשִׁירָתָא, תֻּשְׁבְּחָתָא וְנֶחֱמָתָא, דַּאֲמִירָן בְּעָלְמָא, וְאִמְרוּ אָמֵן: (Cong—אָמֵן)

עַל יִשְׂרָאֵל וְעַל רַבָּנָן, וְעַל תַּלְמִידֵיהוֹן וְעַל כָּל תַּלְמִידֵי תַלְמִידֵיהוֹן, וְעַל כָּל מָאן דְּעָסְקִין בְּאוֹרַיְתָא, דִּי בְאַתְרָא הָדֵין וְדִי בְכָל אֲתַר וַאֲתַר, יְהֵא לְהוֹן וּלְכוֹן שְׁלָמָא רַבָּא חִנָּא וְחִסְדָּא וְרַחֲמִין וְחַיִּין אֲרִיכִין וּמְזוֹנָא רְוִיחָא וּפוּרְקָנָא מִן קֳדָם אֲבוּהוֹן דְּבִשְׁמַיָּא וְאִמְרוּ אָמֵן: (Cong—אָמֵן)

יְהֵא שְׁלָמָא רַבָּא מִן שְׁמַיָּא וְחַיִּים טוֹבִים עָלֵינוּ וְעַל כָּל יִשְׂרָאֵל, וְאִמְרוּ אָמֵן: (Cong—אָמֵן)

Take three steps back, then bow right saying עֹשֶׂה שָׁלוֹם בִּמְרוֹמָיו, bow forward saying הוּא, bow left saying יַעֲשֶׂה שָׁלוֹם עָלֵינוּ, and bow forward saying וְעַל כָּל יִשְׂרָאֵל, וְאִמְרוּ אָמֵן.

From Rosh Hashanah through Yom Kippur, substitute הַשָּׁלוֹם for שָׁלוֹם.

עֹשֶׂה (הַשָּׁלוֹם) שָׁלוֹם בִּמְרוֹמָיו, הוּא יַעֲשֶׂה שָׁלוֹם עָלֵינוּ וְעַל כָּל יִשְׂרָאֵל, וְאִמְרוּ אָמֵן: (Cong—אָמֵן)

should one do [to render it kosher again if it contains less than forty se'ah]? He should wait until it rains and its color returns to the color of water. If, however, it already contained forty se'ah, he may fill [buckets of water], carry them on his shoulder and pour it into the mikveh until its color returns to the color of water.

4. If wine or olive sap fell into a mikveh and discolored a part of the water, if it does not contain forty se'ah which has the color of water, one may not immerse himself in it.

5. If a kortov of wine fell into three logs of [drawn] water and its color became like the color of wine, and it then fell into a mikveh [of less than forty se'ah], it does not render the mikveh unfit. If a kortov of milk fell into three logs less a kortov of [drawn] water, and its color remained like the color of water, and then it fell into a mikveh [of less than forty se'ah], it does not render the mikveh unfit. Rabbi Yochanan ben Nuri said: Everything depends upon the color.

6. If two people went down and immersed themselves, one after the other, in a mikveh which contains exactly forty se'ah, the first becomes [ritually] clean but the second remains [ritually] unclean. Rabbi Yehudah said: If the feet of the first were still touching the water [while the second immersed himself], even the second becomes clean. If one immersed a thick mantle in a mikveh [of exactly forty se'ah], and took it out leaving part of it still touching the water, [if another person immersed himself,] he becomes ritually clean. If a leather pillow or cushion [was immersed in a mikveh of exactly forty se'ah], when it is taken out of the water by its open end the water within it becomes drawn water [and if three logs of it flow back into the mikveh they will render it—having now less than forty se'ah—unfit]. How is one to remove them [without making the mikveh unfit]? He should immerse them and take them out by their closed ends.

7. If one immersed a bed [that is too tall to be immersed all at one time in a mikveh of forty se'ah], even if its legs sank into the thick mud, it nevertheless becomes ritually clean because the water touched them before [they sank into the mud]. A mikveh whose water is too shallow [for proper immersion], one may press down even bundles of sticks, even bundles of reeds, so that the level of the water is raised and then he may go down and immerse himself. A needle which is placed on the step [leading down to a mikveh] in a cave, and the water is moved back and forth—as soon as a wave has passed over it, it becomes ritually clean.

רַבִּי Rabbi Chananyah ben Akashya said: The Holy One, blessed be He, wished to make the people of Israel meritorious; therefore He gave them Torah and mitzvot in abundant measure, as it is written: The Lord desired, for the sake of his [Israel's] righteousness, to make the Torah great and glorious.

יַעֲשֶׂה, יַמְתִּין לוֹ עַד שֶׁיֵּרְדוּ גְשָׁמִים וְיַחְזְרוּ מַרְאֵיהֶן לְמַרְאֵה הַמַּיִם; הָיוּ בוֹ אַרְבָּעִים סְאָה, מְמַלֵּא בַכָּתֵף, וְנוֹתֵן לְתוֹכוֹ עַד שֶׁיַּחְזְרוּ מַרְאֵיהֶן לְמַרְאֵה הַמָּיִם: ד נָפַל לְתוֹכוֹ יַיִן אוֹ מֹחַל, וְשִׁנּוּ מִקְצָת מַרְאָיו, אִם אֵין בּוֹ מַרְאֵה מַיִם אַרְבָּעִים סְאָה, הֲרֵי זֶה לֹא יִטְבֹּל בּוֹ: ה שְׁלֹשָׁה לֻגִּין מַיִם, וְנָפַל לְתוֹכָן קֻרְטוֹב יַיִן, וַהֲרֵי מַרְאֵיהֶן כְּמַרְאֵה הַיַּיִן, וְנָפְלוּ לַמִּקְוֶה, לֹא פְסָלוּהוּ. שְׁלֹשָׁה לֻגִּין מַיִם חָסֵר קֻרְטוֹב, וְנָפַל לְתוֹכָן קֻרְטוֹב חָלָב, וַהֲרֵי מַרְאֵיהֶן כְּמַרְאֵה הַמַּיִם, וְנָפְלוּ לַמִּקְוֶה, לֹא פְסָלוּהוּ. רַבִּי יוֹחָנָן בֶּן נוּרִי אוֹמֵר: הַכֹּל הוֹלֵךְ אַחַר הַמַּרְאֶה: ו מִקְוֶה שֶׁיֵּשׁ בּוֹ אַרְבָּעִים סְאָה מְכֻוָּנוֹת, יָרְדוּ שְׁנַיִם וְטָבְלוּ זֶה אַחַר זֶה, הָרִאשׁוֹן טָהוֹר, וְהַשֵּׁנִי טָמֵא. רַבִּי יְהוּדָה אוֹמֵר: אִם הָיוּ רַגְלָיו שֶׁל רִאשׁוֹן נוֹגְעוֹת בַּמַּיִם, אַף הַשֵּׁנִי טָהוֹר. הִטְבִּיל בּוֹ אֶת הַסָּגוֹס וְהֶעֱלָהוּ, מִקְצָתוֹ נוֹגֵעַ בַּמַּיִם, טָהוֹר. הַכַּר וְהַכֶּסֶת שֶׁל עוֹר, כֵּיוָן שֶׁהִגְבִּיהַּ שִׂפְתוֹתֵיהֶם מִן הַמַּיִם, הַמַּיִם שֶׁבְּתוֹכָן שְׁאוּבִין. כֵּיצַד יַעֲשֶׂה, מַטְבִּילָן וּמַעֲלֶה אוֹתָם דֶּרֶךְ שׁוּלֵיהֶם:

ז הִטְבִּיל בּוֹ אֶת הַמִּטָּה, אַף עַל פִּי שֶׁרַגְלֶיהָ שׁוֹקְעוֹת בַּטִּיט הֶעָבֶה, טְהוֹרָה, מִפְּנֵי שֶׁהַמַּיִם מְקַדְּמִין. מִקְוֶה שֶׁמֵּימָיו מְרֻדָּדִין, כּוֹבֵשׁ אֲפִלּוּ חֲבִילֵי עֵצִים, אֲפִלּוּ חֲבִילֵי קָנִים, כְּדֵי שֶׁיִּתְפְּחוּ הַמַּיִם, וְיוֹרֵד וְטוֹבֵל. מַחַט שֶׁהִיא נְתוּנָה עַל מַעֲלַת הַמְּעָרָה, הָיָה מוֹלִיךְ וּמֵבִיא בַּמַּיִם, כֵּיוָן שֶׁעָבַר עָלֶיהָ הַגַּל, טְהוֹרָה:

רַבִּי חֲנַנְיָא בֶּן עֲקַשְׁיָא אוֹמֵר: רָצָה הַקָּדוֹשׁ בָּרוּךְ הוּא לְזַכּוֹת אֶת יִשְׂרָאֵל, לְפִיכָךְ הִרְבָּה לָהֶם תּוֹרָה וּמִצְוֹת, שֶׁנֶּאֱמַר: יְיָ חָפֵץ לְמַעַן צִדְקוֹ, יַגְדִּיל תּוֹרָה וְיַאְדִּיר:

combined receptacle] is determined by the sound one; if a small receptacle was placed over a large one [and both are either sound or worn out, the cleanness or uncleanness of the combined receptacle] is determined by the large one; if both were equal [in size and both are either sound or worn out, the cleanness or uncleanness] is determined by the inner one. Rabbi Shimon said: If an [unclean] pan of a balance was patched on to the bottom of a [clean] boiler on the inside, it becomes unclean, but if on the outside, it is clean; if it was patched on to its side, whether on the inside or on the outside, it is clean.

MIKVAOT CHAPTER 7

1. There are things [which when added to or fall into a *mikveh* of less than the prescribed measure of forty *se'ah*] serve to raise the *mikveh* [to its prescribed measure] and do not render it unfit [for ritual immersion]; some make it unfit and do not serve to raise it; and some neither raise it nor make it unfit. The following raise it [to the prescribed measure] and do not make it unfit: snow, hail, frost, ice, salt, and soft mud. Rabbi Akiva said: Rabbi Yishmael took issue with me, saying that snow does not serve to raise the *mikveh* [to its prescribed measure]. But the men of Medeva testified in his name that he told them: Go and bring snow and make with it [even] a completely new *mikveh*. Rabbi Yochanan ben Nuri said: Hailstones are like [drawn] water [which disqualifies the *mikveh*.] How do the [aformentioned] serve to raise [the *mikveh* to its required measure] and not render it unfit? If into a *mikveh* of forty *se'ah* less one fell a *se'ah* of any of these and increased it [to forty]—it is thereby raised [to its prescribed measure] and not rendered unfit.

2. These render a *mikveh* unfit and do not serve to raise it [to the prescribed measure]: Drawn water, whether [ritually] clean or unclean, water that has been used for pickling or cooking, and wine made from grape-skin, pip or lees before it ferments. How do they render it unfit and do not serve to raise it? If into a *mikveh* of forty *se'ah* less one *kortov* fell a *kortov* of any of them, it does not serve to raise [the *mikveh* to forty *se'ah*]; but it is rendered unfit by three *logs* of any of them. Other liquids,[1] however, and fruit juices, fish brine, liquid of pickled fish, and wine made from grape-skin, pip or lees that has fermented, at times serve to raise it [to the prescribed measure] and at times do not serve to raise it. How? If into a *mikveh* of forty *se'ah* less one fell a *se'ah* of any of them, it has not raised [the *mikveh* to its prescribed measure]; but if it contained forty *se'ah*, and a *se'ah* of any of them was put in and then one *se'ah* removed, the *mikveh* remains kosher.

3. If one rinsed in a *mikveh* baskets of olives or baskets of grapes and they changed its color, it remains kosher. Rabbi Yosai said: Dye-water renders it unfit by a quantity of three *logs*, but not merely by the change of color. If wine or olive sap fell into it and changed its color, it makes it unfit. What

מִבִּפְנִים טָמֵא, מִבַּחוּץ טָהוֹר; טְלָיָהּ עַל צִדָּהּ, בֵּין מִבִּפְנִים בֵּין מִבַּחוּץ, טָהוֹר:

מקואות פרק ז

א יֵשׁ מַעֲלִין אֶת הַמִּקְוֶה וְלֹא פוֹסְלִין, פּוֹסְלִין וְלֹא מַעֲלִין, לֹא מַעֲלִין וְלֹא פוֹסְלִין. אֵלּוּ מַעֲלִין וְלֹא פוֹסְלִין: הַשֶּׁלֶג, וְהַבָּרָד, וְהַכְּפוֹר, וְהַגְּלִיד, וְהַמֶּלַח, וְהַטִּיט הַנָּרוֹק. אָמַר רַבִּי עֲקִיבָא: הָיָה רַבִּי יִשְׁמָעֵאל דָּן כְּנֶגְדִּי לוֹמַר: הַשֶּׁלֶג אֵינוֹ מַעֲלֶה אֶת הַמִּקְוֶה, וְהֵעִידוּ אַנְשֵׁי מֵידְבָא מִשְּׁמוֹ, שֶׁאָמַר לָהֶם: צְאוּ וְהָבִיאוּ שֶׁלֶג וַעֲשׂוּ מִקְוֶה בַּתְּחִלָּה. רַבִּי יוֹחָנָן בֶּן נוּרִי אוֹמֵר: אֶבֶן הַבָּרָד כַּמַּיִם. כֵּיצַד מַעֲלִין וְלֹא פוֹסְלִין, מִקְוֶה שֶׁיֵּשׁ בּוֹ אַרְבָּעִים סְאָה חָסֵר אַחַת, נָפַל מֵהֶם סְאָה לְתוֹכוֹ וְהֶעֱלֵהוּ, נִמְצְאוּ מַעֲלִין וְלֹא פוֹסְלִין: ב אֵלּוּ פוֹסְלִין וְלֹא מַעֲלִין: הַמַּיִם בֵּין טְמֵאִים בֵּין טְהוֹרִים, וּמֵי כְבָשִׁים וּמֵי שְׁלָקוֹת, וְהַתֶּמֶד עַד שֶׁלֹּא הֶחֱמִיץ. כֵּיצַד פּוֹסְלִין וְלֹא מַעֲלִין, מִקְוֶה שֶׁיֵּשׁ בּוֹ אַרְבָּעִים סְאָה חָסֵר קוֹרְטוֹב וְנָפַל מֵהֶם קוֹרְטוֹב לְתוֹכוֹ, לֹא הֶעֱלֵהוּ, וּפוֹסְלוֹ בִּשְׁלֹשָׁה לֻגִּין. אֲבָל שְׁאָר הַמַּשְׁקִין,[1] וּמֵי פֵרוֹת, וְהַצִּיר, וְהַמֻּרְיָס, וְהַתֶּמֶד מִשֶּׁהֶחֱמִיץ, פְּעָמִים מַעֲלִין וּפְעָמִים שֶׁאֵינָן מַעֲלִין. כֵּיצַד, מִקְוֶה שֶׁיֵּשׁ בּוֹ אַרְבָּעִים סְאָה חָסֵר אַחַת, נָפַל לְתוֹכוֹ סְאָה מֵהֶם, לֹא הֶעֱלֵהוּ; הָיוּ בוֹ אַרְבָּעִים סְאָה, נָתַן סְאָה וְנָטַל סְאָה, הֲרֵי זֶה כָּשֵׁר: ג הֵדִיחַ בּוֹ סַלֵּי זֵיתִים וְסַלֵּי עֲנָבִים, וְשִׁנּוּ אֶת מַרְאָיו, כָּשֵׁר. רַבִּי יוֹסֵי אוֹמֵר: מֵי הַצֶּבַע פּוֹסְלִין אוֹתוֹ בִּשְׁלֹשָׁה לֻגִּין, וְאֵינָן פּוֹסְלִין אוֹתוֹ בְּשִׁנּוּי מַרְאֶה. נָפַל לְתוֹכוֹ יַיִן וּמֹחַל, וְשִׁנּוּ אֶת מַרְאָיו, פָּסוּל. כֵּיצַד

1. Such as wine, oil, milk, etc.—V. Machshirin 6:4.

8. There are three kinds of beds [which differ with respect to the laws of ritual cleanness and uncleanness]: That which is used for lying upon is subject to *midras* uncleanness; that which is used by glassmakers [to put their wares on] is subject to uncleanness by a corpse; and that which is used by net weavers remains altogether clean.

9. There are three kinds of baskets [which differ with respect to the laws of ritual cleanness and uncleanness]: That which is used for manure [to be carried to the field] is subject to *midras* uncleanness; that which is used for straw is subject to uncleanness by a corpse; and that of rope mesh used on camels remains altogether clean.

10. There are three kinds of mats [which differ with respect to the laws of ritual cleanness and uncleanness]: That which is used for sitting is subject to *midras* uncleanness; that which is used by dyers [to spread garments on them] is subject to uncleanness by a corpse; and that which is used in winepresses [to cover the grapes] remains altogether clean.

11. There are three kinds of skin flasks and three kinds of shepherds' skin bags [which differ with respect to the laws of ritual cleanness and uncleanness]: Those holding the standard quantity [seven *kab* for the flask and five for the bag] are subject to *midras* uncleanness; those holding less than the standard quantity are subject to uncleanness by a corpse; and those made of fish-skin remain altogether clean.

12. There are three kinds of hides [which differ with respect to the laws of ritual cleanness and uncleanness]: That which is used as a rug [to sit on] is subject to *midras* uncleanness; that which is used as a wrapper for utensils is subject to uncleanness by a corpse; and that which is prepared for making straps and sandals remains altogether clean.

13. There are three kinds of sheets [which differ with respect to the laws of ritual cleanness and uncleanness]: That which is made for lying upon is subject to *midras* uncleanness; that which is used as a door-curtain is subject to uncleanness by a corpse; and that which has designs [used as a pattern] remains altogether clean.

14. There are three kinds of cloths [which differ with respect to the laws of cleanness and uncleanness]: Towels for the hands are subject to *midras* uncleanness; coverings for books are subject to uncleanness by a corpse; and shrouds[1] and covers for the musical instruments of the Levi'im remain altogether clean.

15. There are three kinds of leather gloves [which differ with respect to the laws of ritual cleanness and uncleanness]: Those used by hunters of animals and birds are subject to *midras* uncleanness; those used by catchers of locusts are subject to uncleanness by a corpse; and those used by driers of summer fruit remain altogether clean.

16. There are three kinds of hairnets [which differ with respect to the laws of ritual cleanness and uncleanness]: That of a girl is subject to *midras* uncleanness; that of an old woman is subject to uncleanness by a corpse; and that of a woman when she goes outside remains altogether clean.

17. There are three kinds of receptacles [which differ with respect to the laws of ritual cleanness and uncleanness]: If a worn-out receptacle was placed over a sound one as a patch [to make it stronger, the cleanness or uncleanness of the

טְהוֹרָה מִכְּלוּם: ח שָׁלשׁ מִטּוֹת הֵן: הָעֲשׂוּיָה לְשְׁכִיבָה, טְמֵאָה מִדְרָס; שֶׁל זַגָּגִין, טְמֵאָה טְמֵא מֵת; וְשֶׁל סָרָגִין, טְהוֹרָה מִכְּלוּם: ט שָׁלשׁ מַשְׁפֵּלוֹת הֵן: שֶׁל זֶבֶל, טְמֵאָה מִדְרָס; שֶׁל תֶּבֶן, טְמֵאָה טְמֵא מֵת; וְהַפְּחְלָץ שֶׁל גְּמַלִּים, טָהוֹר מִכְּלוּם: י שָׁלשׁ מַפָּצִים הֵן: הָעֲשׂוּיָה לִישִׁיבָה, טְמֵאָה מִדְרָס; שֶׁל צַבָּעִין, טָמֵא טְמֵא מֵת; וְשֶׁל גִּתּוֹת, טָהוֹר מִכְּלוּם: יא שָׁלשׁ חֲמָתוֹת וְשָׁלשׁ תַּרְמָלִין הֵן: הַמְקַבְּלִים כַּשִּׁעוּר, טְמֵאִין מִדְרָס; וְשֶׁאֵינָן מְקַבְּלִים כַּשִּׁעוּר, טְמֵאִין טְמֵא מֵת; וְשֶׁל עוֹר הַדָּג, טָהוֹר מִכְּלוּם: יב שְׁלשָׁה עוֹרוֹת הֵן: הֶעָשׂוּי לְשָׁטִיחַ, טָמֵא מִדְרָס; לְתַכְרִיךְ הַכֵּלִים, טָמֵא טְמֵא מֵת; וְשֶׁל רְצוּעוֹת וְשֶׁל סַנְדָּלִים, טְהוֹרָה מִכְּלוּם: יג שְׁלשָׁה סְדִינִין הֵן: הֶעָשׂוּי לְשְׁכִיבָה, טָמֵא מִדְרָס; לְוִילוֹן, טָמֵא טְמֵא מֵת; וְשֶׁל צוּרוֹת, טָהוֹר מִכְּלוּם: יד שָׁלשׁ מִטְפָּחוֹת הֵן: שֶׁל יָדַיִם, טְמֵאָה מִדְרָס; שֶׁל סְפָרִין, טְמֵאָה טְמֵא מֵת; וְשֶׁל תַּכְרִיךְ [1](וְשֶׁל) נִבְלֵי בְנֵי לֵוִי, טְהוֹרָה מִכְּלוּם: טו שְׁלשָׁה פַּרְקְלִינִין הֵן: שֶׁל צַיָּדֵי חַיָּה וָעוֹף, טָמֵא מִדְרָס; שֶׁל חֲגָבִים, טָמֵא טְמֵא מֵת; וְשֶׁל קַיָּצִין, טָהוֹר מִכְּלוּם: טז שָׁלשׁ סְבָכוֹת הֵן: שֶׁל יַלְדָּה, טְמֵאָה טֻמְאַת מִדְרָס; שֶׁל זְקֵנָה, טְמֵאָה טְמֵא מֵת; וְשֶׁל יוֹצְאָה לַחוּץ, טְהוֹרָה מִכְּלוּם: יז שָׁלשׁ קֻפּוֹת הֵן: מְהוּהָה שֶׁטְּלָיָה עַל הַבְּרִיָה, הוֹלְכִין אַחַר הַבְּרִיָה; קְטַנָּה עַל הַגְּדוֹלָה, הוֹלְכִין אַחַר הַגְּדוֹלָה; הָיוּ שָׁווֹת, הוֹלְכִין אַחַר הַפְּנִימִית. רַבִּי שִׁמְעוֹן אוֹמֵר: כַּף מֹאזְנַיִם שֶׁטְּלָיָה עַל שׁוּלֵי הַמֵּחַם,

1. According to some texts [V. Bartenura] the Mishnah reads only: and covers for the musical instruments of the Levites.

LEARNING FOR A MOURNER AND ON A YAHRZEIT

Throughout the first eleven months following the passing of one's father or mother and on the anniversary of their passing, known as *yahrzeit*, it is appropriate to learn Mishnayot of the order Taharot, especially the twenty-fourth chapter of the tractate Kelim, which contains seventeen Mishnayot, each one concluding with the phrase "altogether clean," and the entire chapter concluding "whether on the inside or on the outside it is clean." • One who has the time should learn also those chapters whose initial letters make up the name of the deceased.

KELIM CHAPTER 24

1. There are three kinds of shields [which differ with respect to the laws of ritual cleanness and uncleanness]: The bent shield [which surrounds the warrior on three sides, and which during a war is used by him to lie upon] is subject to *midras* uncleanness;[1] a shield used by swordsmen in their sword-play is subject to uncleanness by a corpse;[2] and the small shield used by the Arabs [in festivities and in sports, is not subject to any uncleanness, but] remains altogether clean.[3]

2. There are three kinds of wagons [which differ with respect to the laws of ritual cleanness and uncleanness]: One that is shaped like a chair with three sides is subject to *midras* uncleanness; one shaped like a bed is subject to uncleanness by a corpse; and one [made for carrying] stones remains altogether clean.

3. There are three kinds of kneading-troughs [which differ with respect to the laws of ritual cleanness and uncleanness]: A kneading-trough with a capacity of two *log* to nine *kab* which was cracked [hence unusable as a kneading-trough] is subject to *midras* uncleanness; if it was whole it is subject to uncleanness by a corpse; and one that holds a large quantity [forty *se'ah* liquid or sixty *se'ah* dry measure] remains altogether clean.

4. There are three kinds of boxes [which differ with respect to the laws of ritual cleanness and uncleanness]: A box whose opening is at its side is subject to *midras* uncleanness; one that has its opening at the top is subject to uncleanness by a corpse; and one that holds a large quantity[4] remains altogether clean.

5. There are three kinds of leather chests [which differ with respect to the laws of ritual cleanness and uncleanness]: That of barbers is subject to *midras* uncleanness; that at which people eat is subject to uncleanness by a corpse; and that for [pressing] olives remains altogether clean.

6. There are three kinds of stands [which differ with respect to the laws of ritual cleanness and uncleanness]: That which lies before a bed or before scribes is subject to *midras* uncleanness; that of a service table is subject to uncleanness by a corpse; and that of a cupboard remains altogether clean.

7. There are three kinds of writing tablets [which differ with respect to the laws of ritual cleanness and uncleanness]: One that is spread over with sand is subject to *midras* uncleanness; one that has a receptacle for wax is subject to uncleanness by a corpse; and one that is smooth remains altogether clean.

LEARNING FOR A MOURNER AND ON A YAHRZEIT

Throughout the first eleven months following the passing of one's father or mother and on the anniversary of their passing, known as *yahrzeit*, it is appropriate to learn Mishnayot of the order Taharot, especially the twenty-fourth chapter of the tractate Kelim, which contains seventeen Mishnayot, each one concluding with the phrase "altogether clean," and the entire chapter concluding "whether on the inside or on the outside it is clean." • One who has the time should learn also those chapters whose initial letters make up the name of the deceased.

כלים פרק כד

א **שְׁלֹשָׁה** תְרִיסִין הֵם: תְּרִיס הַכָּפוּף, טָמֵא מִדְרָס;[1]
וְשֶׁמְּשַׂחֲקִין בּוֹ בַּקֻּנְפּוֹן, טָמֵא טְמֵא מֵת;[2]
וְדִיצַת הָעַרְבִיִּין, טְהוֹרָה מִכְּלוּם:[3] ב שָׁלֹשׁ עֲגָלוֹת הֵם:
הָעֲשׂוּיָה כְּקַתֶּדְרָא, טְמֵאָה מִדְרָס; כְּמִטָּה, טְמֵאָה טְמֵא
מֵת; וְשֶׁל אֲבָנִים, טְהוֹרָה מִכְּלוּם: ג שָׁלֹשׁ עֲרֵבוֹת הֵן:
עֲרֵבָה מִשְּׁנֵי לֻגִּין עַד תִּשְׁעָה קַבִּין שֶׁנִּסְדְּקָה, טְמֵאָה מִדְרָס;
שְׁלֵמָה, טְמֵאָה טְמֵא מֵת; וְהַבָּאָה בַמִּדָּה,[4] טְהוֹרָה מִכְּלוּם:
ד שָׁלֹשׁ תֵּבוֹת הֵן: תֵּבָה שֶׁפִּתְחָהּ מִצִּדָּהּ, טְמֵאָה מִדְרָס;
מִלְּמַעְלָן, טְמֵאָה טְמֵא מֵת; וְהַבָּאָה בַמִּדָּה, טְהוֹרָה מִכְּלוּם:
ה שְׁלֹשָׁה תַרְבּוּסִין הֵן: שֶׁל סַפָּרִין, טָמֵא מִדְרָס; שֶׁאוֹכְלִין
עָלָיו, טָמֵא טְמֵא מֵת; וְשֶׁל זֵיתִים, טָהוֹר מִכְּלוּם: ו שָׁלֹשׁ
בְּסִיסִיּוֹת הֵן: שֶׁלִּפְנֵי הַמִּטָּה וְשֶׁלִּפְנֵי סוֹפְרִים, טְמֵאָה
מִדְרָס; וְשֶׁל דֻּלְפְּקִי, טְמֵאָה טְמֵא מֵת; וְשֶׁל מִגְדָּל, טְהוֹרָה
מִכְּלוּם: ז שָׁלֹשׁ פִּנְקְסָיוֹת הֵן: הָאֶפִּיפוֹרִין, טְמֵאָה מִדְרָס;
וְשֶׁיֵּשׁ בָּהּ בֵּית קִבּוּל שַׁעֲוָה, טְמֵאָה טְמֵא מֵת; וַחֲלָקָה,

1. Ritual uncleanness transmitted to an object suitable for use as, and used as a seat, couch, etc., when it is used for such a purpose by one of those mentioned in Leviticus 12:2, 15:2, 15:25, by sitting, lying, treading upon, etc. 2. But is not subject to *midras* uncleanness, since it is not used for lying, sitting, etc. 3. It is not considered a *kli tashmish* (an article of service)—in this case, because of its small size—and hence is not subject to uncleanness. The above three principles are the underlying reasons for the laws throughout this chapter. 4. I.e., it holds more than forty *se'ah* of liquid volume, or sixty *se'ah* of dry volume.

PURIM

THE READING OF THE MEGILLAH

Everyone is obligated to read, or hear the reading of, the Megillah at night and again the next day. The Megillah should be unrolled and folded into three parts. The reader recites the blessings, and all those listening to the reading respond Amen as indicated.

בָּרוּךְ Blessed are You, Lord our God, King of the universe, who has sanctified us with His commandments, and commanded us concerning the reading of the Megillah. (Amen)

בָּרוּךְ Blessed are You, Lord our God, King of the universe, who performed miracles for our forefathers in those days, at this time. (Amen)

בָּרוּךְ [1]Blessed are You, Lord our God, King of the universe, who has granted us life, sustained us, and enabled us to reach this occasion. (Amen)

The reader recites the following blessing only if a *minyan* is present, after the reading of the Megillah and before the Megillah is rolled closed. Those listening to the reading respond Amen as indicated.

בָּרוּךְ Blessed are You, Lord our God, King of the universe, who wages our battles, defends our rights, avenges the wrong done to us, punishes our oppressors in our behalf, and brings retribution upon all our mortal enemies. Blessed are You Lord, who exacts payment in behalf of His people Israel from all their oppressors; God who delivers. (Amen)

All continue:

שׁוֹשַׁנַּת The rose of Jacob thrilled with joy and exulted when they beheld Mordechai garbed in royal blue. You have always been their salvation, their hope in every generation, to make known that all who place their hope in You shall not be put to shame, nor shall all those who trust in You be disgraced forever. Cursed be Haman who sought to destroy me; blessed be Mordechai the Jew. Cursed be Zeresh the wife of [Haman] who terrified me; blessed be Esther who [interceded] on my behalf. Cursed be all the wicked; blessed be all the righteous; and may Charvonah also be remembered favorably.

During Maariv, continue with *And You, holy One,* page 41, and Complete Kaddish, omitting the paragraph *May the prayers*. On Saturday night, continue with *May the pleasantness, And You, holy One,* page 40, and Complete Kaddish, omitting the paragraph *May the prayers*.

PURIM

THE READING OF THE MEGILLAH

Everyone is obligated to read, or hear the reading of, the Megillah at night and again the next day. The Megillah should be unrolled and folded into three parts. The reader recites the blessings, and all those listening to the reading respond אָמֵן as indicated.

בָּרוּךְ אַתָּה יְיָ, אֱלֹהֵינוּ מֶלֶךְ הָעוֹלָם, אֲשֶׁר קִדְּשָׁנוּ בְּמִצְוֹתָיו, וְצִוָּנוּ עַל מִקְרָא מְגִלָּה: (אָמֵן)

בָּרוּךְ אַתָּה יְיָ, אֱלֹהֵינוּ מֶלֶךְ הָעוֹלָם, שֶׁעָשָׂה נִסִּים לַאֲבוֹתֵינוּ, בַּיָּמִים הָהֵם בַּזְּמַן הַזֶּה: (אָמֵן)

1 בָּרוּךְ אַתָּה יְיָ, אֱלֹהֵינוּ מֶלֶךְ הָעוֹלָם, שֶׁהֶחֱיָנוּ וְקִיְּמָנוּ וְהִגִּיעָנוּ לַזְּמַן הַזֶּה: (אָמֵן)

The reader recites the following blessing only if a *minyan* is present, after the reading of the Megillah and before the Megillah is rolled closed. Those listening to the reading respond אָמֵן as indicated.

בָּרוּךְ אַתָּה יְיָ, אֱלֹהֵינוּ מֶלֶךְ הָעוֹלָם, הָרָב אֶת רִיבֵנוּ, וְהַדָּן אֶת דִּינֵנוּ, וְהַנּוֹקֵם אֶת נִקְמָתֵנוּ, וְהַנִּפְרָע לָנוּ מִצָּרֵינוּ, וְהַמְשַׁלֵּם גְּמוּל לְכָל אוֹיְבֵי נַפְשֵׁנוּ. בָּרוּךְ אַתָּה יְיָ, הַנִּפְרָע לְעַמּוֹ יִשְׂרָאֵל מִכָּל צָרֵיהֶם, הָאֵל הַמּוֹשִׁיעַ: (אָמֵן)

All continue:

שׁוֹשַׁנַּת יַעֲקֹב צָהֲלָה וְשָׂמֵחָה, בִּרְאוֹתָם יַחַד תְּכֵלֶת מָרְדְּכָי. תְּשׁוּעָתָם הָיִיתָ לָנֶצַח, וְתִקְוָתָם בְּכָל דּוֹר וָדוֹר, לְהוֹדִיעַ שֶׁכָּל קוֶֹיךָ לֹא יֵבֹשׁוּ וְלֹא יִכָּלְמוּ לָנֶצַח כָּל הַחוֹסִים בָּךְ. אָרוּר הָמָן אֲשֶׁר בִּקֵּשׁ לְאַבְּדִי, בָּרוּךְ מָרְדְּכַי הַיְּהוּדִי, אֲרוּרָה זֶרֶשׁ אֵשֶׁת מַפְחִידִי, בְּרוּכָה אֶסְתֵּר בַּעֲדִי, אֲרוּרִים כָּל הָרְשָׁעִים, בְּרוּכִים כָּל הַצַּדִּיקִים, וְגַם חַרְבוֹנָה זָכוּר לַטּוֹב:

During Maariv, continue with וְאַתָּה קָדוֹשׁ, page 41 and Complete Kaddish, omitting the paragraph תִּתְקַבַּל. On Saturday night, continue with וִיהִי נֹעַם and וְאַתָּה קָדוֹשׁ, page 40, and Complete Kaddish, omitting the paragraph תִּתְקַבַּל.

---

1. When reciting this blessing during the day, bear in mind that it applies also to the other *mitzvot* of Purim (sending gifts of food, giving charity, and eating a festive meal).

CHANUKAH

THE ORDER OF KINDLING THE CHANUKAH LIGHTS

It is the Chabad custom to place the menorah, on a chair or the like, within the doorway, next to the doorpost opposite the *mezuzah*. On the first night of Chanukah, one light is kindled at the extreme right of the menorah. Each night thereafter, one light is added to the immediate left of the preceding night's light; the one that is newly added is kindled first, and the kindling proceeds towards the right.

The following blessings are recited while standing, and then the lights are kindled.

בָּרוּךְ Blessed are You, Lord our God, King of the universe, who has sanctified us with His commandments, and commanded us to kindle the Chanukah light.

בָּרוּךְ Blessed are You, Lord our God, King of the universe, who performed miracles for our forefathers in those days, at this time.

The first time (each Chanukah) that one kindles the menorah, the following blessing is also said:

בָּרוּךְ Blessed are You, Lord our God, King of the universe, who has granted us life, sustained us, and enabled us to reach this occasion.

After kindling the lights, the following is said:

הַנֵּרוֹת We kindle these lights [to commemorate] the saving acts, miracles and wonders which You have performed for our forefathers, in those days at this time, through Your holy Kohanim. Throughout the eight days of Chanukah, these lights are sacred, and we are not permitted to make use of them, but only to look at them, in order to offer thanks and praise to Your great Name for Your miracles, for Your wonders and for Your salvations.

CHANUKAH

THE ORDER OF KINDLING THE CHANUKAH LIGHTS

It is the Chabad custom to place the menorah, on a chair or the like, within the doorway, next to the doorpost opposite the *mezuzah*. On the first night of Chanukah, one light is kindled at the extreme right of the menorah. Each night thereafter, one light is added to the immediate left of the preceding night's light; the one that is newly added is kindled first, and the kindling proceeds towards the right.

The following blessings are recited while standing, and then the lights are kindled.

בָּרוּךְ אַתָּה יְיָ, אֱלֹהֵינוּ מֶלֶךְ הָעוֹלָם, אֲשֶׁר קִדְּשָׁנוּ בְּמִצְוֹתָיו, וְצִוָּנוּ לְהַדְלִיק נֵר חֲנֻכָּה:

בָּרוּךְ אַתָּה יְיָ, אֱלֹהֵינוּ מֶלֶךְ הָעוֹלָם, שֶׁעָשָׂה נִסִּים לַאֲבוֹתֵינוּ, בַּיָּמִים הָהֵם בִּזְּמַן הַזֶּה:

The first time (each Chanukah) that one kindles the menorah, the following blessing is also said:

בָּרוּךְ אַתָּה יְיָ, אֱלֹהֵינוּ מֶלֶךְ הָעוֹלָם, שֶׁהֶחֱיָנוּ וְקִיְּמָנוּ וְהִגִּיעָנוּ לִזְמַן הַזֶּה:

After kindling the lights, the following is said:

הַנֵּרוֹת הַלָּלוּ אָנוּ מַדְלִיקִין, עַל הַתְּשׁוּעוֹת, וְעַל הַנִּסִּים, וְעַל הַנִּפְלָאוֹת, שֶׁעָשִׂיתָ לַאֲבוֹתֵינוּ בַּיָּמִים הָהֵם בִּזְּמַן הַזֶּה, עַל יְדֵי כֹּהֲנֶיךָ הַקְּדוֹשִׁים. וְכָל שְׁמוֹנַת יְמֵי חֲנֻכָּה, הַנֵּרוֹת הַלָּלוּ קֹדֶשׁ הֵם, וְאֵין לָנוּ רְשׁוּת לְהִשְׁתַּמֵּשׁ בָּהֶן, אֶלָּא לִרְאוֹתָן בִּלְבָד, כְּדֵי לְהוֹדוֹת וּלְהַלֵּל לְשִׁמְךָ הַגָּדוֹל, עַל נִסֶּיךָ וְעַל נִפְלְאוֹתֶיךָ וְעַל יְשׁוּעוֹתֶיךָ:

Say three times: Make known to me the path of life, that I may be satiated with the joy of Your presence, with the bliss of Your right hand forever.[1]

אַתָּה Arise and have mercy on Zion, for it is time to be gracious to her; the appointed time has come.[2] Thus shall you say to them: The gods that have not made the heavens and the earth shall perish from the earth and from under these heavens.[3] I entrust my spirit into Your hand; You will redeem me, Lord, God of truth.[4]

רִבּוֹן Master of the worlds! You have created Your world in Your good will, as it has arisen in Your primordial thought, and You have created the heavens and all their hosts, and the earth and everything that is on it; You have created man upon it, and have blown into his nostrils a living soul, so that he may recognize Your greatness and glory; and You give life to them all, for You are the Soul of all souls and the Life-force of all living things. And You, Lord my God—I entrust my *nefesh, ruach* and *neshamah* into Your pure and faithful hand; and You, Lord my God, will cleanse them of every impurity and malady that has become attached to them through my wrongdoings, and return them to me in peace, tranquility and security... for You hear the prayer of Your people Israel in mercy. Blessed is He who hears prayer. Awake, O my soul! Awaken [me], O harp and lyre! I will wake the dawn.[5] The Torah which Moses commanded us is the heritage of the congregation of Jacob.[6]

The following blessing should be recited right before one sleeps. One should not eat, drink, or talk after concluding it.

בָּרוּךְ Blessed are You, Lord our God, King of the universe, who causes the bonds of sleep to fall upon my eyes and slumber upon my eyelids, and who gives light to the apple of the eye. May it be Your will, Lord my God and God of my fathers, to let me lie down in peace and to raise me up to a good life and peace. Let my thoughts not trouble me, nor bad dreams, nor sinful fancies, and may my bed be perfect[7] before You. Give light to my eyes, lest I sleep the sleep of death. Blessed are You, Lord, who in His glory gives light to the whole world.

—Say three times תּוֹדִיעֵנִי אֹרַח חַיִּים, שֹׂבַע שְׂמָחוֹת אֶת פָּנֶיךָ, נְעִמוֹת בִּימִינְךָ נֶצַח:[1]

אַתָּה תָקוּם תְּרַחֵם צִיּוֹן, כִּי עֵת לְחֶנְנָהּ כִּי בָא מוֹעֵד:[2] כִּדְנָה תֵּאמְרוּן לְהוֹם: אֱלָהַיָּא דִּי שְׁמַיָּא וְאַרְקָא לָא עֲבַדוּ יֵאבַדוּ מֵאַרְעָא וּמִן תְּחוֹת שְׁמַיָּא אֵלֶּה:[3] בְּיָדְךָ אַפְקִיד רוּחִי, פָּדִיתָה אוֹתִי יְיָ אֵל אֱמֶת:[4]

רִבּוֹן הָעוֹלָמִים, אַתָּה בָרָאתָ עוֹלָמְךָ בִּרְצוֹנְךָ הַטּוֹב כְּפִי מַה שֶּׁעָלָה בְּמַחֲשַׁבְתְּךָ הַקְּדוּמָה, וּבָרָאתָ הַשָּׁמַיִם וְכָל צְבָאָם וְהָאָרֶץ וְכָל אֲשֶׁר עָלֶיהָ, וְאָדָם עָלֶיהָ בָּרָאתָ וְנָפַחְתָּ בְאַפּוֹ נִשְׁמַת חַיִּים לְמַעַן יַכִּיר גָּדְלְךָ וְתִפְאַרְתֶּךָ, וְאַתָּה מְחַיֶּה אֶת כֻּלָּם כִּי אַתָּה נְשָׁמָה לְכָל הַנְּשָׁמוֹת וְחַיּוּת לְכָל חַי. וְאַתָּה הוּא "יהוה אלהי" הִנֵּה אַפְקִיד נַפְשִׁי וְרוּחִי וְנִשְׁמָתִי בְּיָדְךָ הַטְּהוֹרָה וְהַנֶּאֱמָנָה, וְאַתָּה הוּא "יהוה אלהי" תְּטַהֵר אוֹתָם מִכָּל טֻמְאָה וְחֶלְאָה שֶׁנִּדְבַּק בָּהֶם עַל יְדֵי מַעֲשֵׂי הָרָעִים וְתַחֲזִירֵם לִי בְּנַחַת וְהַשְׁקֵט וּבְבֶטַח (ועשה יהו"ה אלה"י שיעיר אותי בחצות הלילה ממש לקום על משמרתי להתפלל לפניך יהו"ה אלה"י וללמוד תורתך כי אתה הוא יהו"ה אלה"י סייעני וחזקני במצוה הזאת שאקום בכל לילה בחצות ממש ואל יארע לי שום חולי ראש ושום צער ונזק מזה) כִּי אַתָּה שׁוֹמֵעַ תְּפִלַּת עַמְּךָ יִשְׂרָאֵל בְּרַחֲמִים. בָּרוּךְ שׁוֹמֵעַ תְּפִלָּה: עוּרָה כְבוֹדִי עוּרָה הַנֵּבֶל וְכִנּוֹר אָעִירָה שָּׁחַר:[5] תּוֹרָה צִוָּה לָנוּ מֹשֶׁה מוֹרָשָׁה קְהִלַּת יַעֲקֹב:[6]

יש לומר קודם הזווג כדי לפרות. מזמור לדוד ה' רועי וכו'. צריך ליזהר בנטילת ידים קודם הזווג ולאחר הזווג גם לשפוך מים אצל המטה אחר התשמיש. וכתב בזוהר לומר זה הלחש:
עטיפא בקיטפא אזדמנת שרי שרי לא תעול ולא תנפוק לא דידך ולא בעדבך תוב תוב ימא ארגישת גלגלוי לך קראן בחולקא קדישא אחידנא בקדושא דמלכא אתעטפנא (ולחפיא ליה לרישיה ולאתתיה עד שעתא חדא):

The following blessing should be recited right before one sleeps. One should not eat, drink, or talk after concluding it.

בָּרוּךְ אַתָּה יְיָ, אֱלֹהֵינוּ מֶלֶךְ הָעוֹלָם, הַמַּפִּיל חֶבְלֵי שֵׁנָה עַל עֵינַי, וּתְנוּמָה עַל עַפְעַפָּי, וּמֵאִיר לְאִישׁוֹן בַּת עָיִן. וִיהִי רָצוֹן מִלְּפָנֶיךָ יְיָ אֱלֹהַי וֵאלֹהֵי אֲבוֹתַי, שֶׁתַּשְׁכִּיבֵנִי לְשָׁלוֹם, וְתַעֲמִידֵנִי לְחַיִּים טוֹבִים וּלְשָׁלוֹם, וְאַל יְבַהֲלוּנִי רַעְיוֹנַי וַחֲלוֹמוֹת רָעִים וְהִרְהוּרִים רָעִים, וּתְהֵא מִטָּתִי שְׁלֵמָה[7] לְפָנֶיךָ, וְהָאֵר עֵינַי פֶּן אִישַׁן הַמָּוֶת. בָּרוּךְ אַתָּה יְיָ, הַמֵּאִיר לָעוֹלָם כֻּלּוֹ בִּכְבוֹדוֹ:

1. Psalms 16:11. 2. Ibid. 102:14. 3. Jeremiah 10:11. 4. Psalms 31:6. 5. Ibid. 57:9. 6. Deuteronomy 33:4. 7. For an understanding of this expression, see Rashi to Berachot 60b and Genesis 47:31; Siddur Otzar Hatefillot, Vol. 1, p. 563; Siddur R. Yaakov Emden, p. 131a.

The following paragraph is omitted on Shabbat and festivals.

לַמְנַצֵּחַ For the choirmaster, a psalm by David, when Nathan the prophet came to him after he had gone to Bat-sheva. Be gracious to me, O God, in keeping with Your kindness; in accordance with Your abounding compassion, erase my transgressions. Cleanse me thoroughly of my wrongdoing, and purify me of my sin. For I acknowledge my transgressions, and my sin is always before me. Against You alone have I sinned, and done that which is evil in Your eyes; [forgive me] so that You will be justified in Your verdict, vindicated in Your judgment. Indeed, I was begotten in sin, and in sin did my mother conceive me. Indeed, You desire truth in the innermost parts; teach me the wisdom of concealed things. Purge me with hyssop and I shall be pure; cleanse me and I shall be whiter than snow. Let me hear [tidings of] joy and gladness; then the bones which You have shattered will rejoice. Hide Your face from my sins, and erase all my trespasses. Create in me a pure heart, O God, and renew within me an upright spirit. Do not cast me out of Your presence, and do not take Your Spirit of Holiness away from me. Restore to me the joy of Your deliverance, and uphold me with a spirit of magnanimity. I will teach transgressors Your ways, and sinners will return to You. Save me from bloodguilt, O God, God of my deliverance; my tongue will sing Your righteousness. My Lord, open my lips, and my mouth shall declare Your praise. For You do not desire that I bring sacrifices, nor do You wish burnt offerings. The offering [desirable] to God is a contrite spirit; a contrite and broken heart, God, You do not disdain. In Your goodwill, bestow goodness upon Zion; rebuild the walls of Jerusalem. Then will You desire sacrifices [offered in] righteousness, *olah* and burnt offerings; then they will offer bullocks upon Your altar.[1]

שִׁיר A song of ascents. I lift my eyes to the mountains—from where will my help come? My help will come from the Lord, Maker of heaven and earth. He will not let your foot falter; your guardian does not slumber. Indeed, the Guardian of Israel neither slumbers nor sleeps. The Lord is your guardian; the Lord is your protective shade at your right hand. The sun will not harm you by day, nor the moon by night. The Lord will guard you from all evil; He will guard your soul. The Lord will guard your going and your coming from now and for all time.[2]

Say three times: גָּד Gad will be surrounded by troops, but he will turn them back on their heels.[3] On their heels he will turn them back, the troops that will surround Gad.

Say three times: When you lie down, you will not be afraid; you will lie down, and your sleep will be sweet.[4]

Say three times: May I sleep well; may I awake in mercy.

Say three times: For Your salvation I hope, O Lord.[5]

Say three times: You are a refuge for me; protect me from distress; surround me with songs of deliverance forever.[6]

The following paragraph is omitted on Shabbat and festivals.

לַמְנַצֵּחַ מִזְמוֹר לְדָוִד: בְּבוֹא אֵלָיו נָתָן הַנָּבִיא, כַּאֲשֶׁר בָּא אֶל בַּת שָׁבַע: חָנֵּנִי אֱלֹהִים כְּחַסְדֶּךָ, כְּרֹב רַחֲמֶיךָ מְחֵה פְשָׁעָי: הֶרֶב כַּבְּסֵנִי מֵעֲוֹנִי, וּמֵחַטָּאתִי טַהֲרֵנִי: כִּי פְשָׁעַי אֲנִי אֵדָע, וְחַטָּאתִי נֶגְדִּי תָמִיד: לְךָ לְבַדְּךָ חָטָאתִי וְהָרַע בְּעֵינֶיךָ עָשִׂיתִי, לְמַעַן תִּצְדַּק בְּדָבְרֶךָ תִּזְכֶּה בְשָׁפְטֶךָ: הֵן בְּעָווֹן חוֹלָלְתִּי, וּבְחֵטְא יֶחֱמַתְנִי אִמִּי: הֵן אֱמֶת חָפַצְתָּ בַטֻּחוֹת, וּבְסָתֻם חָכְמָה תוֹדִיעֵנִי: תְּחַטְּאֵנִי בְאֵזוֹב וְאֶטְהָר, תְּכַבְּסֵנִי וּמִשֶּׁלֶג אַלְבִּין: תַּשְׁמִיעֵנִי שָׂשׂוֹן וְשִׂמְחָה, תָּגֵלְנָה עֲצָמוֹת דִּכִּיתָ: הַסְתֵּר פָּנֶיךָ מֵחֲטָאָי, וְכָל עֲוֹנֹתַי מְחֵה: לֵב טָהוֹר בְּרָא לִי אֱלֹהִים, וְרוּחַ נָכוֹן חַדֵּשׁ בְּקִרְבִּי: אַל תַּשְׁלִיכֵנִי מִלְּפָנֶיךָ, וְרוּחַ קָדְשְׁךָ אַל תִּקַּח מִמֶּנִּי: הָשִׁיבָה לִּי שְׂשׂוֹן יִשְׁעֶךָ, וְרוּחַ נְדִיבָה תִסְמְכֵנִי: אֲלַמְּדָה פֹשְׁעִים דְּרָכֶיךָ, וְחַטָּאִים אֵלֶיךָ יָשׁוּבוּ: הַצִּילֵנִי מִדָּמִים ׀ אֱלֹהִים אֱלֹהֵי תְּשׁוּעָתִי, תְּרַנֵּן לְשׁוֹנִי צִדְקָתֶךָ: אֲדֹנָי, שְׂפָתַי תִּפְתָּח, וּפִי יַגִּיד תְּהִלָּתֶךָ: כִּי לֹא תַחְפֹּץ זֶבַח וְאֶתֵּנָה, עוֹלָה לֹא תִרְצֶה: זִבְחֵי אֱלֹהִים רוּחַ נִשְׁבָּרָה, לֵב נִשְׁבָּר וְנִדְכֶּה, אֱלֹהִים לֹא תִבְזֶה: הֵיטִיבָה בִרְצוֹנְךָ אֶת צִיּוֹן, תִּבְנֶה חוֹמוֹת יְרוּשָׁלָיִם: אָז תַּחְפֹּץ זִבְחֵי צֶדֶק עוֹלָה וְכָלִיל, אָז יַעֲלוּ עַל מִזְבַּחֲךָ פָרִים:[1]

שִׁיר לַמַּעֲלוֹת, אֶשָּׂא עֵינַי אֶל הֶהָרִים, מֵאַיִן יָבוֹא עֶזְרִי: עֶזְרִי מֵעִם יְיָ, עֹשֵׂה שָׁמַיִם וָאָרֶץ: אַל יִתֵּן לַמּוֹט רַגְלֶךָ, אַל יָנוּם שֹׁמְרֶךָ: הִנֵּה לֹא יָנוּם וְלֹא יִישָׁן, שׁוֹמֵר יִשְׂרָאֵל: יְיָ שֹׁמְרֶךָ, יְיָ צִלְּךָ עַל יַד יְמִינֶךָ: יוֹמָם הַשֶּׁמֶשׁ לֹא יַכֶּכָּה, וְיָרֵחַ בַּלָּיְלָה: יְיָ יִשְׁמָרְךָ מִכָּל רָע, יִשְׁמֹר אֶת נַפְשֶׁךָ: יְיָ יִשְׁמָר צֵאתְךָ וּבוֹאֶךָ, מֵעַתָּה וְעַד עוֹלָם:[2]

—Say three times **גָּד** גְּדוּד יְגוּדֶנּוּ, וְהוּא יָגֻד עָקֵב:[3] עָקֵב יָגֻד וְהוּא יְגוּדֶנּוּ גְּדוּד גָּד:

—Say three times אִם תִּשְׁכַּב לֹא תִפְחָד, וְשָׁכַבְתָּ וְעָרְבָה שְׁנָתֶךָ:[4]

—Say three times בְּטוֹב אָלִין אָקִיץ בְּרַחֲמִים:

—Say three times לִישׁוּעָתְךָ קִוִּיתִי יְיָ:[5]

—Say three times אַתָּה סֵתֶר לִי מִצַּר תִּצְּרֵנִי רָנֵּי פַלֵּט תְּסוֹבְבֵנִי סֶלָה:[6]

1. Psalm 51. 2. Ibid. 121. 3. Genesis 49:19. 4. Proverbs 3:24. 5. Genesis 49:18. 6. Psalms 32:7.

The Divine Names indicated should be pronounced *"yud kay vöv kay"* and *"adnai"* respectively.

יְהִי May it be Your will, Lord our God and God of our fathers, that if I have erred, sinned, and willfully transgressed before You, and caused a defect in the letter *yud* of Your great Name יהוה by neglecting *keriat shema*, and in the letter *aleph* of [the Name] אדני, and I have incurred the penalty of lapidation and the like in Your righteous Court, I hereby accept lapidation; and I am as if I have been stoned, by means of the letter *aleph* of the Name אדני, in the great court of Jerusalem for the sake of the glory of Your Name.

וְאִם And if I have erred, sinned, and willfully transgressed before You, and caused a defect in the first letter *hei* of Your great Name יהוה by neglecting *tefillin*, and in the letter *dalet* of [the Name] אדני, and I have incurred the penalty of burning and the like, according to Your righteous law, I hereby accept burning; and I am as if I have been burned, by means of the letter *dalet* of [the Name] אדני, in the great court of Jerusalem for the sake of the glory of Your Name.

וְאִם And if I have erred, sinned, and willfully transgressed before You, and caused a defect in the letter *vav* of Your great Name יהוה by neglecting *tzitzit*, and in the letter *nun* of Your Name אדני and I have incurred the penalty of decapitation and the like, according to Your righteous law, I hereby accept decapitation; and I am as if I have been decapitated, by means of the letter *nun* of [the Name] אדני, in the great court of Jerusalem for the sake of the glory of Your Name.

וְאִם And if I have erred, sinned, and willfully transgressed before You, and caused a defect in the last letter *hei* in Your great Name יהוה by neglecting prayer, and in the letter *yud* of [the Name] אדני, and I have incurred the penalty of strangulation and the like, according to Your righteous law, I hereby accept strangulation; and I am as if I have been strangled, by means of the letter *yud* of [the Name] אדני, in the great court of Jerusalem for the sake of the glory of Your Name.

אָנָּא We implore You, by the great power of Your right hand, release the captive. Accept the prayer of Your people; strengthen us, purify us, Awesome One. Mighty One, we beseech You, guard as the apple of the eye those who seek Your Oneness. Bless them, cleanse them; bestow upon them forever Your merciful righteousness. Powerful, Holy One, in Your abounding goodness, guide Your congregation. Only and Exalted One, turn to Your people who are mindful of Your holiness. Accept our supplication and hear our cry, You who knows secret thoughts. Blessed be the name of the glory of His kingdom forever and ever.

Say the appropriate letter of the Tetragrammaton (e.g., *"yud"*). The Names indicated in quotation marks should be pronounced *"yud kay vöv kay"* and *"adnai"* respectively.

יְהִי רָצוֹן מִלְּפָנֶיךָ יְיָ אֱלֹהֵינוּ וֵאלֹהֵי אֲבוֹתֵינוּ שֶׁאִם חָטָאתִי עָוִיתִי פָּשַׁעְתִּי לְפָנֶיךָ וּפָגַמְתִּי בְּאוֹת "י" שֶׁל שִׁמְךָ הַגָּדוֹל "יהוה" בְּבִטּוּל קְרִיאַת שְׁמַע וּבְאוֹת "א" שֶׁל "אדני" וְנִתְחַיַּבְתִּי בְּבֵית דִּינְךָ הַצֶּדֶק סְקִילָה אוֹ כַּיּוֹצֵא בָהּ הֲרֵי אֲנִי מְקַבֵּל עָלַי סְקִילָה וַהֲרֵינִי כְּאִלּוּ נִסְקַלְתִּי עַל יְדֵי אוֹת "א" שֶׁל שֵׁם "אדני" בְּבֵית דִּין הַגָּדוֹל שֶׁבִּירוּשָׁלַיִם עַל דְּבַר כְּבוֹד שְׁמֶךָ:

וְאִם חָטָאתִי עָוִיתִי פָּשַׁעְתִּי לְפָנֶיךָ וּפָגַמְתִּי בְּאוֹת "ה" רִאשׁוֹנָה שֶׁל שִׁמְךָ הַגָּדוֹל "יהוה" בְּבִטּוּל תְּפִלִּין וּבְאוֹת "ד" שֶׁל "אדני" וְנִתְחַיַּבְתִּי בְּדִינְךָ הַצֶּדֶק שְׂרֵפָה אוֹ כַּיּוֹצֵא בָהּ הֲרֵינִי מְקַבֵּל עָלַי שְׂרֵפָה וַהֲרֵינִי כְּאִלּוּ נִשְׂרַפְתִּי עַל יְדֵי אוֹת "ד" שֶׁל "אדני" בְּבֵית דִּין הַגָּדוֹל שֶׁבִּירוּשָׁלַיִם עַל דְּבַר כְּבוֹד שְׁמֶךָ:

וְאִם חָטָאתִי עָוִיתִי פָּשַׁעְתִּי לְפָנֶיךָ וּפָגַמְתִּי בְּאוֹת "ו" שֶׁל שִׁמְךָ הַגָּדוֹל "יהוה" בְּבִטּוּל צִיצִת וּבְאוֹת "נ" שֶׁל שִׁמְךָ "אדני" וְנִתְחַיַּבְתִּי לְפָנֶיךָ בְּדִינְךָ הַצֶּדֶק הֶרֶג אוֹ כַּיּוֹצֵא בוֹ הֲרֵינִי מְקַבֵּל עָלַי הֶרֶג וַהֲרֵינִי כְּאִלּוּ נֶהֱרַגְתִּי עַל יְדֵי אוֹת "נ" שֶׁל "אדני" בְּבֵית דִּין הַגָּדוֹל שֶׁבִּירוּשָׁלַיִם עַל דְּבַר כְּבוֹד שְׁמֶךָ:

וְאִם חָטָאתִי עָוִיתִי פָּשַׁעְתִּי לְפָנֶיךָ וּפָגַמְתִּי בְּאוֹת "ה" אַחֲרוֹנָה שֶׁבְּשִׁמְךָ הַגָּדוֹל "יהוה" בְּבִטּוּל תְּפִלָּה וּבְאוֹת "יוד" שֶׁל "אדני" וְנִתְחַיַּבְתִּי בְּדִינְךָ הַצֶּדֶק חֶנֶק אוֹ כַּיּוֹצֵא בוֹ הֲרֵינִי מְקַבֵּל עָלַי חֶנֶק וַהֲרֵינִי כְּאִלּוּ נֶחֱנַקְתִּי עַל יְדֵי אוֹת "י" שֶׁל "אדני" בְּבֵית דִּין הַגָּדוֹל שֶׁבִּירוּשָׁלַיִם עַל דְּבַר כְּבוֹד שְׁמֶךָ:

When reciting אָנָּא בְּכֹחַ, look at—or visualize—the Divine Names formed by the acronyms of the words (as they appear in the left column), but do not say them.

אָנָּא, בְּכֹחַ גְּדֻלַּת יְמִינְךָ, תַּתִּיר צְרוּרָה.	אב"ג ית"ץ
קַבֵּל רִנַּת עַמְּךָ, שַׂגְּבֵנוּ, טַהֲרֵנוּ, נוֹרָא.	קר"ע שט"ן
נָא גִבּוֹר, דּוֹרְשֵׁי יִחוּדְךָ, כְּבָבַת שָׁמְרֵם.	נג"ד יכ"ש
בָּרְכֵם, טַהֲרֵם, רַחֲמֵי צִדְקָתְךָ תָּמִיד גָּמְלֵם.	בט"ר צת"ג
חֲסִין קָדוֹשׁ, בְּרוֹב טוּבְךָ נַהֵל עֲדָתֶךָ.	חק"ב טנ"ע
יָחִיד, גֵּאֶה, לְעַמְּךָ פְּנֵה, זוֹכְרֵי קְדֻשָּׁתֶךָ.	יג"ל פז"ק
שַׁוְעָתֵנוּ קַבֵּל, וּשְׁמַע צַעֲקָתֵנוּ, יוֹדֵעַ תַּעֲלוּמוֹת.	שק"ו צי"ת

בָּרוּךְ שֵׁם כְּבוֹד מַלְכוּתוֹ לְעוֹלָם וָעֶד:

pestilence. He will cover you with His pinions, and you will find refuge under His wings; His truth is a shield and an armor. You will not fear the terror of the night, nor the arrow that flies by day; the pestilence that prowls in the darkness, nor the destruction that ravages at noon. A thousand may fall at your [left] side, and ten thousand at your right, but it shall not reach you. You need only look with your eyes, and you will see the retribution of the wicked. Because you [have said,] "The Lord is my shelter," and you have made the Most High your haven.[1]

On days when Tachnun is not said, continue with *We implore*, page 82.
Stand from this point until *We implore*.

אֱלֹהֵינוּ Our God and God of our fathers, may our prayers come before You, and do not turn away from our supplication, for we are not so impudent and obdurate as to declare before You, Lord our God and God of our fathers, that we are righteous and have not sinned. Indeed, we and our fathers have sinned.

אָשַׁמְנוּ We have transgressed, we have acted perfidiously, we have robbed, we have slandered. We have acted perversely and wickedly, we have willfully sinned, we have done violence, we have imputed falsely. We have given evil counsel, we have lied, we have scoffed, we have rebelled, we have provoked, we have been disobedient, we have committed iniquity, we have wantonly transgressed, we have oppressed, we have been obstinate. We have committed evil, we have acted perniciously, we have acted abominably, we have gone astray, we have led others astray.

סַרְנוּ We have strayed from Your good precepts and ordinances, and it has not profited us. Indeed, You are just in all that has come upon us, for You have acted truthfully, and it is we who have acted wickedly.[2]

מַה What shall we say to You who dwells on high; what shall we relate to You who abides in the heavens? You surely know all the hidden and the revealed things.

אַתָּה You know the mysteries of the universe and the hidden secrets of every living being. You search all [our] innermost thoughts, and probe [our] mind and heart; nothing is hidden from You, nothing is concealed from Your sight. And so, may it be Your will, Lord our God and God of our fathers, to have mercy on us and forgive us all our sins, grant us atonement for all our iniquities, and forgive and pardon us for all our transgressions.

מִדֶּבֶר הַוּוֹת: בְּאֶבְרָתוֹ יָסֶךְ לָךְ, וְתַחַת כְּנָפָיו תֶּחְסֶה, צִנָּה וְסֹחֵרָה אֲמִתּוֹ: לֹא תִירָא מִפַּחַד לָיְלָה, מֵחֵץ יָעוּף יוֹמָם: מִדֶּבֶר בָּאֹפֶל יַהֲלֹךְ, מִקֶּטֶב יָשׁוּד צָהֳרָיִם: יִפֹּל מִצִּדְּךָ אֶלֶף וּרְבָבָה מִימִינֶךָ, אֵלֶיךָ לֹא יִגָּשׁ: רַק בְּעֵינֶיךָ תַבִּיט, וְשִׁלֻּמַת רְשָׁעִים תִּרְאֶה: כִּי אַתָּה יְיָ מַחְסִי, עֶלְיוֹן שַׂמְתָּ מְעוֹנֶךָ:[1]

On days when Tachnun is not said, continue with אָנָּא בְּכֹחַ, page 82.

Stand from this point until אָנָּא בְּכֹחַ.

אֱלֹהֵינוּ וֵאלֹהֵי אֲבוֹתֵינוּ, תָּבוֹא לְפָנֶיךָ תְּפִלָּתֵנוּ, וְאַל תִּתְעַלַּם מִתְּחִנָּתֵנוּ, שֶׁאֵין אָנוּ עַזֵּי פָנִים וּקְשֵׁי עֹרֶף, לוֹמַר לְפָנֶיךָ יְיָ אֱלֹהֵינוּ וֵאלֹהֵי אֲבוֹתֵינוּ, צַדִּיקִים אֲנַחְנוּ וְלֹא חָטָאנוּ, אֲבָל אֲנַחְנוּ וַאֲבוֹתֵינוּ חָטָאנוּ:

אָשַׁמְנוּ. בָּגַדְנוּ. גָּזַלְנוּ. דִּבַּרְנוּ דֹפִי: הֶעֱוִינוּ. וְהִרְשַׁעְנוּ. זַדְנוּ. חָמַסְנוּ. טָפַלְנוּ שֶׁקֶר: יָעַצְנוּ רָע. כִּזַּבְנוּ. לַצְנוּ. מָרַדְנוּ. נִאַצְנוּ. סָרַרְנוּ. עָוִינוּ. פָּשַׁעְנוּ. צָרַרְנוּ. קִשִּׁינוּ עֹרֶף: רָשַׁעְנוּ. שִׁחַתְנוּ. תִּעַבְנוּ. תָּעִינוּ. תִּעְתָּעְנוּ:

סַרְנוּ מִמִּצְוֹתֶיךָ וּמִמִּשְׁפָּטֶיךָ הַטּוֹבִים וְלֹא שָׁוָה לָנוּ: וְאַתָּה צַדִּיק עַל כָּל הַבָּא עָלֵינוּ, כִּי אֱמֶת עָשִׂיתָ וַאֲנַחְנוּ הִרְשָׁעְנוּ:[2]

מַה נֹּאמַר לְפָנֶיךָ יוֹשֵׁב מָרוֹם, וּמַה נְּסַפֵּר לְפָנֶיךָ שׁוֹכֵן שְׁחָקִים, הֲלֹא כָּל הַנִּסְתָּרוֹת וְהַנִּגְלוֹת אַתָּה יוֹדֵעַ:

אַתָּה יוֹדֵעַ רָזֵי עוֹלָם וְתַעֲלוּמוֹת סִתְרֵי כָּל חָי: אַתָּה חוֹפֵשׂ כָּל חַדְרֵי בָטֶן וּבוֹחֵן כְּלָיוֹת וָלֵב. אֵין דָּבָר נֶעְלָם מִמֶּךָּ, וְאֵין נִסְתָּר מִנֶּגֶד עֵינֶיךָ: וּבְכֵן יְהִי רָצוֹן מִלְּפָנֶיךָ, יְיָ אֱלֹהֵינוּ וֵאלֹהֵי אֲבוֹתֵינוּ, שֶׁתְּרַחֵם עָלֵינוּ וְתִמְחוֹל לָנוּ עַל כָּל חַטֹּאתֵינוּ, וּתְכַפֵּר לָנוּ עַל כָּל עֲוֹנוֹתֵינוּ, וְתִמְחוֹל וְתִסְלַח לָנוּ עַל כָּל פְּשָׁעֵינוּ:

1. Psalms 91:1-9. 2. Nehemiah 9:33.

reminder between your eyes. You shall teach them to your children, to speak of them when you sit in your house and when you walk on the road, when you lie down and when you rise. And you shall inscribe them on the doorposts of your house and on your gates—so that your days and the days of your children may be prolonged on the land which the Lord swore to your fathers to give to them for as long as the heavens are above the earth.[1]

וַיֹּאמֶר The Lord spoke to Moses, saying: Speak to the children of Israel and tell them to make for themselves fringes on the corners of their garments throughout their generations, and to attach a thread of blue on the fringe of each corner. They shall be to you as *tzitzit*, and you shall look upon them and remember all the commandments of the Lord and fulfill them, and you will not follow after your heart and after your eyes by which you go astray—so that you may remember and fulfill all My commandments, and be holy to your God. I am the Lord your God who brought you out of the land of Egypt to be your God; I, the Lord, am your God.[2] True.

יַעְלְזוּ The pious will exult in glory; they will sing upon their beds. The exaltation of God is in their throat, and a double-edged sword in their hand.[3]

Say three times: הִנֵּה Behold, around the bed of Solomon are sixty mighty men, of the valiant of Israel. All are armed with swords, trained in war, each with his sword upon his thigh, because of the fear of the night.[4]

Say three times: יְבָרֶכְךָ The Lord bless you and guard you. The Lord make His countenance shine upon you and be gracious to you. The Lord turn His countenance toward you and grant you peace.[5]

יֹשֵׁב You who dwells in the shelter of the Most High, who abides in the shadow of the Omnipotent, I say [to you] of the Lord who is my refuge and my stronghold, my God in whom I trust, that He will save you from the ensnaring trap, from the destructive

לְאוֹת עַל יֶדְכֶם וְהָיוּ לְטוֹטָפֹת בֵּין עֵינֵיכֶם: וְלִמַּדְתֶּם | אֹתָם אֶת בְּנֵיכֶם לְדַבֵּר בָּם, בְּשִׁבְתְּךָ בְּבֵיתֶךָ וּבְלֶכְתְּךָ בַדֶּרֶךְ וּבְשָׁכְבְּךָ וּבְקוּמֶךָ: וּכְתַבְתָּם עַל מְזוּזוֹת בֵּיתֶךָ וּבִשְׁעָרֶיךָ: לְמַעַן יִרְבּוּ יְמֵיכֶם וִימֵי בְנֵיכֶם עַל הָאֲדָמָה אֲשֶׁר נִשְׁבַּע יְיָ לַאֲבֹתֵיכֶם לָתֵת לָהֶם, כִּימֵי הַשָּׁמַיִם עַל הָאָרֶץ:[1]

וַיֹּאמֶר יְיָ אֶל מֹשֶׁה לֵּאמֹר: דַּבֵּר אֶל בְּנֵי יִשְׂרָאֵל וְאָמַרְתָּ אֲלֵהֶם וְעָשׂוּ לָהֶם צִיצִת עַל כַּנְפֵי בִגְדֵיהֶם לְדֹרֹתָם, וְנָתְנוּ עַל צִיצִת הַכָּנָף | פְּתִיל תְּכֵלֶת: וְהָיָה לָכֶם לְצִיצִת, וּרְאִיתֶם | אֹתוֹ, וּזְכַרְתֶּם | אֶת כָּל מִצְוֹת יְיָ, וַעֲשִׂיתֶם | אֹתָם, וְלֹא תָתוּרוּ אַחֲרֵי לְבַבְכֶם וְאַחֲרֵי עֵינֵיכֶם אֲשֶׁר אַתֶּם זֹנִים אַחֲרֵיהֶם: לְמַעַן תִּזְכְּרוּ וַעֲשִׂיתֶם | אֶת כָּל מִצְוֹתָי, וִהְיִיתֶם קְדֹשִׁים לֵאלֹהֵיכֶם: אֲנִי יְיָ אֱלֹהֵיכֶם אֲשֶׁר הוֹצֵאתִי אֶתְכֶם | מֵאֶרֶץ מִצְרַיִם לִהְיוֹת לָכֶם לֵאלֹהִים, אֲנִי יְיָ אֱלֹהֵיכֶם:[2] אֲנִי יְיָ אֱלֹהֵיכֶם אֱמֶת

יַעְלְזוּ חֲסִידִים בְּכָבוֹד, יְרַנְּנוּ עַל מִשְׁכְּבוֹתָם: רוֹמְמוֹת אֵל בִּגְרוֹנָם, וְחֶרֶב פִּיפִיּוֹת בְּיָדָם:[3]

—Say three times

הִנֵּה מִטָּתוֹ שֶׁלִּשְׁלֹמֹה, שִׁשִּׁים גִּבֹּרִים סָבִיב לָהּ מִגִּבֹּרֵי יִשְׂרָאֵל: כֻּלָּם אֲחֻזֵי חֶרֶב מְלֻמְּדֵי מִלְחָמָה, אִישׁ חַרְבּוֹ עַל יְרֵכוֹ מִפַּחַד בַּלֵּילוֹת:[4]

—Say three times

יְבָרֶכְךָ יְיָ וְיִשְׁמְרֶךָ: יָאֵר יְיָ פָּנָיו אֵלֶיךָ וִיחֻנֶּךָּ: יִשָּׂא יְיָ פָּנָיו אֵלֶיךָ וְיָשֵׂם לְךָ שָׁלוֹם:[5]

יֹשֵׁב בְּסֵתֶר עֶלְיוֹן, בְּצֵל שַׁדַּי יִתְלוֹנָן: אֹמַר לַייָ מַחְסִי וּמְצוּדָתִי, אֱלֹהַי אֶבְטַח בּוֹ: כִּי הוּא יַצִּילְךָ מִפַּח יָקוּשׁ,

1. Deuteronomy 11:13-21. **2.** Numbers 15:37-41. **3.** Psalms 149:5-6. **4.** Song of Songs 3:7-8. **5.** Numbers 6:24-26.

The Shema should be recited with intense concentration, especially the first two verses in which we accept the sovereignty of God. Recite the first verse aloud, with your right hand covering your eyes.

Do not slur over the ח, but draw it out slightly for the length of time that it takes to affirm God's sovereignty in the seven heavens and on earth—equal to eight, the numerical value of ח. The ד (whose numerical value is four) should be drawn out for the length of time that it takes to reflect that God is alone in His world and that he rules in all four corners of the universe. While reciting the Shema, pause at the commas to convey the following meaning: Hear O Israel (pause), the Lord who is our God (pause) is the one God.

שְׁמַע Hear, O Israel, the Lord is our God, the Lord is One.[1]

Recite the following verse in an undertone:

בָּרוּךְ Blessed be the name of the glory of His kingdom for ever and ever.[2]

וְאָהַבְתָּ You shall love the Lord your God with all your heart, with all your soul, and with all your might. And these words which I command you today, shall be upon your heart. You shall teach them thoroughly to your children, and you shall speak of them when you sit in your house and when you walk on the road, when you lie down and when you rise. You shall bind them as a sign upon your hand, and they shall be for a reminder between your eyes. And you shall write them upon the doorposts of your house and upon your gates.[3]

וְהָיָה And it will be, if you will diligently obey My commandments which I enjoin upon you this day, to love the Lord your God and to serve Him with all your heart and with all your soul: I will give rain for your land at the proper time, the early rain and the late rain, and you will gather in your grain, your wine and your oil. And I will give grass in your fields for your cattle, and you will eat and be sated. Take care lest your heart be lured away, and you turn astray and worship alien gods and bow down to them. For then the Lord's wrath will flare up against you, and He will close the heavens so that there will be no rain and the earth will not yield its produce, and you will swiftly perish from the good land which the Lord gives you. Therefore, place these words of Mine upon your heart and upon your soul, and bind them for a sign on your hand, and they shall be for a

The Shema should be recited with intense concentration, especially the first two verses in which we accept the sovereignty of God. Recite the first verse aloud, with your right hand covering your eyes.

Do not slur over the ח, but draw it out slightly for the length of time that it takes to affirm God's sovereignty in the seven heavens and on earth—equal to eight, the numerical value of ח. The ד (whose numerical value is four) should be drawn out for the length of time that it takes to reflect that God is alone in His world and that he rules in all four corners of the universe. While reciting the Shema, pause at the commas to convey the following meaning: Hear O Israel (pause), the Lord who is our God (pause) is the one God.

שְׁמַע יִשְׂרָאֵל, יְיָ אֱלֹהֵינוּ, יְיָ | אֶחָד: ¹

Recite the following verse in an undertone:

בָּרוּךְ שֵׁם כְּבוֹד מַלְכוּתוֹ לְעוֹלָם וָעֶד: ²

וְאָהַבְתָּ אֵת יְיָ אֱלֹהֶיךָ, בְּכָל | לְבָבְךָ, וּבְכָל נַפְשְׁךָ, וּבְכָל מְאֹדֶךָ: וְהָיוּ הַדְּבָרִים הָאֵלֶּה אֲשֶׁר אָנֹכִי מְצַוְּךָ הַיּוֹם, עַל | לְבָבֶךָ: וְשִׁנַּנְתָּם לְבָנֶיךָ וְדִבַּרְתָּ בָּם, בְּשִׁבְתְּךָ בְּבֵיתֶךָ, וּבְלֶכְתְּךָ בַדֶּרֶךְ, וּבְשָׁכְבְּךָ, וּבְקוּמֶךָ: וּקְשַׁרְתָּם לְאוֹת עַל יָדֶךָ, וְהָיוּ לְטֹטָפֹת בֵּין עֵינֶיךָ: וּכְתַבְתָּם עַל מְזֻזוֹת בֵּיתֶךָ, וּבִשְׁעָרֶיךָ: ³

וְהָיָה אִם שָׁמֹעַ תִּשְׁמְעוּ אֶל מִצְוֹתַי אֲשֶׁר אָנֹכִי מְצַוֶּה אֶתְכֶם הַיּוֹם, לְאַהֲבָה אֶת יְיָ אֱלֹהֵיכֶם וּלְעָבְדוֹ, בְּכָל | לְבַבְכֶם וּבְכָל נַפְשְׁכֶם: וְנָתַתִּי מְטַר אַרְצְכֶם בְּעִתּוֹ יוֹרֶה וּמַלְקוֹשׁ, וְאָסַפְתָּ דְגָנֶךָ וְתִירֹשְׁךָ וְיִצְהָרֶךָ: וְנָתַתִּי עֵשֶׂב | בְּשָׂדְךָ לִבְהֶמְתֶּךָ, וְאָכַלְתָּ וְשָׂבָעְתָּ: הִשָּׁמְרוּ לָכֶם פֶּן יִפְתֶּה לְבַבְכֶם, וְסַרְתֶּם וַעֲבַדְתֶּם אֱלֹהִים אֲחֵרִים וְהִשְׁתַּחֲוִיתֶם לָהֶם: וְחָרָה | אַף יְיָ בָּכֶם וְעָצַר אֶת הַשָּׁמַיִם וְלֹא יִהְיֶה מָטָר וְהָאֲדָמָה לֹא תִתֵּן אֶת יְבוּלָהּ, וַאֲבַדְתֶּם מְהֵרָה מֵעַל הָאָרֶץ הַטֹּבָה אֲשֶׁר יְיָ נֹתֵן לָכֶם: וְשַׂמְתֶּם | אֶת דְּבָרַי אֵלֶּה עַל | לְבַבְכֶם וְעַל נַפְשְׁכֶם, וּקְשַׁרְתֶּם | אֹתָם

---

1. Deuteronomy 6:4. **2.** Pesachim 56a; Deuteronomy Rabbah 2:31, 35, 36. **3.** Deuteronomy 6:5-9.

PRAYER BEFORE RETIRING AT NIGHT

The following paragraph is omitted on Shabbat and festivals.[1]

רִבּוֹנוֹ Master of the universe! I hereby forgive anyone who has angered or vexed me, or sinned against me, either physically or financially, against my honor or anything else that is mine, whether accidentally or intentionally, inadvertently or deliberately, by speech or by deed, in this incarnation or in any other—any Israelite; may no man be punished on my account. May it be Your will, Lord my God and God of my fathers, that I shall sin no more, nor repeat my sins; neither shall I again anger You, nor do what is wrong in Your eyes. The sins that I have committed, erase in Your abounding mercies, but not through suffering or severe illnesses. May the words of my mouth and the meditation of my heart be acceptable before You, Lord, my Strength and my Redeemer.[2]

הַשְׁכִּיבֵנוּ Our Father, let us lie down in peace; our King, raise us up to a good life and peace. Improve us with Your good counsel, help us speedily for the sake of Your Name, and spread over us the shelter of Your peace. (On Shabbat and festivals, omit the rest of this paragraph.) Protect us and remove from us the enemy, pestilence, sword, famine, and sorrow. Remove the adversary from before us and from behind us, shelter us in the shadow of Your wings, and guard our going out and our coming in for a good life and peace from now and for all time; for You, benevolent God, are our guardian and our deliverer.

PRAYER BEFORE RETIRING AT NIGHT

The following paragraph is omitted on Shabbat and festivals.[1]

רִבּוֹנוֹ שֶׁל עוֹלָם, הֲרֵינִי מוֹחֵל לְכָל מִי שֶׁהִכְעִיס וְהִקְנִיט אוֹתִי אוֹ שֶׁחָטָא כְּנֶגְדִּי בֵּין בְּגוּפִי בֵּין בְּמָמוֹנִי בֵּין בִּכְבוֹדִי בֵּין בְּכָל אֲשֶׁר לִי בֵּין בְּאֹנֶס בֵּין בְּרָצוֹן בֵּין בְּשׁוֹגֵג בֵּין בְּמֵזִיד בֵּין בְּדִבּוּר בֵּין בְּמַעֲשֶׂה בֵּין בְּגִלְגּוּל זֶה בֵּין בְּגִלְגּוּל אַחֵר לְכָל בַּר יִשְׂרָאֵל וְלֹא יֵעָנֵשׁ שׁוּם אָדָם בְּסִבָּתִי. יְהִי רָצוֹן מִלְּפָנֶיךָ יְיָ אֱלֹהַי וֵאלֹהֵי אֲבוֹתַי, שֶׁלֹּא אֶחֱטָא עוֹד וְלֹא אֶחֱזוֹר בָּהֶם וְלֹא אָשׁוּב עוֹד לְהַכְעִיסְךָ וְלֹא אֶעֱשֶׂה הָרַע בְּעֵינֶיךָ וּמַה שֶּׁחָטָאתִי מְחוֹק בְּרַחֲמֶיךָ הָרַבִּים וְלֹא עַל יְדֵי יִסּוּרִים וָחֳלָיִם רָעִים: יִהְיוּ לְרָצוֹן אִמְרֵי פִי וְהֶגְיוֹן לִבִּי לְפָנֶיךָ, יְיָ צוּרִי וְגֹאֲלִי:[2]

הַשְׁכִּיבֵנוּ אָבִינוּ לְשָׁלוֹם, וְהַעֲמִידֵנוּ מַלְכֵּנוּ לְחַיִּים טוֹבִים וּלְשָׁלוֹם, וְתַקְּנֵנוּ בְּעֵצָה טוֹבָה מִלְּפָנֶיךָ, וְהוֹשִׁיעֵנוּ מְהֵרָה לְמַעַן שְׁמֶךָ, וּפְרוֹשׂ עָלֵינוּ סֻכַּת שְׁלוֹמֶךָ. (On Shabbat and festivals, omit the rest of this paragraph.) וְהָגֵן בַּעֲדֵנוּ, וְהָסֵר מֵעָלֵינוּ: אוֹיֵב דֶּבֶר וְחֶרֶב וְרָעָב וְיָגוֹן. וְהָסֵר שָׂטָן מִלְּפָנֵינוּ וּמֵאַחֲרֵינוּ, וּבְצֵל כְּנָפֶיךָ תַּסְתִּירֵנוּ, וּשְׁמוֹר צֵאתֵנוּ וּבוֹאֵנוּ לְחַיִּים טוֹבִים וּלְשָׁלוֹם מֵעַתָּה וְעַד עוֹלָם. כִּי אֵל שׁוֹמְרֵנוּ וּמַצִּילֵנוּ אָתָּה:

1. On the first night of Pesach, recite only שְׁמַע until וּבִשְׁעָרֶיךָ (*Hear* until *your gates*), and הַמַּפִּיל (*Blessed...who causes the bonds...*). 2. Psalms 19:15.

EREV ROSH HASHANAH:

בָּרוּךְ Blessed are You, Lord our God, King of the universe, who has sanctified us with His commandments, and commanded us to kindle the light of the Day of Remembrance.

בָּרוּךְ Blessed are You, Lord our God, King of the universe, who has granted us life, sustained us and enabled us to reach this occasion.

🙚 🙛

EREV ROSH HASHANAH WHICH COINCIDES WITH SHABBAT:

בָּרוּךְ Blessed are You, Lord our God, King of the universe, who has sanctified us with His commandments, and commanded us to kindle the light of Shabbat and the Day of Remembrance.

בָּרוּךְ Blessed are You, Lord our God, King of the universe, who has granted us life, sustained us and enabled us to reach this occasion.

🙚 🙛

EREV YOM KIPPUR:

בָּרוּךְ Blessed are You, Lord our God, King of the universe, who has sanctified us with His commandments, and commanded us to kindle the Yom Kippur light.

בָּרוּךְ Blessed are You, Lord our God, King of the universe, who has granted us life, sustained us and enabled us to reach this occasion.

🙚 🙛

EREV YOM KIPPUR WHICH COINCIDES WITH SHABBAT:

בָּרוּךְ Blessed are You, Lord our God, King of the universe, who has sanctified us with His commandments, and commanded us to kindle the light of Shabbat and Yom Kippur.

בָּרוּךְ Blessed are You, Lord our God, King of the universe, who has granted us life, sustained us and enabled us to reach this occasion.

EREV ROSH HASHANAH:

בָּרוּךְ אַתָּה יְיָ, אֱלֹהֵינוּ מֶלֶךְ הָעוֹלָם, אֲשֶׁר קִדְּ*שָׁנוּ בְּמִצְוֹתָיו, וְצִוָּנוּ לְהַדְלִיק נֵר שֶׁל יוֹם הַזִּכָּרוֹן:

בָּרוּךְ אַתָּה יְיָ, אֱלֹהֵינוּ מֶלֶךְ הָעוֹלָם, שֶׁהֶחֱיָנוּ וְקִיְּ*מָנוּ וְהִגִּיעָנוּ לַזְּ*מַן הַזֶּה:

EREV ROSH HASHANAH WHICH COINCIDES WITH SHABBAT:

בָּרוּךְ אַתָּה יְיָ, אֱלֹהֵינוּ מֶלֶךְ הָעוֹלָם, אֲשֶׁר קִדְּ*שָׁנוּ בְּמִצְוֹתָיו, וְצִוָּנוּ לְהַדְלִיק נֵר שֶׁל שַׁבָּת וְשֶׁל יוֹם הַזִּכָּרוֹן:

בָּרוּךְ אַתָּה יְיָ, אֱלֹהֵינוּ מֶלֶךְ הָעוֹלָם, שֶׁהֶחֱיָנוּ וְקִיְּ*מָנוּ וְהִגִּיעָנוּ לַזְּ*מַן הַזֶּה:

EREV YOM KIPPUR:

בָּרוּךְ אַתָּה יְיָ, אֱלֹהֵינוּ מֶלֶךְ הָעוֹלָם, אֲשֶׁר קִדְּ*שָׁנוּ בְּמִצְוֹתָיו, וְצִוָּנוּ לְהַדְלִיק נֵר שֶׁל יוֹם הַכִּפֻּרִים:

בָּרוּךְ אַתָּה יְיָ, אֱלֹהֵינוּ מֶלֶךְ הָעוֹלָם, שֶׁהֶחֱיָנוּ וְקִיְּ*מָנוּ וְהִגִּיעָנוּ לַזְּ*מַן הַזֶּה:

EREV YOM KIPPUR WHICH COINCIDES WITH SHABBAT:

בָּרוּךְ אַתָּה יְיָ, אֱלֹהֵינוּ מֶלֶךְ הָעוֹלָם, אֲשֶׁר קִדְּ*שָׁנוּ בְּמִצְוֹתָיו, וְצִוָּנוּ לְהַדְלִיק נֵר שֶׁל שַׁבָּת וְשֶׁל יוֹם הַכִּפֻּרִים:

בָּרוּךְ אַתָּה יְיָ, אֱלֹהֵינוּ מֶלֶךְ הָעוֹלָם, שֶׁהֶחֱיָנוּ וְקִיְּ*מָנוּ וְהִגִּיעָנוּ לַזְּ*מַן הַזֶּה:

BLESSINGS FOR CANDLE LIGHTING

The Shabbat lights are kindled at least eighteen minutes before sunset on Friday. Married women light two candles and many add an additional candle for each child. After lighting the candle(s) draw the hands three times around the lights and towards the face, then place them over the eyes and recite the appropriate blessing. The festival lights are also kindled at least eighteen minutes before sunset. On the second evening of a festival, or when the first evening occurs on Saturday night, the lights are kindled after nightfall (approximately 45–60 minutes after sunset) from a pre-existing flame.

If one forgot to light candles on Friday evening before sunset, they should not be lit at all.

EREV SHABBAT:

בָּרוּךְ Blessed are You, Lord our God, King of the universe, who has sanctified us with His commandments, and commanded us to kindle the light of the holy Shabbat.

ON THE EVE OF A FESTIVAL:

בָּרוּךְ Blessed are You, Lord our God, King of the universe, who has sanctified us with His commandments, and commanded us to kindle the Yom Tov light.

The following blessing is omitted on the last two days of Pesach.

בָּרוּךְ Blessed are You, Lord our God, King of the universe, who has granted us life, sustained us and enabled us to reach this occasion.

ON THE EVE OF A FESTIVAL WHICH COINCIDES WITH SHABBAT:

בָּרוּךְ Blessed are You, Lord our God, King of the universe, who has sanctified us with His commandments, and commanded us to kindle the Shabbat and Yom Tov light.

The following blessing is omitted on the last two days of Pesach.

בָּרוּךְ Blessed are You, Lord our God, King of the universe, who has granted us life, sustained us and enabled us to reach this occasion.

BLESSINGS FOR CANDLE LIGHTING

The Shabbat lights are kindled at least eighteen minutes before sunset on Friday. Married women light two candles and many add an additional candle for each child. After lighting the candle(s) draw the hands three times around the lights and towards the face, then place them over the eyes and recite the appropriate blessing. The festival lights are also kindled at least eighteen minutes before sunset. On the second evening of a festival, or when the first evening occurs on Saturday night, the lights are kindled after nightfall (approximately 45–60 minutes after sunset) from a pre-existing flame.

If one forgot to light candles on Friday evening before sunset, they should not be lit at all.

EREV SHABBAT:

בָּרוּךְ אַתָּה יְיָ, אֱלֹהֵינוּ מֶלֶךְ הָעוֹלָם, אֲשֶׁר קִדְּ*שָׁנוּ בְּמִצְוֹתָיו, וְצִוָּנוּ לְהַדְלִיק נֵר שֶׁל שַׁבָּת קֹדֶשׁ:

ON THE EVE OF A FESTIVAL:

בָּרוּךְ אַתָּה יְיָ, אֱלֹהֵינוּ מֶלֶךְ הָעוֹלָם, אֲשֶׁר קִדְּ*שָׁנוּ בְּמִצְוֹתָיו, וְצִוָּנוּ לְהַדְלִיק נֵר שֶׁל יוֹם טוֹב:

The following blessing is omitted on the last two days of Pesach.

בָּרוּךְ אַתָּה יְיָ, אֱלֹהֵינוּ מֶלֶךְ הָעוֹלָם, שֶׁהֶחֱיָנוּ וְקִיְּ*מָנוּ וְהִגִּיעָנוּ לִזְּ*מַן הַזֶּה:

ON THE EVE OF A FESTIVAL WHICH COINCIDES WITH SHABBAT:

בָּרוּךְ אַתָּה יְיָ, אֱלֹהֵינוּ מֶלֶךְ הָעוֹלָם, אֲשֶׁר קִדְּ*שָׁנוּ בְּמִצְוֹתָיו, וְצִוָּנוּ לְהַדְלִיק נֵר שֶׁל שַׁבָּת וְשֶׁל יוֹם טוֹב:

The following blessing is omitted on the last two days of Pesach.

בָּרוּךְ אַתָּה יְיָ, אֱלֹהֵינוּ מֶלֶךְ הָעוֹלָם, שֶׁהֶחֱיָנוּ וְקִיְּ*מָנוּ וְהִגִּיעָנוּ לִזְּ*מַן הַזֶּה:

and You are the perfection of them all. When You remove Yourself from them, all the Names remain as a body without a soul. You are wise, but not with a knowable attribute of wisdom; You understand, but not with a knowable attribute of understanding; You have no specific place. [You clothed Yourself in the *sefirot*] only to make known to mankind Your power and strength and to show them how the world is conducted through law and mercy—for there is righteousness and justice which are dispensed according to the deeds of man. Law is *gevurah* (severity, power); justice is the middle column; righteousness is the holy *malchut* (kingship); the scales of righteousness are the two supports of truth; *hin* (measure) of righteousness is the sign of the Holy Covenant. All these are to show how the world is conducted, but not that You possess a knowable righteousness—which is law, nor a knowable justice—which is mercy, nor any of these attributes at all. Blessed[1] is God forever. Amen, Amen.[2]

יְדִיד Beloved of [my] soul, merciful Father, draw Your servant to Your will. [Then] Your servant will run as swiftly as a deer; he will bow before Your splendor; Your acts of affection will be sweeter than honeycomb and every pleasant taste.

הָדוּר Glorious, resplendent One, Light of the world, my soul is lovesick for You; I beseech You, O God, pray heal it by showing it the sweetness of Your splendor. Then it will be strengthened and healed and will experience everlasting joy.

וָתִיק O pious One, may Your mercy be aroused and have compassion upon Your beloved child. For it is long that I have been yearning to behold the glory of Your majesty. These my heart desires, so have pity and do not conceal Yourself.

הִגָּלֶה Reveal Yourself, my Beloved, and spread over me the shelter of Your peace. Let the earth be illuminated by Your glory; we will rejoice and exult in You. Hasten, Beloved, for the time has come; and be gracious unto us as in days of yore.

Continue with *Korbanot—Offerings*, page 1.

שְׁלִימוּ דְכֻלְּהוּ: וְכַד אַנְתְּ תִּסְתַּלַּק מִנַּיְהוּ, אִשְׁתְּאֲרוּ כֻּלְּהוּ שְׁמָהָן כְּגוּפָא בְּלָא נִשְׁמְתָא: אַנְתְּ הוּא חַכִּים וְלָא בְחָכְמָה יְדִיעָא, אַנְתְּ הוּא מֵבִין וְלָא בְּבִינָה יְדִיעָא: לֵית לָךְ אֲתַר יְדִיעָא: אֶלָּא לְאִשְׁתְּמוֹדְעָא תּוּקְפָךְ וְחֵילָךְ לִבְנֵי נָשָׁא, וּלְאַחֲזָאָה לוֹן אֵיךְ מִתְנַהֵג עָלְמָא בְּדִינָא וּבְרַחֲמֵי, דְאִית צֶדֶק וּמִשְׁפָּט כְּפוּם עוֹבְדֵיהוֹן דִּבְנֵי נָשָׁא: דִּין אִיהוּ גְבוּרָה, מִשְׁפָּט עַמּוּדָא דְאֶמְצָעִיתָא, צֶדֶק מַלְכוּתָא קַדִּישָׁא, מֹאזְנֵי צֶדֶק תְּרֵין סַמְכֵי קְשׁוֹט, הִין צֶדֶק אוֹת בְּרִית קֹדֶשׁ, כֹּלָּא לְאַחֲזָאָה אֵיךְ מִתְנַהֵג עָלְמָא, אֲבָל לַאו דְּאִית לָךְ צֶדֶק יְדִיעָא דְאִיהוּ דִין, וְלָא מִשְׁפָּט יְדִיעָא דְאִיהוּ רַחֲמֵי, וְלָא מִכָּל אִלֵּין מִדּוֹת כְּלָל: בָּרוּךְ[1] יְיָ לְעוֹלָם אָמֵן וְאָמֵן:[2]

י דִיד נֶפֶשׁ אָב הָרַחֲמָן, מְשׁוֹךְ עַבְדְּךָ אֶל רְצוֹנֶךָ, יָרוּץ
עַבְדְּךָ כְּמוֹ אַיָּל, יִשְׁתַּחֲוֶה אֶל מוּל הֲדָרֶךָ, יֶעֱרַב לוֹ
יְדִידוֹתֶיךָ, מִנֹּפֶת צוּף וְכָל טָעַם:

הָ דוּר נָאֶה זִיו הָעוֹלָם, נַפְשִׁי חוֹלַת אַהֲבָתֶךָ, אָנָּא אֵל נָא
רְפָא נָא לָהּ, בְּהַרְאוֹת לָהּ נֹעַם זִיוֶךָ, אָז תִּתְחַזֵּק
וְתִתְרַפֵּא, וְהָיְתָה לָּהּ שִׂמְחַת עוֹלָם:

וָ תִיק יֶהֱמוּ רַחֲמֶיךָ, וְחוּסָה נָּא עַל בֵּן אֲהוּבֶךָ, כִּי זֶה
כַּמָּה נִכְסוֹף נִכְסַפְתִּי לִרְאוֹת בְּתִפְאֶרֶת עֻזֶּךָ, אֵלֶּה
חָמְדָה לִבִּי, וְחוּסָה נָּא וְאַל תִּתְעַלָּם:

הִ גָּלֶה נָא וּפְרוֹס חֲבִיבִי עָלַי אֶת סֻכַּת שְׁלוֹמֶךָ, תָּאִיר
אֶרֶץ מִכְּבוֹדֶךָ, נָגִילָה וְנִשְׂמְחָה בָּךְ, מַהֵר אָהוּב כִּי בָא
מוֹעֵד, וְחָנֵּנוּ כִּימֵי עוֹלָם:

Continue with *Korbanot—Offerings*, page 1.

1. Psalms 89:53. 2. Tikkunei Zohar, Introduction II.

He who directs them, but there is no one who directs You—neither above, nor below, nor from any side. You have made garments for them, from which souls issue forth to man. You have made for them a number of bodies which are called "bodies" in comparison with the garments which cover them; and they are described [anthropomorphically] in the following manner: *chesed* (kindness)—the right arm; *gevurah* (severity, power)—the left arm; *tiferet* (beauty)—the torso; *netzach* (eternity, victory) and *hod* (splendor)—the two thighs; *yesod* (foundation)—the end of the torso, the sign of the Holy Covenant; *malchut* (kingship)—the mouth, which we call the Oral Torah; *chochmah* (wisdom)—the brain, that is, the thought within; *binah* (understanding)—the heart, by means of which the heart understands; and concerning the latter two [*sefirot*] it is written, "The secrets belong to the Lord our God";[1] supernal *keter* (crown) is the crown of kingship, concerning which it is said, "He declares the end from the beginning,"[2] and it is the skull [upon which the] *tefillin* [are placed]. Within them is the Name [whose numerical value is] forty-five (spelled thus: יו״ד ה״א וא״ו ה״א) which is the path of *atzilut* (emanation); and the watering of the Tree [of the *sefirot*] with its arms and branches just as water irrigates a tree and it grows by that irrigation. Master of the worlds, You are the cause of causes and producer of effects, who waters the Tree through that fountain; and that fountain is as the soul to the body, which is the life of the body. In You, however, there is no similitude or likeness to anything within or without. You have created heaven and earth and brought forth from them the sun, the moon, the stars and the planets; and on earth—the trees, the green herbage, the Garden of Eden, the grasses, the beasts, the cattle, the fowl, the fish, and mankind; in order to make known through them the Supernal Realms, how the higher and lower worlds are conducted, and how the higher worlds may be known from the lower. However, there is none who can know You at all. Without You there is no unity in the higher or lower realms, and You are known as the Cause of all and the Master of all. Each *sefirah* has a specific Name by which the angels are also designated. You, however, have no specific Name, for You permeate all the Names,

וְאַנְתְּ הוּא דְאַנְהִיג לוֹן, וְלֵית מָאן דְּאַנְהִיג לָךְ, לָא לְעֵלָּא וְלָא לְתַתָּא וְלָא מִכָּל סִטְרָא: לְבוּשִׁין תְּקִינַת לוֹן, דְּמִנַּיְהוּ פָּרְחִין נִשְׁמָתִין לִבְנֵי נָשָׁא: וְכַמָּה גוּפִין תְּקִינַת לוֹן, דְּאִתְקְרִיאוּ גוּפִין לְגַבֵּי לְבוּשִׁין דִּמְכַסְיָן עֲלֵיהוֹן, וְאִתְקְרִיאוּ בְּתִקּוּנָא דָא: חֶסֶד דְּרוֹעָא יְמִינָא: גְּבוּרָה דְּרוֹעָא שְׂמָאלָא: תִּפְאֶרֶת גּוּפָא: נֶצַח וְהוֹד תְּרֵין שׁוֹקִין: יְסוֹד סִיּוּמָא דְגוּפָא אוֹת בְּרִית קֹדֶשׁ: מַלְכוּת פֶּה, תּוֹרָה שֶׁבְּעַל פֶּה קָרִינָן לָהּ: חָכְמָה מוֹחָא אִיהִי מַחֲשָׁבָה מִלְּגָו: בִּינָה לִבָּא וּבָהּ הַלֵּב מֵבִין, וְעַל אִלֵּין תְּרֵין כְּתִיב הַנִּסְתָּרוֹת לַייָ אֱלֹהֵינוּ:[1] כֶּתֶר עֶלְיוֹן אִיהוּ כֶּתֶר מַלְכוּת, וַעֲלֵיהּ אִתְּמַר מַגִּיד מֵרֵאשִׁית אַחֲרִית[2], וְאִיהוּ קַרְקַפְתָּא דִּתְפִלִּין, מִלְּגָו אִיהוּ שֵׁם מַה (כזה: יו"ד ה"א וא"ו ה"א) דְּאִיהוּ אֹרַח אֲצִילוּת, וְאִיהוּ שַׁקְיוּ דְּאִילָנָא בִּדְרוֹעוֹי וְעַנְפּוֹי, כְּמַיָּא דְּאַשְׁקֵי לְאִילָנָא וְאִתְרַבֵּי בְּהַהוּא שַׁקְיוּ: רִבּוֹן עָלְמִין, אַנְתְּ הוּא עִלַּת הָעִלּוֹת וְסִבַּת הַסִּבּוֹת, דְּאַשְׁקֵי לְאִילָנָא בְּהַהוּא נְבִיעוּ: וְהַהוּא נְבִיעוּ אִיהוּ כְּנִשְׁמְתָא לְגוּפָא, דְּאִיהִי[3] חַיִּים לְגוּפָא: וּבָךְ לֵית דִּמְיוֹן וְדִיוֹקְנָא מִכָּל מַה דִּלְגָו וּלְבַר: וּבְרָאתָ שְׁמַיָּא וְאַרְעָא, וְאַפִּיקַת מִנְּהוֹן שִׁמְשָׁא וְסִיהֲרָא וְכוֹכְבַיָּא וּמַזָּלַיָּא: וּבְאַרְעָא, אִילָנִין וְדִשְׁאִין וְגִנְתָּא דְעֵדֶן וְעִשְׂבִּין וְחֵיוָן וּבְעִירִין וְעוֹפִין וְנוּנִין וּבְנֵי נָשָׁא, לְאִשְׁתְּמוֹדְעָא בְהוֹן עִלָּאִין, וְאֵיךְ יִתְנַהֲגוּן עִלָּאִין וְתַתָּאִין, וְאֵיךְ אִשְׁתְּמוֹדְעָן עִלָּאֵי מִתַּתָּאֵי, וְלֵית דְּיָדַע בָּךְ כְּלָל: וּבַר מִנָּךְ לֵית יְחוּדָא בְּעִלָּאֵי וְתַתָּאֵי, וְאַנְתְּ אִשְׁתְּמוֹדַע עִלַּת עַל כֹּלָּא וְאָדוֹן עַל כֹּלָּא: וְכָל סְפִירָא אִית לָהּ שֵׁם יְדִיעָא, וּבְהוֹן אִתְקְרִיאוּ מַלְאָכַיָּא: וְאַנְתְּ לֵית לָךְ שֵׁם יְדִיעָא, דְּאַנְתְּ הוּא מְמַלֵּא כָל שְׁמָהָן: וְאַנְתְּ הוּא

1. Deuteronomy 29:28. 2. Isaiah 46:10. 3. Another version: דְּאִיהוּ.

their soul melts in distress. They reel and stagger like a drunkard, all their skill is to no avail. They cried out to the Lord in their distress, and He brought them out from their calamity. He transformed the storm into stillness, and the waves were quieted. They rejoiced when they were silenced, and He led them to their destination. Let them give thanks to the Lord for His kindness, and [proclaim] His wonders to the children of man. Let them exalt Him in the congregation of the people, and praise Him in the assembly of the elders. He turns rivers into desert, springs of water into parched land, a fruitful land into a salt-marsh, because of the wickedness of those who inhabit it. He turns a desert into a lake, arid land into springs of water. He settles the hungry there, and they establish a city of habitation. They sow fields and plant vineyards which yield fruit and wheat. He blesses them and they multiply greatly, and He does not decrease their cattle. [If they sin] they are diminished and cast down, through oppression, misery and sorrow. He pours contempt upon distinguished men, and causes them to stray in a pathless wilderness. He raises the needy from distress, and makes their families as numerous as flocks. The upright observe this and rejoice, and all the wicked close their mouth. Let him who is wise bear these in mind, and then the benevolent acts of the Lord will be understood.[1]

When a festival or Chol Hamoed occurs on Friday, begin here.

פְּתַח Elijah opened [his discourse] and said:[2] Master of the worlds, You are One but not in the numerical sense. You are exalted above all the exalted ones, hidden from all the hidden ones; no thought can grasp You at all. You are He who has brought forth ten "garments," and we call them ten *sefirot*, through which to direct hidden worlds which are not revealed and revealed worlds; and through them You conceal Yourself from man. You are He who binds them together and unites them; and inasmuch as You are within them, whoever separates one from another of these ten *sefirot*, it is considered as if he had effected a separation in You. These ten *sefirot* proceed according to their order: one long, one short, and one intermediate. You are

יָחֽוֹגּוּ וְיָנֽוּעוּ כַּשִּׁכּוֹר, וְכָל חָכְמָתָם תִּתְבַּלָּע: וַיִּצְעֲקוּ אֶל יְיָ בַּצַּר לָהֶם, וּמִמְּצוּקוֹתֵיהֶם יוֹצִיאֵם: יָקֵם סְעָרָה לִדְמָמָה, וַיֶּחֱשׁוּ גַּלֵּיהֶם: וַיִּשְׂמְחוּ כִי יִשְׁתֹּקוּ, וַיַּנְחֵם אֶל מְחוֹז חֶפְצָם: יוֹדוּ לַייָ חַסְדּוֹ, וְנִפְלְאוֹתָיו לִבְנֵי אָדָם: וִירוֹמְמֽוּהוּ בִּקְהַל עָם, וּבְמוֹשַׁב זְקֵנִים יְהַלְלֽוּהוּ: יָשֵׂם נְהָרוֹת לְמִדְבָּר, וּמֹצָאֵי מַיִם לְצִמָּאוֹן: אֶֽרֶץ פְּרִי לִמְלֵחָה, מֵרָעַת יֹֽשְׁבֵי בָהּ: יָשֵׂם מִדְבָּר לַאֲגַם מַיִם, וְאֶֽרֶץ צִיָּה לְמֹצָאֵי מָיִם: וַיּֽוֹשֶׁב שָׁם רְעֵבִים, וַיְכוֹנְנוּ עִיר מוֹשָׁב: וַיִּזְרְעוּ שָׂדוֹת וַיִּטְּעוּ כְרָמִים, וַיַּעֲשׂוּ פְּרִי תְבוּאָה: וַיְבָרְכֵם וַיִּרְבּוּ מְאֹד, וּבְהֶמְתָּם לֹא יַמְעִיט: וַיִּמְעֲטוּ וַיָּשֹֽׁחוּ, מֵעֹֽצֶר רָעָה וְיָגוֹן: שֹׁפֵךְ בּוּז עַל נְדִיבִים, וַיַּתְעֵם בְּתֹֽהוּ לֹא דָֽרֶךְ: וַיְשַׂגֵּב אֶבְיוֹן מֵעוֹנִי, וַיָּֽשֶׂם כַּצֹּאן מִשְׁפָּחוֹת: יִרְאוּ יְשָׁרִים וְיִשְׂמָֽחוּ, וְכָל עַוְלָה קָֽפְצָה פִּֽיהָ: מִי חָכָם וְיִשְׁמָר אֵֽלֶּה, וְיִתְבּוֹנְנוּ חַסְדֵי יְיָ:[1]

When a festival or Chol Hamoed occurs on Friday, begin here.

פָּתַח אֵלִיָּֽהוּ וְאָמַר:[2] רִבּוֹן עָלְמִין, דְּאַנְתְּ הוּא חָד וְלָא בְחֻשְׁבָּן, אַנְתְּ הוּא עִלָּאָה עַל כָּל עִלָּאִין, סְתִימָא עַל כָּל סְתִימִין, לֵית מַחֲשָׁבָה תְּפִיסָא בָךְ כְּלָל: אַנְתְּ הוּא דְאַפִּֽיקַת עֲשַׂר תִּקּוּנִין, וְקָרֵינָן לְהוֹן עֲשַׂר סְפִירָן, לְאַנְהָגָא בְהוֹן עָלְמִין סְתִימִין דְּלָא אִתְגַּלְיָן, וְעָלְמִין דְּאִתְגַּלְיָן, וּבְהוֹן אִתְכְּסִיאַת מִבְּנֵי נָשָׁא, וְאַנְתְּ הוּא דְקָשִׁיר לוֹן וּמְיַחֵד לוֹן, וּבְגִין דְּאַנְתְּ מִלְּגָו, כָּל מָאן דְּאַפְרִישׁ חַד מֵחַבְרֵיהּ מֵאִלֵּין עֲשַׂר סְפִירָן, אִתְחַשֵּׁב לֵיהּ כְּאִלּוּ אַפְרֵישׁ בָּךְ: וְאִלֵּין עֲשַׂר סְפִירָן אִנּוּן אָזְלִין כְּסִדְרָן, חַד אֲרִיךְ וְחַד קְצִיר וְחַד בֵּינוּנִי:

1. Psalm 107. 2. For a comprehensive exposition of this discourse, which contains many major Kabbalistic concepts, see R. Moshe Cordovero, Pardes Harimonim, Shaar 4, chs. 5-6.

MINCHAH PRAYER FOR EREV SHABBAT

Before Minchah on Friday, *Give thanks...*, and *Elijah opened...* are recited. When a festival or Chol Hamoed occurs on Friday, begin with *Elijah opened...* (on next page).

הודו Give thanks to the Lord for He is good, for His kindness is everlasting. So shall say those redeemed by the Lord, those whom He redeemed from the hand of the oppressor. He gathered them from the lands—from east and from west, from north and from the sea. They lost their way in the wilderness, in the wasteland; they found no inhabited city. Both hungry and thirsty, their soul languished within them. They cried out to the Lord in their distress; He delivered them from their afflictions. He guided them in the right path to reach an inhabited city. Let them give thanks to the Lord, for His kindness and [proclaim] His wonders to the children of man. For He has satiated a thirsting soul, and filled a hungry soul with goodness. Those who sit in darkness and the shadow of death, bound in misery and chains of iron, for they defied the words of God and spurned the counsel of the Most High—He humbled their heart through suffering; they stumbled and there was none to help. They cried out to the Lord in their distress; He saved them from their afflictions. He brought them out of darkness and the shadow of death, and sundered their bonds. Let them give thanks to the Lord for His kindness, and [proclaim] His wonders to the children of man. For He broke the brass gates and smashed the iron bars. Foolish sinners are afflicted because of their sinful ways and their wrongdoings. Their soul loathes all food, and they reach the gates of death. They cried out to the Lord in their distress; He saved them from their afflictions. He sent forth His command and healed them; He delivered them from their graves. Let them give thanks to the Lord for His kindness, and [proclaim] His wonders to the children of man. Let them offer sacrifices of thanksgiving, and joyfully recount His deeds. Those who go down to the sea in ships, who perform tasks in mighty waters, they saw the works of the Lord and His wonders in the deep. He spoke and caused the stormy wind to rise, and it lifted up the waves. They rise to the sky, plunge to the depths;

MINCHAH PRAYER FOR EREV SHABBAT

Before Minchah on Friday, הֹדוּ and פָּתַח אֵלִיָּהוּ are recited. When a festival or Chol Hamoed occurs on Friday, begin with פָּתַח אֵלִיָּהוּ (on next page).

הֹדוּ לַייָ כִּי טוֹב, כִּי לְעוֹלָם חַסְדּוֹ: יֹאמְרוּ גְּאוּלֵי יְיָ, אֲשֶׁר גְּאָלָם מִיַּד צָר: וּמֵאֲרָצוֹת קִבְּצָם, מִמִּזְרָח וּמִמַּעֲרָב מִצָּפוֹן וּמִיָּם: תָּעוּ בַמִּדְבָּר בִּישִׁימוֹן דָּרֶךְ, עִיר מוֹשָׁב לֹא מָצָאוּ: רְעֵבִים גַּם צְמֵאִים, נַפְשָׁם בָּהֶם תִּתְעַטָּף: וַיִּצְעֲקוּ אֶל יְיָ בַּצַּר לָהֶם, מִמְּצוּקוֹתֵיהֶם יַצִּילֵם: וַיַּדְרִיכֵם בְּדֶרֶךְ יְשָׁרָה, לָלֶכֶת אֶל עִיר מוֹשָׁב: יוֹדוּ לַייָ חַסְדּוֹ, וְנִפְלְאוֹתָיו לִבְנֵי אָדָם: כִּי הִשְׂבִּיעַ נֶפֶשׁ שֹׁקֵקָה, וְנֶפֶשׁ רְעֵבָה מִלֵּא טוֹב: יֹשְׁבֵי חֹשֶׁךְ וְצַלְמָוֶת, אֲסִירֵי עֳנִי וּבַרְזֶל: כִּי הִמְרוּ אִמְרֵי אֵל, וַעֲצַת עֶלְיוֹן נָאָצוּ: וַיַּכְנַע בֶּעָמָל לִבָּם, כָּשְׁלוּ וְאֵין עֹזֵר: וַיִּזְעֲקוּ אֶל יְיָ בַּצַּר לָהֶם, מִמְּצוּקוֹתֵיהֶם יוֹשִׁיעֵם: יוֹצִיאֵם מֵחֹשֶׁךְ וְצַלְמָוֶת, וּמוֹסְרוֹתֵיהֶם יְנַתֵּק: יוֹדוּ לַייָ חַסְדּוֹ, וְנִפְלְאוֹתָיו לִבְנֵי אָדָם: כִּי שִׁבַּר דַּלְתוֹת נְחֹשֶׁת, וּבְרִיחֵי בַרְזֶל גִּדֵּעַ: אֱוִלִים מִדֶּרֶךְ פִּשְׁעָם, וּמֵעֲוֹנֹתֵיהֶם יִתְעַנּוּ: כָּל אֹכֶל תְּתַעֵב נַפְשָׁם, וַיַּגִּיעוּ עַד שַׁעֲרֵי מָוֶת: וַיִּזְעֲקוּ אֶל יְיָ בַּצַּר לָהֶם, מִמְּצֻקוֹתֵיהֶם יוֹשִׁיעֵם: יִשְׁלַח דְּבָרוֹ וְיִרְפָּאֵם, וִימַלֵּט מִשְּׁחִיתוֹתָם: יוֹדוּ לַייָ חַסְדּוֹ, וְנִפְלְאוֹתָיו לִבְנֵי אָדָם: וְיִזְבְּחוּ זִבְחֵי תוֹדָה, וִיסַפְּרוּ מַעֲשָׂיו בְּרִנָּה: יוֹרְדֵי הַיָּם בָּאֳנִיּוֹת, עֹשֵׂי מְלָאכָה בְּמַיִם רַבִּים: הֵמָּה רָאוּ מַעֲשֵׂי יְיָ, וְנִפְלְאוֹתָיו בִּמְצוּלָה: וַיֹּאמֶר וַיַּעֲמֵד רוּחַ סְעָרָה, וַתְּרוֹמֵם גַּלָּיו: יַעֲלוּ שָׁמַיִם יֵרְדוּ תְהוֹמוֹת, נַפְשָׁם בְּרָעָה תִתְמוֹגָג:

❧❧❧

SHEVA BERACHOT —
THE SEVEN BLESSINGS FOR A WEDDING FEAST

The Sheva Berachot are recited upon the conclusion of the Blessing After A Meal in the presence of the groom and bride, when accompanied by a quorum of ten men (On a weekday, one of the ten must be one who has not yet participated in this wedding celebration).

Two cups of wine are poured before the Blessing After A Meal. The first cup is held by the one leading the Blessing After A Meal (see page 62, note 7). The second cup of wine is held during the recital of Sheva Berachot by each person designated to recite a blessing.

All present respond Amen as indicated.

בָּרוּךְ Blessed are You, Lord our God, King of the universe, who has created all things for His glory. (Amen)

בָּרוּךְ Blessed are You, Lord our God, King of the universe, Creator of man. (Amen)

בָּרוּךְ Blessed are You, Lord our God, King of the universe, who created man in His image, in the image [of His] likeness [He fashioned] his form, and prepared for him from his own self an everlasting edifice. Blessed are You, Lord, Creator of man. (Amen)

שׂוֹשׂ May the barren one [Jerusalem] rejoice and be happy at the ingathering of her children to her midst in joy. Blessed are You, Lord, who gladdens Zion with her children. (Amen)

שַׂמֵּחַ Grant abundant joy to these loving friends, as You bestowed gladness upon Your created being in the Garden of Eden of old. Blessed are You, Lord, who gladdens the groom and bride.
(Amen)

בָּרוּךְ Blessed are You, Lord our God, King of the universe, who created joy and happiness, groom and bride, gladness, jubilation, cheer, and delight; love, friendship, harmony, and fellowship. Lord our God, let there speedily be heard in the cities of Judah and in the streets of Jerusalem the sound of joy and the sound of happiness, the sound of a groom and the sound of a bride, the sound of exultation of grooms from under their *chupah*, and youths from their joyous banquets. Blessed are You, Lord, who gladdens the groom with the bride. (Amen)

The leader of the Blessing After A Meal recites the following blessing over the first cup:

בָּרוּךְ Blessed are You, Lord our God, King of the universe, who creates the fruit of the vine. (Amen)

The leader drinks at least 3.5 ounces. The two cups of wine are then mixed together. One cup is given to the groom and the other to the bride. Groom and bride then drink from their respective cups.

SHEVA BERACHOT —
THE SEVEN BLESSINGS FOR A WEDDING FEAST

The Sheva Berachot are recited upon the conclusion of the Blessing After A Meal in the presence of the groom and bride, when accompanied by a quorum of ten men (On a weekday, one of the ten must be one who has not yet participated in this wedding celebration).

Two cups of wine are poured before the Blessing After A Meal. The first cup is held by the one leading the Blessing After A Meal (see page 62, note 7). The second cup of wine is held during the recital of Sheva Berachot by each person designated to recite a blessing.

All present respond אָמֵן as indicated.

בָּרוּךְ אַתָּה יְיָ, אֱלֹהֵינוּ מֶלֶךְ הָעוֹלָם, שֶׁהַכֹּל בָּרָא לִכְבוֹדוֹ: (אָמֵן)

בָּרוּךְ אַתָּה יְיָ, אֱלֹהֵינוּ מֶלֶךְ הָעוֹלָם, יוֹצֵר הָאָדָם: (אָמֵן)

בָּרוּךְ אַתָּה יְיָ, אֱלֹהֵינוּ מֶלֶךְ הָעוֹלָם, אֲשֶׁר יָצַר אֶת הָאָדָם בְּצַלְמוֹ, בְּצֶלֶם דְּמוּת תַּבְנִיתוֹ, וְהִתְקִין לוֹ מִמֶּנּוּ בִּנְיַן עֲדֵי עַד: בָּרוּךְ אַתָּה יְיָ, יוֹצֵר הָאָדָם: (אָמֵן)

שׂוֹשׂ תָּשִׂישׂ וְתָגֵל הָעֲקָרָה, בְּקִבּוּץ בָּנֶיהָ לְתוֹכָהּ בְּשִׂמְחָה: בָּרוּךְ אַתָּה יְיָ, מְשַׂמֵּחַ צִיּוֹן בְּבָנֶיהָ: (אָמֵן)

שַׂמֵּחַ תְּשַׂמַּח רֵעִים הָאֲהוּבִים, כְּשַׂמֵּחֲךָ יְצִירְךָ בְּגַן עֵדֶן מִקֶּדֶם: בָּרוּךְ אַתָּה יְיָ, מְשַׂמֵּחַ חָתָן וְכַלָּה: (אָמֵן)

בָּרוּךְ אַתָּה יְיָ, אֱלֹהֵינוּ מֶלֶךְ הָעוֹלָם, אֲשֶׁר בָּרָא שָׂשׂוֹן וְשִׂמְחָה, חָתָן וְכַלָּה, גִּילָה רִנָּה דִּיצָה וְחֶדְוָה, אַהֲבָה וְאַחֲוָה שָׁלוֹם וְרֵעוּת, מְהֵרָה יְיָ אֱלֹהֵינוּ יִשָּׁמַע בְּעָרֵי יְהוּדָה, וּבְחוּצוֹת יְרוּשָׁלָיִם, קוֹל שָׂשׂוֹן וְקוֹל שִׂמְחָה, קוֹל חָתָן וְקוֹל כַּלָּה, קוֹל מִצְהֲלוֹת חֲתָנִים מֵחֻפָּתָם, וּנְעָרִים מִמִּשְׁתֵּה נְגִינָתָם: בָּרוּךְ אַתָּה יְיָ, מְשַׂמֵּחַ חָתָן עִם הַכַּלָּה: (אָמֵן)

The leader of the Blessing After A Meal recites the following blessing over the first cup:

בָּרוּךְ אַתָּה יְיָ, אֱלֹהֵינוּ מֶלֶךְ הָעוֹלָם, בּוֹרֵא פְּרִי הַגָּפֶן: (אָמֵן)

The leader drinks at least 3.5 ounces. The two cups of wine are then mixed together. One cup is given to the groom and the other to the bride. Groom and bride then drink from their respective cups.

BLESSING AFTER OTHER FOODS AND DRINKS

בָּרוּךְ Blessed are You, Lord our God, King of the universe, Creator of numerous living beings and their needs, for all the things You have created with which to sustain the soul of every living being. Blessed is He who is the Life of the worlds.

❦❧

ADDITIONS TO THE BLESSING AFTER A MEAL FOLLOWING A CIRCUMCISION

הָרַחֲמָן May the Merciful One bless the father and mother of the child; may they merit to raise him, to train him, and to educate him to be a scholar. From the eighth day onward his blood is accepted; may the Lord his God be with him.

הָרַחֲמָן May the Merciful One bless the *sandek* at the circumcision, who happily performed this good deed in joy. May He reward his deed and double his recompense, and exalt him higher and higher.

הָרַחֲמָן May the Merciful One bless the tender infant who has been circumcised on the eighth day; may his hands and heart be faithful to God; and may he merit to behold the Divine Presence three times a year.

הָרַחֲמָן May the Merciful One bless the *mohel* who performed the circumcision, the *periah* and the *metzitzah*. If a timid or faint-hearted man fails to perform these three parts of the mitzvah, his service is invalid.

הָרַחֲמָן May the Merciful One send us, in the merit of the blood of circumcision, His Mashiach who walks in perfection, to bring good tidings and consolation to a unique people dispersed and scattered among the nations.

הָרַחֲמָן May the Merciful One send us [Elijah] the righteous priest, who was taken into concealment until his seat, resplendent as the sun and precious stones, is prepared for him; who covered his face with his mantle and enwrapped himself; with whom was made My covenant of life and peace.

Continue with *May the Merciful One,* on page 68.

BLESSING AFTER OTHER FOODS AND DRINKS

בָּרוּךְ אַתָּה יְיָ, אֱלֹהֵינוּ מֶלֶךְ הָעוֹלָם, בּוֹרֵא נְפָשׁוֹת רַבּוֹת וְחֶסְרוֹנָן, עַל כֹּל מַה שֶּׁבָּרָאתָ לְהַחֲיוֹת בָּהֶם נֶפֶשׁ כָּל חָי, בָּרוּךְ חֵי הָעוֹלָמִים:

ADDITIONS TO THE BLESSING AFTER A MEAL FOLLOWING A CIRCUMCISION

הָרַחֲמָן הוּא יְבָרֵךְ אֲבִי הַיֶּלֶד וְאִמּוֹ, וְיִזְכּוּ לְגַדְּלוֹ לְחַנְּכוֹ וּלְחַכְּמוֹ, מִיּוֹם הַשְּׁמִינִי וָהָלְאָה יֵרָצֶה דָמוֹ, וִיהִי יְיָ אֱלֹהָיו עִמּוֹ:

הָרַחֲמָן הוּא יְבָרֵךְ בַּעַל בְּרִית הַמִּילָה, אֲשֶׁר שָׂשׂ לַעֲשׂוֹת צֶדֶק בְּגִילָה, וִישַׁלֵּם פָּעֳלוֹ וּמַשְׂכֻּרְתּוֹ כְּפוּלָה, וְיִתְּנֵהוּ לְמַעְלָה לְמָעְלָה:

הָרַחֲמָן הוּא יְבָרֵךְ רַךְ הַנִּמּוֹל לִשְׁמוֹנָה, וְיִהְיוּ יָדָיו וְלִבּוֹ לָאֵל אֱמוּנָה, וְיִזְכֶּה לִרְאוֹת פְּנֵי הַשְּׁכִינָה, שָׁלֹשׁ פְּעָמִים בַּשָּׁנָה:

הָרַחֲמָן הוּא יְבָרֵךְ הַמָּל בְּשַׂר הָעָרְלָה, וּפָרַע וּמָצַץ דְּמֵי הַמִּילָה, אִישׁ הַיָּרֵא וְרַךְ הַלֵּבָב עֲבוֹדָתוֹ פְּסוּלָה, אִם שְׁלָשׁ אֵלֶּה לֹא יַעֲשֶׂה לָהּ:

הָרַחֲמָן הוּא יִשְׁלַח לָנוּ מְשִׁיחוֹ הוֹלֵךְ תָּמִים, בִּזְכוּת חֲתַן לַמּוּלוֹת דָּמִים, לְבַשֵּׂר בְּשׂוֹרוֹת טוֹבוֹת וְנִחוּמִים, לְעַם אֶחָד מְפֻזָּר וּמְפֹרָד בֵּין הָעַמִּים:

הָרַחֲמָן הוּא יִשְׁלַח לָנוּ כֹּהֵן צֶדֶק אֲשֶׁר לֻקַּח לְעֵילוֹם, עַד הוּכַן כִּסְאוֹ כַּשֶּׁמֶשׁ וְיָהֲלוֹם, וַיָּלֶט פָּנָיו בְּאַדַּרְתּוֹ וַיִּגְלוֹם, בְּרִיתִי הָיְתָה אִתּוֹ הַחַיִּים וְהַשָּׁלוֹם:

Continue with הָרַחֲמָן, on page 68.

BLESSING AFTER CERTAIN FOODS

The following blessing is said after eating cooked or baked foods prepared from the five species of grain (wheat, barley, rye, oats or spelt); after drinking wine; or after eating grapes, figs, pomegranates, olives, or dates. If one partook of any combination of the above, their blessings should be combined, by adding the words in parentheses.

בָּרוּךְ Blessed are You, Lord our God, King of the universe, for

After food prepared from the five grains:	After wine or grape juice:	After grapes, figs, pomegranates, olives or dates:
the sustenance and for the nourishment,	(and for) the vine and for the fruit of the vine,	(and for) the tree and the fruit of the tree,

for the produce of the field, and for the precious, good, and spacious land which You have graciously given as a heritage to our ancestors, to eat of its fruit and to be satiated with its goodness. Have mercy, Lord our God, on Israel Your people, on Jerusalem Your city, on Zion the abode of Your glory, on Your altar, and on Your Temple. Rebuild Jerusalem, the holy city, speedily in our days, and bring us up to it and make us rejoice in it, and we will bless You in holiness and purity.

On Shabbat: May it please You to strengthen us on this Shabbat day.

On Rosh Chodesh: Remember us for good on this day of Rosh Chodesh.

On Pesach: Remember us for good on this day of the festival of Matzot.

On Shavuot: Remember us for good on this day of the festival of Shavuot.

On Sukkot: Remember us for good on this day of the festival of Sukkot.

On Shemini Atzeret: Remember us for good on this day of Shemini Atzeret the festival.

On Rosh Hashanah: Remember us for good on this day of Remembrance.

For You, Lord, are good and do good to all, and we offer thanks to You for the land and for

After food prepared from the five grains:	After wine or grape juice:	After grapes, figs, pomegranates, olives or dates:
the sustenance.	(and for) the fruit of the vine.	(and for) the fruits.

Blessed are You, Lord, for the land and for

After food prepared from the five grains:	After wine or grape juice:	After grapes, figs, pomegranates, olives or dates:
the sustenance. (and for)	the fruit of the vine. (and)	the fruits.

BLESSING AFTER CERTAIN FOODS

The following blessing is said after eating cooked or baked foods prepared from the five species of grain (wheat, barley, rye, oats or spelt); after drinking wine; or after eating grapes, figs, pomegranates, olives, or dates. If one partook of any combination of the above, their blessings should be combined by adding the letters or words in parentheses.

בָּרוּךְ אַתָּה יְיָ, אֱלֹהֵינוּ מֶלֶךְ הָעוֹלָם,

After grapes, figs, pomegranates, olives, or dates:	After wine or grape juice:	After food prepared from the five grains:
(וְ)עַל הָעֵץ וְעַל פְּרִי הָעֵץ	(וְ)עַל הַגֶּפֶן וְעַל פְּרִי הַגֶּפֶן	עַל הַמִּחְיָה וְעַל הַכַּלְכָּלָה

וְעַל תְּנוּבַת הַשָּׂדֶה וְעַל אֶרֶץ חֶמְדָּה טוֹבָה וּרְחָבָה שֶׁרָצִיתָ וְהִנְחַלְתָּ לַאֲבוֹתֵינוּ לֶאֱכוֹל מִפִּרְיָהּ וְלִשְׂבּוֹעַ מִטּוּבָהּ. רַחֵם נָא יְיָ אֱלֹהֵינוּ עַל יִשְׂרָאֵל עַמֶּךָ וְעַל יְרוּשָׁלַיִם עִירֶךָ וְעַל צִיּוֹן מִשְׁכַּן כְּבוֹדֶךָ וְעַל מִזְבְּחֶךָ וְעַל הֵיכָלֶךָ, וּבְנֵה יְרוּשָׁלַיִם עִיר הַקֹּדֶשׁ בִּמְהֵרָה בְיָמֵינוּ, וְהַעֲלֵנוּ לְתוֹכָהּ וְשַׂמְּחֵנוּ בָּהּ וּנְבָרֶכְךָ בִּקְדֻשָּׁה וּבְטָהֳרָה.

וּרְצֵה וְהַחֲלִיצֵנוּ בְּיוֹם הַשַּׁבָּת הַזֶּה. — On Shabbat

וְזָכְרֵנוּ לְטוֹבָה בְּיוֹם רֹאשׁ הַחֹדֶשׁ הַזֶּה: — On Rosh Chodesh

וְזָכְרֵנוּ לְטוֹבָה בְּיוֹם חַג הַמַּצּוֹת הַזֶּה: — On Pesach

וְזָכְרֵנוּ לְטוֹבָה בְּיוֹם חַג הַשָּׁבֻעוֹת הַזֶּה: — On Shavuot

וְזָכְרֵנוּ לְטוֹבָה בְּיוֹם חַג הַסֻּכּוֹת הַזֶּה: — On Sukkot

וְזָכְרֵנוּ לְטוֹבָה בְּיוֹם שְׁמִינִי עֲצֶרֶת הַחַג הַזֶּה: — On Shemini Atzeret

וְזָכְרֵנוּ לְטוֹבָה בְּיוֹם הַזִּכָּרוֹן הַזֶּה: — On Rosh Hashanah

כִּי אַתָּה יְיָ טוֹב וּמֵטִיב לַכֹּל וְנוֹדֶה לְּךָ עַל הָאָרֶץ וְעַל

After grapes, figs, pomegranates, olives, or dates:	After wine or grape juice:	After food prepared from the five grains:
(וְעַל) הַפֵּרוֹת.	(וְעַל) פְּרִי הַגֶּפֶן.	הַמִּחְיָה.

בָּרוּךְ אַתָּה יְיָ, עַל הָאָרֶץ וְעַל

After grapes, figs, pomegranates, olives, or dates:	After wine or grape juice:	After food prepared from the five grains:
הַפֵּרוֹת:	פְּרִי הַגֶּפֶן: (וְ)	הַמִּחְיָה: (וְעַל)

During the Blessing After A Meal following a circumcision, Additions (page 70) are recited here.

> On Shabbat:
>
> הָרַחֲמָן May the Merciful One let us inherit that day which will be all Shabbat and rest for life everlasting.
>
> On Rosh Chodesh:
>
> הָרַחֲמָן May the Merciful One renew for us this month for good and for blessing.
>
> On festivals:
>
> הָרַחֲמָן May the Merciful One let us inherit that day which is all good.
>
> On Rosh Hashanah:
>
> הָרַחֲמָן May the Merciful One renew for us this year for good and for blessing.
>
> On Sukkot and Chol Hamoed Sukkot:
>
> הָרַחֲמָן May the Merciful One restore for us the fallen *sukkah* of David.[1]
>
> On Chanukah and Purim, if *And [we thank You] for the miracles* (page 63) was omitted, say the following (if omitted, it is not necessary to repeat the Blessing After A Meal):
> *May the Merciful One perform miracles for us as He has for our ancestors in these days, at this time.*
>
> Continue with the appropriate paragraph *In the days...* on page 63, and then continue below.

הָרַחֲמָן May the Merciful One grant us the privilege of reaching the days of the Mashiach and the life of the World to Come.

On weekdays:	On Shabbat, Rosh Chodesh, festivals, and Chol Hamoed:
He gives great deliverance	He is a tower of deliverance[2]

to His king, and bestows kindness upon His anointed, to David and his descendants forever.[3] He who makes peace in His heavens, may He make peace for us and for all Israel; and say, Amen.

יְראוּ Fear the Lord, you His holy ones, for those who fear Him suffer no want. Young lions are in need and go hungry, but those who seek the Lord shall not lack any good.[5] Give thanks to the Lord for He is good, for His kindness is everlasting.[6] You open Your hand and satisfy the desire of every living thing.[7] Blessed is the man who trusts in the Lord, and the Lord will be his security.[8]

At a wedding feast, the Seven Blessings (page 71) are recited here.

If one recited the Blessing After A Meal over a cup of wine:

בָּרוּךְ Blessed are You, Lord our God, King of the universe, who creates the fruit of the vine.

During the Blessing After A Meal following a circumcision, Additions (page 70) are recited here.

On Shabbat:

הָרַחֲמָן הוּא יַנְחִילֵנוּ לְיוֹם שֶׁכֻּלּוֹ שַׁבָּת וּמְנוּחָה לְחַיֵּי הָעוֹלָמִים:

On Rosh Chodesh:

הָרַחֲמָן הוּא יְחַדֵּשׁ עָלֵינוּ אֶת הַחֹדֶשׁ הַזֶּה לְטוֹבָה וְלִבְרָכָה:

On festivals:

הָרַחֲמָן הוּא יַנְחִילֵנוּ לְיוֹם שֶׁכֻּלּוֹ טוֹב:

On Rosh Hashanah:

הָרַחֲמָן הוּא יְחַדֵּשׁ עָלֵינוּ אֶת הַשָּׁנָה הַזֹּאת לְטוֹבָה וְלִבְרָכָה:

On Sukkot and Chol Hamoed Sukkot:

הָרַחֲמָן הוּא יָקִים לָנוּ אֶת סֻכַּת דָּוִד הַנּוֹפֶלֶת:[1]

On Chanukah and Purim, if וְעַל הַנִסִּים (page 63) was omitted, say the following (if omitted, it is not necessary to repeat the Blessing After A Meal):

הָרַחֲמָן הוּא יַעֲשֶׂה לָנוּ נִסִּים כְּמוֹ שֶׁעָשָׂה לַאֲבוֹתֵינוּ בַּיָּמִים הָהֵם בַּזְּמַן הַזֶּה.

Continue with the appropriate paragraph בִּימֵי on page 63, and then continue below.

הָרַחֲמָן הוּא יְזַכֵּנוּ לִימוֹת הַמָּשִׁיחַ וּלְחַיֵּי הָעוֹלָם הַבָּא.

On Shabbat, Rosh Chodesh, festivals, and Chol Hamoed:

מִגְדּוֹל[2]

On weekdays:

מַגְדִּיל

יְשׁוּעוֹת מַלְכּוֹ וְעֹשֶׂה חֶסֶד לִמְשִׁיחוֹ לְדָוִד וּלְזַרְעוֹ עַד עוֹלָם:[3] עֹשֶׂה שָׁלוֹם בִּמְרוֹמָיו הוּא יַעֲשֶׂה שָׁלוֹם עָלֵינוּ וְעַל כָּל יִשְׂרָאֵל וְאִמְרוּ אָמֵן:

יְראוּ אֶת יְיָ קְדֹשָׁיו, כִּי אֵין מַחְסוֹר לִירֵאָיו: כְּפִירִים רָשׁוּ וְרָעֵבוּ, וְדֹרְשֵׁי יְיָ לֹא יַחְסְרוּ כָל טוֹב:[5] הוֹדוּ לַיְיָ כִּי טוֹב, כִּי לְעוֹלָם חַסְדּוֹ:[6] פּוֹתֵחַ אֶת יָדֶךָ, וּמַשְׂבִּיעַ לְכָל חַי רָצוֹן:[7] בָּרוּךְ הַגֶּבֶר אֲשֶׁר יִבְטַח בַּיְיָ, וְהָיָה יְיָ מִבְטַחוֹ:[8]

At a wedding feast, the Seven Blessings (page 71) are recited here.

If one recited the Blessing After A Meal over a cup of wine:

בָּרוּךְ אַתָּה יְיָ, אֱלֹהֵינוּ מֶלֶךְ הָעוֹלָם, בּוֹרֵא פְּרִי הַגָּפֶן:

1. Cf. Amos 9:7. **2.** II Samuel 22:51. **3.** Psalms 18:51. **4.** Pronounced יְרוּ. **5.** Ibid. 34:10-11. **6.** Ibid. 136:1. **7.** Ibid. 145:16. **8.** Jeremiah 17:7.

בָּרוּךְ Blessed are You, Lord our God, King of the universe, benevolent God, our Father, our King, our Strength, our Creator, our Redeemer, our Maker, our Holy One, the Holy One of Jacob, our Shepherd, the Shepherd of Israel, the King who is good and does good to all, each and every day. He has done good for us, He does good for us, and He will do good for us; He has bestowed, He bestows, and He will forever bestow upon us grace, kindness, and mercy; relief, salvation and success; blessing and deliverance; consolation, livelihood and sustenance; compassion, life, peace, and all goodness; and may He never cause us to lack any good. May the Merciful One reign over us forever and ever. May the Merciful One be blessed in heaven and on earth. May the Merciful One be praised for all generations, and pride Himself in us forever and to all eternity, and glorify Himself in us forever and ever. May the Merciful One provide our livelihood with honor. May the Merciful One break the yoke of exile from our neck, and may He lead us upright to our land. May the Merciful One send abundant blessing into this house and upon this table at which we have eaten. May the Merciful One send us Elijah the prophet—may he be remembered for good—and let him bring us good tidings, deliverance, and consolation. May the Merciful One bless my father, my teacher, the master of this house, and my mother, my teacher, the mistress of this house; them, their household, their children, and all that is theirs; us, and all that is ours. Just as He blessed our forefathers, Abraham, Isaac and Jacob, "in all things," "by all things," with "all things,"[1] so may He bless all of us together (the children of the Covenant) with a perfect blessing, and let us say, Amen.

מִמָּרוֹם From heaven, may there be invoked upon him and upon us such merit as will bring enduring peace. May we receive blessing from the Lord and kindness from God our deliverer,[2] and may we find grace and good understanding in the eyes of God and man.[3]

בָּרוּךְ אַתָּה יְיָ, אֱלֹהֵינוּ מֶלֶךְ הָעוֹלָם, הָאֵל, אָבִינוּ מַלְכֵּנוּ, אַדִּירֵנוּ בּוֹרְאֵנוּ גּוֹאֲלֵנוּ יוֹצְרֵנוּ, קְדוֹשֵׁנוּ קְדוֹשׁ יַעֲקֹב, רוֹעֵנוּ רוֹעֵה יִשְׂרָאֵל הַמֶּלֶךְ הַטּוֹב וְהַמֵּטִיב לַכֹּל בְּכָל יוֹם וָיוֹם, הוּא הֵטִיב לָנוּ, הוּא מֵטִיב לָנוּ, הוּא יֵיטִיב לָנוּ, הוּא גְמָלָנוּ הוּא גוֹמְלֵנוּ הוּא יִגְמְלֵנוּ לָעַד, לְחֵן וּלְחֶסֶד וּלְרַחֲמִים, וּלְרֶוַח הַצָּלָה וְהַצְלָחָה, בְּרָכָה וִישׁוּעָה, נֶחָמָה פַּרְנָסָה וְכַלְכָּלָה וְרַחֲמִים וְחַיִּים וְשָׁלוֹם וְכָל טוֹב וּמִכָּל טוּב לְעוֹלָם אַל יְחַסְּרֵנוּ: הָרַחֲמָן הוּא יִמְלוֹךְ עָלֵינוּ לְעוֹלָם וָעֶד: הָרַחֲמָן הוּא יִתְבָּרַךְ בַּשָּׁמַיִם וּבָאָרֶץ: הָרַחֲמָן הוּא יִשְׁתַּבַּח לְדוֹר דּוֹרִים וְיִתְפָּאַר בָּנוּ לָעַד וּלְנֵצַח נְצָחִים וְיִתְהַדַּר בָּנוּ לָעַד וּלְעוֹלְמֵי עוֹלָמִים: הָרַחֲמָן הוּא יְפַרְנְסֵנוּ בְּכָבוֹד: הָרַחֲמָן הוּא יִשְׁבּוֹר עוֹל גָּלוּת מֵעַל צַוָּארֵנוּ וְהוּא יוֹלִיכֵנוּ קוֹמְמִיּוּת לְאַרְצֵנוּ: הָרַחֲמָן הוּא יִשְׁלַח בְּרָכָה מְרֻבָּה בְּבַיִת זֶה וְעַל שֻׁלְחָן זֶה שֶׁאָכַלְנוּ עָלָיו: הָרַחֲמָן הוּא יִשְׁלַח לָנוּ אֶת אֵלִיָּהוּ הַנָּבִיא זָכוּר לַטּוֹב וִיבַשֶּׂר לָנוּ בְּשׂוֹרוֹת טוֹבוֹת יְשׁוּעוֹת וְנֶחָמוֹת: הָרַחֲמָן הוּא יְבָרֵךְ אֶת אָבִי מוֹרִי בַּעַל הַבַּיִת הַזֶּה וְאֶת אִמִּי מוֹרָתִי בַּעֲלַת הַבַּיִת הַזֶּה אוֹתָם וְאֶת בֵּיתָם וְאֶת זַרְעָם וְאֶת כָּל אֲשֶׁר לָהֶם אוֹתָנוּ וְאֶת כָּל אֲשֶׁר לָנוּ: כְּמוֹ שֶׁבֵּרַךְ אֶת אֲבוֹתֵינוּ אַבְרָהָם יִצְחָק וְיַעֲקֹב בַּכֹּל מִכֹּל כֹּל,[1] כֵּן יְבָרֵךְ אוֹתָנוּ (בְּנֵי בְרִית) כֻּלָּנוּ יַחַד בִּבְרָכָה שְׁלֵמָה וְנֹאמַר אָמֵן:

מִמָּרוֹם יְלַמְּדוּ עָלָיו וְעָלֵינוּ זְכוּת שֶׁתְּהֵא לְמִשְׁמֶרֶת שָׁלוֹם וְנִשָּׂא בְרָכָה מֵאֵת יְיָ וּצְדָקָה מֵאֱלֹהֵי יִשְׁעֵנוּ[2] וְנִמְצָא חֵן וְשֵׂכֶל טוֹב בְּעֵינֵי אֱלֹהִים וְאָדָם:[3]

1. Cf. Genesis 24:1, 27:33, 33:11; Bava Batra 17a. **2.** Cf. Psalms 24:5. **3.** Cf. Proverbs 3:4.

If you omitted the special portions for Shabbat, Rosh Chodesh, or festivals, and reminded yourself before starting the next blessing, say the appropriate blessing below. If you reminded yourself after starting the next blessing, you must repeat the Blessing After A Meal from the beginning. This applies to Shabbat; the festival days of Pesach, Shavuot, and Sukkot; and the evening meal of Rosh Hashanah. However on Chol Hamoed, Rosh Chodesh, the Seudah Shelishit of Shabbat or festivals, or the daytime meal of Rosh Hashanah, you do not have to repeat it.

On Shabbat:

בָּרוּךְ Blessed are You, Lord our God, King of the universe, who has given Sabbaths for rest to His people Israel, with love, as a sign and a covenant. Blessed are You Lord, who hallows the Shabbat.

On festivals:

בָּרוּךְ Blessed are You, Lord our God, King of the universe, who has given festivals to His people Israel for joy and gladness, this day of (Name the festival). Blessed are You, Lord, who hallows Israel and the [festive] seasons.

On Rosh Hashanah:

בָּרוּךְ Blessed are You, Lord our God, King of the universe, who has given festivals to His people Israel for remembrance, this Day of Remembrance. Blessed are You, Lord, who hallows Israel and the Day of Remembrance.

On Chol Hamoed:

בָּרוּךְ Blessed are You, Lord our God, King of the universe, who has given festive days to His people Israel for joy and gladness, this day of (Name the festival).

On Rosh Chodesh:

בָּרוּךְ Blessed are You, Lord our God, King of the universe, who has given days of Rosh Chodesh to His people Israel for remembrance.

On Shabbat which coincides with Rosh Chodesh, a festival, or Chol Hamoed, if you omitted both *May it please You* and *Our God and God of our fathers*, say the following: (If you forgot only one of them, recite the appropriate paragraph above.)

בָּרוּךְ Blessed are You, Lord our God, King of the universe, who has given Sabbaths for rest to His people Israel, with love, as a sign and a covenant,

On festivals: and festivals for joy and gladness, this day of (Name the festival). Blessed are You, Lord, who hallows the Shabbat and Israel and the [festive] seasons.

On Chol Hamoed: and festive days for joy and gladness, this day of (Name the festival). Blessed are You, Lord, who hallows the Shabbat and Israel and the [festive] seasons.

On Rosh Hashanah: and festivals for remembrance, this Day of Remembrance. Blessed are You, Lord, who hallows the Shabbat and Israel and the Day of Remembrance.

On Rosh Chodesh: and days of Rosh Chodesh for remembrance. Blessed are You, Lord, who hallows the Shabbat and Israel and the days of Rosh Chodesh.

If you omitted the special portions for Shabbat, Rosh Chodesh, or festivals, and reminded yourself before starting the next blessing, say the appropriate blessing below. If you reminded yourself after starting the next blessing, you must repeat the Blessing After A Meal from the beginning. This applies to Shabbat; the festival days of Pesach, Shavuot, and Sukkot; and the evening meal of Rosh Hashanah. However on Chol Hamoed, Rosh Chodesh, the Seudah Shelishit of Shabbat or festivals, or the daytime meal of Rosh Hashanah, you do not have to repeat it.

On Shabbat:

בָּרוּךְ אַתָּה יְיָ, אֱלֹהֵינוּ מֶלֶךְ הָעוֹלָם, שֶׁנָּתַן שַׁבָּתוֹת לִמְנוּחָה לְעַמּוֹ יִשְׂרָאֵל בְּאַהֲבָה לְאוֹת וְלִבְרִית. בָּרוּךְ אַתָּה יְיָ, מְקַדֵּשׁ הַשַּׁבָּת:

On festivals:

בָּרוּךְ אַתָּה יְיָ, אֱלֹהֵינוּ מֶלֶךְ הָעוֹלָם, אֲשֶׁר נָתַן יָמִים טוֹבִים לְעַמּוֹ יִשְׂרָאֵל לְשָׂשׂוֹן וּלְשִׂמְחָה, אֶת יוֹם (Name the festival[1]) הַזֶּה. בָּרוּךְ אַתָּה יְיָ, מְקַדֵּשׁ יִשְׂרָאֵל וְהַזְּמַנִּים:

On Rosh Hashanah:

בָּרוּךְ אַתָּה יְיָ, אֱלֹהֵינוּ מֶלֶךְ הָעוֹלָם, אֲשֶׁר נָתַן יָמִים טוֹבִים לְעַמּוֹ יִשְׂרָאֵל לְזִכָּרוֹן, אֶת יוֹם הַזִּכָּרוֹן הַזֶּה. בָּרוּךְ אַתָּה יְיָ, מְקַדֵּשׁ יִשְׂרָאֵל וְיוֹם הַזִּכָּרוֹן:

On Chol Hamoed:

בָּרוּךְ אַתָּה יְיָ, אֱלֹהֵינוּ מֶלֶךְ הָעוֹלָם, אֲשֶׁר נָתַן מוֹעֲדִים לְעַמּוֹ יִשְׂרָאֵל לְשָׂשׂוֹן וּלְשִׂמְחָה אֶת יוֹם (Name the festival[1]) הַזֶּה:

On Rosh Chodesh:

בָּרוּךְ אַתָּה יְיָ, אֱלֹהֵינוּ מֶלֶךְ הָעוֹלָם, שֶׁנָּתַן רָאשֵׁי חֳדָשִׁים לְעַמּוֹ יִשְׂרָאֵל לְזִכָּרוֹן:

On Shabbat which coincides with Rosh Chodesh, a festival, or Chol Hamoed, if you omitted both רְצֵה and יַעֲלֶה וְיָבֹא, say the following: (If you forgot only one of them, recite the appropriate paragraph above.)

בָּרוּךְ אַתָּה יְיָ, אֱלֹהֵינוּ מֶלֶךְ הָעוֹלָם, שֶׁנָּתַן שַׁבָּתוֹת לִמְנוּחָה לְעַמּוֹ יִשְׂרָאֵל בְּאַהֲבָה לְאוֹת וְלִבְרִית,

—festivals וְיָמִים טוֹבִים לְשָׂשׂוֹן וּלְשִׂמְחָה, אֶת יוֹם (Name the festival[1]) הַזֶּה. בָּרוּךְ אַתָּה יְיָ, מְקַדֵּשׁ הַשַּׁבָּת וְיִשְׂרָאֵל וְהַזְּמַנִּים:

—Chol Hamoed וּמוֹעֲדִים לְשָׂשׂוֹן וּלְשִׂמְחָה, אֶת יוֹם (Name the festival[1]) הַזֶּה. בָּרוּךְ אַתָּה יְיָ, מְקַדֵּשׁ הַשַּׁבָּת וְיִשְׂרָאֵל וְהַזְּמַנִּים:

—Rosh Hashanah וְיָמִים טוֹבִים לְזִכָּרוֹן, אֶת יוֹם הַזִּכָּרוֹן הַזֶּה. בָּרוּךְ אַתָּה יְיָ, מְקַדֵּשׁ הַשַּׁבָּת וְיִשְׂרָאֵל וְיוֹם הַזִּכָּרוֹן:

—Rosh Chodesh וְרָאשֵׁי חֳדָשִׁים לְזִכָּרוֹן. בָּרוּךְ אַתָּה יְיָ, מְקַדֵּשׁ הַשַּׁבָּת וְיִשְׂרָאֵל וְרָאשֵׁי חֳדָשִׁים:

1. חַג הַמַּצּוֹת \ חַג הַשָּׁבֻעוֹת \ חַג הַסֻּכּוֹת \ שְׁמִינִי עֲצֶרֶת הַחַג.

On Shabbat:

רְצֵה May it please You, Lord our God, to strengthen us through Your mitzvot, and through the mitzvah of the Seventh Day, this great and holy Shabbat. For this day is great and holy before You, to refrain from work and to rest thereon with love, in accordance with the commandment of Your will. In Your good will, Lord our God, bestow upon us tranquility, that there shall be no distress, sadness, or sorrow on the day of our rest. Lord our God, let us see the consolation of Zion Your city, and the rebuilding of Jerusalem Your holy city, for You are the Master of deliverance and the Master of consolation.

On Rosh Chodesh, festivals, and Chol Hamoed, add the following.
As the leader recites aloud the words *Remember...for good life* in the following paragraph, the others respond Amen as indicated.

אֱלֹהֵינוּ Our God and God of our fathers, may there ascend, come, and reach; be seen, accepted, and heard; recalled and remembered before You the remembrance and recollection of us, the remembrance of our fathers, the remembrance of Mashiach the son of David Your servant, the remembrance of Jerusalem Your holy city, and the remembrance of all Your people the House of Israel, for deliverance, well-being, grace, kindness, mercy, good life, and peace, on this day of

On Rosh Chodesh:	On Pesach:	On Shavuot:
Rosh Chodesh.	the festival of Matzot,	the festival of Shavuot,

On Sukkot:	On Rosh Hashanah:	On Shemini Atzeret:
the festival of Sukkot,	Remembrance,	Shemini Atzeret the festival,

On Rosh Chodesh and Chol Hamoed, omit the following line.
this holy festival day.

Remember us on this [day], Lord our God, for good (Amen); be mindful of us on this [day] for blessing (Amen); help us on this [day] for good life (Amen). With the promise of deliverance and compassion, spare us and be gracious to us, and have mercy upon us and deliver us, for our eyes are directed to You; for You, God, are a gracious and merciful King.

וּבְנֵה And rebuild Jerusalem the holy city speedily in our days. Blessed are You, Lord, who in His mercy rebuilds Jerusalem. Amen.

On Shabbat:

רְצֵה וְהַחֲלִיצֵנוּ יְיָ אֱלֹהֵינוּ בְּמִצְוֹתֶיךָ וּבְמִצְוַת יוֹם הַשְּׁבִיעִי הַשַּׁבָּת הַגָּדוֹל וְהַקָּדוֹשׁ הַזֶּה כִּי יוֹם זֶה גָּדוֹל וְקָדוֹשׁ הוּא לְפָנֶיךָ, לִשְׁבָּת בּוֹ וְלָנוּחַ בּוֹ בְּאַהֲבָה כְּמִצְוַת רְצוֹנֶךָ, וּבִרְצוֹנְךָ הָנִיחַ לָנוּ יְיָ אֱלֹהֵינוּ שֶׁלֹּא תְהֵא צָרָה וְיָגוֹן וַאֲנָחָה בְּיוֹם מְנוּחָתֵנוּ, וְהַרְאֵנוּ יְיָ אֱלֹהֵינוּ בְּנֶחָמַת צִיּוֹן עִירֶךָ, וּבְבִנְיַן יְרוּשָׁלַיִם עִיר קָדְשֶׁךָ, כִּי אַתָּה הוּא בַּעַל הַיְשׁוּעוֹת וּבַעַל הַנֶּחָמוֹת:

On Rosh Chodesh, festivals, and Chol Hamoed, add the following.
As the leader recites aloud the words זָכְרֵנוּ ... טוֹבִים in the following paragraph, the others respond אָמֵן as indicated.

אֱלֹהֵינוּ וֵאלֹהֵי אֲבוֹתֵינוּ, יַעֲלֶה וְיָבוֹא וְיַגִּיעַ, וְיֵרָאֶה וְיֵרָצֶה וְיִשָּׁמַע, וְיִפָּקֵד וְיִזָּכֵר זִכְרוֹנֵנוּ וּפִקְדוֹנֵנוּ, וְזִכְרוֹן אֲבוֹתֵינוּ, וְזִכְרוֹן מָשִׁיחַ בֶּן דָּוִד עַבְדֶּךָ, וְזִכְרוֹן יְרוּשָׁלַיִם עִיר קָדְשֶׁךָ, וְזִכְרוֹן כָּל עַמְּךָ בֵּית יִשְׂרָאֵל לְפָנֶיךָ, לִפְלֵיטָה לְטוֹבָה, לְחֵן וּלְחֶסֶד וּלְרַחֲמִים וּלְחַיִּים טוֹבִים וּלְשָׁלוֹם, בְּיוֹם

On Rosh Chodesh: רֹאשׁ הַחֹדֶשׁ הַזֶּה:

On Pesach: חַג הַמַּצּוֹת הַזֶּה:

On Shavuot: חַג הַשָּׁבֻעוֹת הַזֶּה:

On Sukkot: חַג הַסֻּכּוֹת הַזֶּה:

On Shemini Atzeret: שְׁמִינִי עֲצֶרֶת הַחַג הַזֶּה:

On Rosh Hashanah: הַזִּכָּרוֹן הַזֶּה:

On Rosh Chodesh and Chol Hamoed, omit the following line.

בְּיוֹם טוֹב מִקְרָא קֹדֶשׁ הַזֶּה:

זָכְרֵנוּ יְיָ אֱלֹהֵינוּ בּוֹ לְטוֹבָה (אָמֵן), וּפָקְדֵנוּ בוֹ לִבְרָכָה (אָמֵן), וְהוֹשִׁיעֵנוּ בוֹ לְחַיִּים טוֹבִים (אָמֵן), וּבִדְבַר יְשׁוּעָה וְרַחֲמִים, חוּס וְחָנֵּנוּ, וְרַחֵם עָלֵינוּ וְהוֹשִׁיעֵנוּ, כִּי אֵלֶיךָ עֵינֵינוּ, כִּי אֵל מֶלֶךְ חַנּוּן וְרַחוּם אָתָּה:

וּבְנֵה יְרוּשָׁלַיִם עִיר הַקֹּדֶשׁ בִּמְהֵרָה בְיָמֵינוּ. בָּרוּךְ אַתָּה יְיָ, בּוֹנֵה בְרַחֲמָיו יְרוּשָׁלָיִם. אָמֵן:

in Your abounding mercies, stood by them in the time of their distress. You waged their battles, defended their rights, and avenged the wrong done to them. You delivered the mighty into the hands of the weak, the many into the hands of the few, the impure into the hands of the pure, the wicked into the hands of the righteous, and the wanton sinners into the hands of those who occupy themselves with Your Torah. You made a great and holy name for Yourself in Your world, and effected a great deliverance and redemption for Your people Israel to this very day. Then Your children entered the shrine of Your House, cleansed Your Temple, purified Your Sanctuary, kindled lights in Your holy courtyards, and instituted these eight days of Chanukah to give thanks and praise to Your great Name.

destroy, slaughter and annihilate all the Jews, young and old, infants and women, in one day, on the thirteenth day of the twelfth month, the month of Adar, and to take their spoil for plunder.[1] But You, in Your abounding mercies, foiled his counsel and frustrated his intention, and caused the evil he planned to recoil on his own head; and they hanged him and his sons upon the gallows.

וְעַל For all this, Lord our God, we give thanks to You and bless You. May Your Name be blessed by the mouth of every living being, constantly and forever, as it is written: When you have eaten and are satiated, you shall bless the Lord your God for the good land which He has given you.[2] Blessed are You, Lord, for the land and for the sustenance.

רַחֵם Have mercy, Lord our God, upon Israel Your people, upon Jerusalem Your city, upon Zion the abode of Your glory, upon the kingship of the house of David Your anointed, and upon the great and holy House over which Your Name was proclaimed. Our God, our Father, (On weekdays: tend us) (On Shabbat and festivals: Our Shepherd), nourish us, sustain us, feed us, and provide us with plenty; and speedily, Lord our God, grant us relief from all our afflictions. Lord our God, please do not make us dependent upon the gifts of mortal men nor upon their loans, but only upon Your full, open, holy, and generous hand, that we may never be shamed or disgraced.

רַבְתָּ אֶת רִיבָם, דַּנְתָּ אֶת דִּינָם, נָקַמְתָּ אֶת נִקְמָתָם, מָסַרְתָּ גִבּוֹרִים בְּיַד חַלָּשִׁים, וְרַבִּים בְּיַד מְעַטִּים, וּטְמֵאִים בְּיַד טְהוֹרִים, וּרְשָׁעִים בְּיַד צַדִּיקִים, וְזֵדִים בְּיַד עוֹסְקֵי תוֹרָתֶךָ. וּלְךָ עָשִׂיתָ שֵׁם גָּדוֹל וְקָדוֹשׁ בְּעוֹלָמֶךָ, וּלְעַמְּךָ יִשְׂרָאֵל עָשִׂיתָ תְּשׁוּעָה גְדוֹלָה וּפֻרְקָן כְּהַיּוֹם הַזֶּה. וְאַחַר כַּךְ בָּאוּ בָנֶיךָ לִדְבִיר בֵּיתֶךָ, וּפִנּוּ אֶת הֵיכָלֶךָ, וְטִהֲרוּ אֶת מִקְדָּשֶׁךָ, וְהִדְלִיקוּ נֵרוֹת בְּחַצְרוֹת קָדְשֶׁךָ. וְקָבְעוּ שְׁמוֹנַת יְמֵי חֲנֻכָּה אֵלּוּ, לְהוֹדוֹת וּלְהַלֵּל לְשִׁמְךָ הַגָּדוֹל:

הַיְּהוּדִים, מִנַּעַר וְעַד זָקֵן, טַף וְנָשִׁים, בְּיוֹם אֶחָד, בִּשְׁלֹשָׁה עָשָׂר לְחֹדֶשׁ שְׁנֵים עָשָׂר, הוּא חֹדֶשׁ אֲדָר, וּשְׁלָלָם לָבוֹז.[1] וְאַתָּה בְּרַחֲמֶיךָ הָרַבִּים הֵפַרְתָּ אֶת עֲצָתוֹ, וְקִלְקַלְתָּ אֶת מַחֲשַׁבְתּוֹ, וַהֲשֵׁבוֹתָ לּוֹ גְּמוּלוֹ בְּרֹאשׁוֹ. וְתָלוּ אוֹתוֹ וְאֶת בָּנָיו עַל הָעֵץ:

וְעַל הַכֹּל יְיָ אֱלֹהֵינוּ אֲנַחְנוּ מוֹדִים לָךְ וּמְבָרְכִים אוֹתָךְ יִתְבָּרַךְ שִׁמְךָ בְּפִי כָּל חַי תָּמִיד לְעוֹלָם וָעֶד, כַּכָּתוּב: וְאָכַלְתָּ וְשָׂבָעְתָּ וּבֵרַכְתָּ אֶת יְיָ אֱלֹהֶיךָ עַל הָאָרֶץ הַטֹּבָה אֲשֶׁר נָתַן לָךְ:[2] בָּרוּךְ אַתָּה יְיָ, עַל הָאָרֶץ וְעַל הַמָּזוֹן:

רַחֵם יְיָ אֱלֹהֵינוּ עַל יִשְׂרָאֵל עַמֶּךָ וְעַל יְרוּשָׁלַיִם עִירֶךָ וְעַל צִיּוֹן מִשְׁכַּן כְּבוֹדֶךָ וְעַל מַלְכוּת בֵּית דָּוִד מְשִׁיחֶךָ וְעַל הַבַּיִת הַגָּדוֹל וְהַקָּדוֹשׁ שֶׁנִּקְרָא שִׁמְךָ עָלָיו: אֱלֹהֵינוּ אָבִינוּ

On weekdays:
רְעֵנוּ

On Shabbat and festivals:
רוֹעֵנוּ

זוּנֵנוּ פַּרְנְסֵנוּ וְכַלְכְּלֵנוּ וְהַרְוִיחֵנוּ וְהַרְוַח לָנוּ יְיָ אֱלֹהֵינוּ מְהֵרָה מִכָּל צָרוֹתֵינוּ: וְנָא אַל תַּצְרִיכֵנוּ יְיָ אֱלֹהֵינוּ, לֹא לִידֵי מַתְּנַת בָּשָׂר וָדָם וְלֹא לִידֵי הַלְוָאָתָם כִּי אִם לְיָדְךָ הַמְּלֵאָה הַפְּתוּחָה הַקְּדוֹשָׁה וְהָרְחָבָה שֶׁלֹּא נֵבוֹשׁ וְלֹא נִכָּלֵם לְעוֹלָם וָעֶד:

1. Esther 3:13. 2. Deuteronomy 8:10.

The leader concludes each blessing aloud, and the others respond Amen.

בָּרוּךְ Blessed are You, Lord our God, King of the universe, who, in His goodness, provides sustenance for the entire world with grace, with kindness, and with mercy. He gives food to all flesh, for His kindness is everlasting.[1] Through His great goodness to us continuously we do not lack [food], and may we never lack food, for the sake of His great Name. For He, benevolent God, provides nourishment and sustenance for all, does good to all, and prepares food for all His creatures whom He has created, as it is said: You open Your hand and satisfy the desire of every living thing.[2] Blessed are You, Lord, who provides food for all.

נוֹדֶה We offer thanks to You, Lord our God, for having given as a heritage to our ancestors a precious, good and spacious land; for having brought us out, Lord our God, from the land of Egypt, and redeemed us from the house of bondage; for Your covenant which You have sealed in our flesh; for Your Torah which You have taught us; for Your statutes which You have made known to us; for the life, favor, and kindness which You have graciously bestowed upon us; and for the food we eat with which You constantly nourish and sustain us every day, at all times, and at every hour.

On Chanukah and Purim, add the following.
If omitted, continue until page 68, and follow instructions there.

וְעַל And [we thank You] for the miracles, for the redemption, for the mighty deeds, for the saving acts, and for the wonders which You have wrought for our ancestors in those days, at this time—

For Chanukah:

בִּימֵי In the days of Matityahu, the son of Yochanan the High Priest, the Hasmonean and his sons, when the wicked Hellenic government rose up against Your people Israel to make them forget Your Torah and violate the decrees of Your will. But You,

For Purim:

בימי In the days of Mordechai and Esther, in Shushan the capital, when the wicked Haman rose up against them, and sought to

The leader concludes each blessing aloud, and the others respond אָמֵן.

בָּרוּךְ אַתָּה יְיָ אֱלֹהֵינוּ מֶלֶךְ הָעוֹלָם, הַזָּן אֶת הָעוֹלָם כֻּלּוֹ בְּטוּבוֹ בְּחֵן בְּחֶסֶד וּבְרַחֲמִים הוּא נוֹתֵן לֶחֶם לְכָל בָּשָׂר כִּי לְעוֹלָם חַסְדּוֹ:[1] וּבְטוּבוֹ הַגָּדוֹל עִמָּנוּ תָּמִיד לֹא חָסַר לָנוּ וְאַל יֶחְסַר לָנוּ מָזוֹן לְעוֹלָם וָעֶד: בַּעֲבוּר שְׁמוֹ הַגָּדוֹל כִּי הוּא אֵל זָן וּמְפַרְנֵס לַכֹּל וּמֵטִיב לַכֹּל וּמֵכִין מָזוֹן לְכָל בְּרִיּוֹתָיו אֲשֶׁר בָּרָא, כָּאָמוּר: פּוֹתֵחַ אֶת יָדֶךָ וּמַשְׂבִּיעַ לְכָל חַי רָצוֹן:[2] בָּרוּךְ אַתָּה יְיָ, הַזָּן אֶת הַכֹּל:

נוֹדֶה לְּךָ יְיָ אֱלֹהֵינוּ עַל שֶׁהִנְחַלְתָּ לַאֲבוֹתֵינוּ אֶרֶץ חֶמְדָּה טוֹבָה וּרְחָבָה וְעַל שֶׁהוֹצֵאתָנוּ יְיָ אֱלֹהֵינוּ מֵאֶרֶץ מִצְרַיִם וּפְדִיתָנוּ מִבֵּית עֲבָדִים וְעַל בְּרִיתְךָ שֶׁחָתַמְתָּ בִּבְשָׂרֵנוּ וְעַל תּוֹרָתְךָ שֶׁלִּמַּדְתָּנוּ וְעַל חֻקֶּיךָ שֶׁהוֹדַעְתָּנוּ וְעַל חַיִּים חֵן וָחֶסֶד שֶׁחוֹנַנְתָּנוּ וְעַל אֲכִילַת מָזוֹן שָׁאַתָּה זָן וּמְפַרְנֵס אוֹתָנוּ תָּמִיד בְּכָל יוֹם וּבְכָל עֵת וּבְכָל שָׁעָה:

On Chanukah and Purim, add the following.
If omitted, continue until page 68, and follow instructions there.

וְעַל הַנִּסִּים וְעַל הַפֻּרְקָן וְעַל הַגְּבוּרוֹת וְעַל הַתְּשׁוּעוֹת וְעַל הַנִּפְלָאוֹת שֶׁעָשִׂיתָ לַאֲבוֹתֵינוּ בַּיָּמִים הָהֵם בִּזְּמַן הַזֶּה:

For Chanukah:

בִּימֵי מַתִּתְיָהוּ בֶּן יוֹחָנָן כֹּהֵן גָּדוֹל, חַשְׁמוֹנָאִי וּבָנָיו, כְּשֶׁעָמְדָה מַלְכוּת יָוָן הָרְשָׁעָה עַל עַמְּךָ יִשְׂרָאֵל, לְהַשְׁכִּיחָם תּוֹרָתֶךָ וּלְהַעֲבִירָם מֵחֻקֵּי רְצוֹנֶךָ, וְאַתָּה בְּרַחֲמֶיךָ הָרַבִּים, עָמַדְתָּ לָהֶם בְּעֵת צָרָתָם.

For Purim:

בִּימֵי מָרְדְּכַי וְאֶסְתֵּר בְּשׁוּשַׁן הַבִּירָה, כְּשֶׁעָמַד עֲלֵיהֶם הָמָן הָרָשָׁע, בִּקֵּשׁ לְהַשְׁמִיד לַהֲרֹג וּלְאַבֵּד אֶת כָּל

1. Psalms 136:25. 2. Ibid. 145:16.

אֲבָרְכָה I will bless the Lord at all times; His praise is always in my mouth.[1] Ultimately, all is known; fear God and observe His commandments, for this is the whole purpose of man.[2] My mouth will utter the praise of the Lord; let all flesh bless His holy Name forever.[3] And we will bless the Lord from now to eternity. Praise the Lord.[4]

זֶה This is the portion of a wicked man from God, and the heritage assigned to him by God.[5]

Rinse the fingertips and pass them over the lips, then recite the following:

וַיְדַבֵּר And he said to me: This is the table that is before the Lord.[6]

ZIMMUN — INVITATION

When three or more men eat together, one of them leads the rest in the blessing.[7] When ten or more eat together, add *elo-haynu* as indicated.

	At a wedding or Sheva Berachot, the leader says:
Leader: *Rabosai mir vel'n bentsh'n.*	*Rabosai mir vel'n bentsh'n.*
Others: *Y'hi shaym adonöy m'voröch may-atöh v'ad olöm.*[8]	Others: *Y'hi shaym adonöy m'voröch may-atöh v'ad olöm.*[7]
Leader: *Y'hi shaym adonöy m'voröch may-atöh v'ad olöm. Bir'shus mörönön v'rabönön v'rabosai, n'vöraych (elo-haynu) she-öchalnu mi-shelo.*	Leader: *Y'hi shaim adonöy m'voröch may-atöh v'ad olöm. Bir'shus mörönön v'rabönön v'rabosai, n'vöraych elo-haynu she-hasimchö bi-m'ono she-öchalnu mi-shelo.*
Others who have eaten: *Böruch (elo-haynu) she-öchalnu mi-shelo uv'tuvo chö-yinu.*	Others who have eaten: *Böruch elo-haynu she-hasimchö bi-m'ono she-öchalnu mi-shelo u-v'tuvo chö-yinu.*
Those who have not eaten respond: *Böruch (elo-haynu) u-m'voröch sh'mo tömid l'olöm vö-ed.*	Those who have not eaten respond: *Böruch elo-haynu she-hasimchö bi-m'ono u-m'voröch sh'mo tömid l'olöm vö-ed.*
Leader: *Böruch (elo-haynu) she-öchalnu mi-shelo uv'tuvo chö-yinu.*	Leader: *Böruch elo-haynu she-hasimchö bi-m'ono she-öchalnu mi-shelo u-v'tuvo chö-yinu.*

Leader: Gentlemen, let us say the Blessings. Others: May the Name of the Lord be blessed from now and to all eternity. Leader: May the Name of the Lord be blessed from now and to all eternity. With your permission, esteemed gentlemen, let us bless Him (our God) of whose bounty we have eaten. Others who have eaten: Blessed be He (our God) of whose bounty we have eaten and by whose goodness we live. Those who have not eaten: Blessed (be our God) and

אֲבָרְכָה אֶת יְיָ בְּכָל עֵת, תָּמִיד תְּהִלָּתוֹ בְּפִי:[1] סוֹף דָּבָר הַכֹּל נִשְׁמָע, אֶת הָאֱלֹהִים יְרָא וְאֶת מִצְוֹתָיו שְׁמוֹר כִּי זֶה כָּל הָאָדָם:[2] תְּהִלַּת יְיָ יְדַבֶּר פִּי וִיבָרֵךְ כָּל בָּשָׂר שֵׁם קָדְשׁוֹ לְעוֹלָם וָעֶד:[3] וַאֲנַחְנוּ נְבָרֵךְ יָהּ מֵעַתָּה וְעַד עוֹלָם הַלְלוּיָהּ:[4]

זֶה חֵלֶק אָדָם רָשָׁע מֵאֱלֹהִים וְנַחֲלַת אִמְרוֹ מֵאֵל:[5]

Rinse the fingertips and pass them over the lips, then recite the following:

וַיְדַבֵּר אֵלַי זֶה הַשֻּׁלְחָן אֲשֶׁר לִפְנֵי יְיָ:[6]

ZIMMUN—INVITATION

When three or more men eat together, one of them leads the rest in the blessing.[7] When ten or more eat together, add אֱלֹהֵינוּ as indicated.

Leader:

רַבּוֹתַי מִיר וֶועלִין בֶּענְטְשִׁין:

Others:

יְהִי שֵׁם יְיָ מְבֹרָךְ מֵעַתָּה וְעַד עוֹלָם:[8]

Leader:

יְהִי שֵׁם יְיָ מְבֹרָךְ מֵעַתָּה וְעַד עוֹלָם: בִּרְשׁוּת מָרָנָן וְרַבָּנָן וְרַבּוֹתַי נְבָרֵךְ (אֱלֹהֵינוּ) שֶׁאָכַלְנוּ מִשֶּׁלּוֹ:

Others who have eaten:

בָּרוּךְ (אֱלֹהֵינוּ) שֶׁאָכַלְנוּ מִשֶּׁלּוֹ וּבְטוּבוֹ חָיִינוּ:

Those who have not eaten respond:

בָּרוּךְ (אֱלֹהֵינוּ) וּמְבֹרָךְ שְׁמוֹ תָּמִיד לְעוֹלָם וָעֶד:

Leader:

בָּרוּךְ (אֱלֹהֵינוּ) שֶׁאָכַלְנוּ מִשֶּׁלּוֹ וּבְטוּבוֹ חָיִינוּ:

At a wedding or Sheva Berachot, the leader says:

רַבּוֹתַי מִיר וֶועלִין בֶּענְטְשִׁין:

Others:

יְהִי שֵׁם יְיָ מְבֹרָךְ מֵעַתָּה וְעַד עוֹלָם:[8]

Leader:

יְהִי שֵׁם יְיָ מְבֹרָךְ מֵעַתָּה וְעַד עוֹלָם: בִּרְשׁוּת מָרָנָן וְרַבָּנָן וְרַבּוֹתַי נְבָרֵךְ אֱלֹהֵינוּ שֶׁהַשִּׂמְחָה בִּמְעוֹנוֹ שֶׁאָכַלְנוּ מִשֶּׁלּוֹ:

Others who have eaten:

בָּרוּךְ אֱלֹהֵינוּ שֶׁהַשִּׂמְחָה בִּמְעוֹנוֹ שֶׁאָכַלְנוּ מִשֶּׁלּוֹ וּבְטוּבוֹ חָיִינוּ:

Those who have not eaten respond:

בָּרוּךְ אֱלֹהֵינוּ שֶׁהַשִּׂמְחָה בִּמְעוֹנוֹ וּמְבֹרָךְ שְׁמוֹ תָּמִיד לְעוֹלָם וָעֶד:

Leader:

בָּרוּךְ אֱלֹהֵינוּ שֶׁהַשִּׂמְחָה בִּמְעוֹנוֹ שֶׁאָכַלְנוּ מִשֶּׁלּוֹ וּבְטוּבוֹ חָיִינוּ:

---

1. Psalms 34:2. **2.** Ecclesiastes 12:13. **3.** Psalms 145:21. **4.** Ibid. 115:18. **5.** Job 20:29. **6.** Ezekiel 41:22. **7.** When reciting the Blessing After A Meal over a cup of wine, the leader holds the cup in the palm of his hand through the blessing of וּבְנֵה יְרוּשָׁלַיִם on page 65, and again for the blessing over the wine on page 68. **8.** Psalms 113:2.

---

praised be His Name continually forever and ever. Leader: Blessed be He (our God) of whose bounty we have eaten and by whose goodness we live.

BLESSING AFTER A MEAL

The Blessing After A Meal is recited seated, at the place where the meal[1] was eaten.

On days when Tachnun is recited:

עַל By the rivers of Babylon, there we sat and wept as we remembered Zion. There, upon the willows we hung our harps. For there our captors demanded of us songs, and those who scorned us—rejoicing, [saying,] "Sing to us of the songs of Zion." How can we sing the song of the Lord on alien soil? If I forget you, Jerusalem, let my right hand forget its dexterity. Let my tongue cleave to my palate if I will not remember you, if I will not bring to mind Jerusalem during my greatest joy! Remember, O Lord, against the Edomites the day of the destruction of Jerusalem, when they said, "Raze it, raze it to its very foundation!" O Babylon, who are destined to be laid waste, happy is he who will repay you in retribution for what you have inflicted on us. Happy is he who will seize and crush your infants against the rock![2]

לַמְנַצֵּחַ For the choirmaster, a song with instrumental music, a psalm. May God be gracious to us and bless us, may He make His countenance shine upon us forever, that Your way be known on earth, Your salvation among all nations. The nations will extol You, O God; all the nations will extol You. The nations will rejoice and sing for joy, for You will judge the peoples justly and guide the nations on earth forever. The peoples will extol You, O God; all the peoples will extol You, for the earth will have yielded its produce, and God, our God, will bless us. God will bless us; and all, from the furthest corners of the earth, shall fear Him.[3]

On days when Tachnun is not recited:

שִׁיר A song of ascents. When the Lord will return the exiles of Zion, we will have been like dreamers. Then our mouth will be filled with laughter, and our tongue with songs of joy; then will they say among the nations, "The Lord has done great things for these." The Lord has done great things for us; we were joyful. Lord, return our exiles as streams to arid soil. Those who sow in tears will reap with songs of joy. He goes along weeping, carrying the bag of seed; he will surely return with songs of joy, carrying his sheaves.[4]

לִבְנֵי By the sons of Korach, a psalm, a song whose basic theme is the holy mountains [of Zion and Jerusalem]. The Lord loves the gates of Zion more than all the dwelling places of Jacob. Glorious things are spoken of you, eternal city of God. I will remind Rahav and Babylon concerning My beloved; Philistia and Tyre as well as Ethiopia, "This one was born there." And to Zion will be said, "This person and that was born there"; and He, the Most High, will establish it. The Lord will count in the register of people, "This one was born there." Selah. Singers as well as dancers [will sing your praise and say], "All my inner thoughts are of you."[5]

BLESSING AFTER A MEAL

The Blessing After A Meal is recited seated, at the place where the meal[1] was eaten.

On days when Tachnun is recited:

עַל נַהֲרוֹת בָּבֶל שָׁם יָשַׁבְנוּ גַּם בָּכִינוּ, בְּזָכְרֵנוּ אֶת צִיּוֹן: עַל עֲרָבִים בְּתוֹכָהּ, תָּלִינוּ כִּנֹּרוֹתֵינוּ: כִּי שָׁם שְׁאֵלוּנוּ שׁוֹבֵינוּ דִּבְרֵי שִׁיר וְתוֹלָלֵינוּ שִׂמְחָה, שִׁירוּ לָנוּ מִשִּׁיר צִיּוֹן: אֵיךְ נָשִׁיר אֶת שִׁיר יְיָ, עַל אַדְמַת נֵכָר: אִם אֶשְׁכָּחֵךְ יְרוּשָׁלָיִם, תִּשְׁכַּח יְמִינִי: תִּדְבַּק לְשׁוֹנִי לְחִכִּי אִם לֹא אֶזְכְּרֵכִי, אִם לֹא אַעֲלֶה אֶת יְרוּשָׁלַיִם עַל רֹאשׁ שִׂמְחָתִי: זְכֹר יְיָ לִבְנֵי אֱדוֹם אֵת יוֹם יְרוּשָׁלָיִם, הָאֹמְרִים עָרוּ עָרוּ עַד הַיְסוֹד בָּהּ: בַּת בָּבֶל הַשְּׁדוּדָה, אַשְׁרֵי שֶׁיְשַׁלֶּם לָךְ אֶת גְּמוּלֵךְ שֶׁגָּמַלְתְּ לָנוּ: אַשְׁרֵי שֶׁיֹּאחֵז וְנִפֵּץ אֶת עֹלָלַיִךְ אֶל הַסָּלַע:[2]

לַמְנַצֵּחַ בִּנְגִינֹת מִזְמוֹר שִׁיר: אֱלֹהִים יְחָנֵּנוּ וִיבָרְכֵנוּ, יָאֵר פָּנָיו אִתָּנוּ סֶלָה: לָדַעַת בָּאָרֶץ דַּרְכֶּךָ, בְּכָל גּוֹיִם יְשׁוּעָתֶךָ: יוֹדוּךָ עַמִּים אֱלֹהִים, יוֹדוּךָ עַמִּים כֻּלָּם: יִשְׂמְחוּ וִירַנְּנוּ לְאֻמִּים, כִּי תִשְׁפֹּט עַמִּים מִישֹׁר, וּלְאֻמִּים בָּאָרֶץ תַּנְחֵם סֶלָה: יוֹדוּךָ עַמִּים אֱלֹהִים, יוֹדוּךָ עַמִּים כֻּלָּם: אֶרֶץ נָתְנָה יְבוּלָהּ, יְבָרְכֵנוּ אֱלֹהִים אֱלֹהֵינוּ: יְבָרְכֵנוּ אֱלֹהִים, וְיִירְאוּ אוֹתוֹ כָּל אַפְסֵי אָרֶץ:[3]

On days when Tachnun is not recited:

שִׁיר הַמַּעֲלוֹת, בְּשׁוּב יְיָ אֶת שִׁיבַת צִיּוֹן, הָיִינוּ כְּחֹלְמִים: אָז יִמָּלֵא שְׂחוֹק פִּינוּ וּלְשׁוֹנֵנוּ רִנָּה, אָז יֹאמְרוּ בַגּוֹיִם, הִגְדִּיל יְיָ לַעֲשׂוֹת עִם אֵלֶּה: הִגְדִּיל יְיָ לַעֲשׂוֹת עִמָּנוּ, הָיִינוּ שְׂמֵחִים: שׁוּבָה יְיָ אֶת שְׁבִיתֵנוּ, כַּאֲפִיקִים בַּנֶּגֶב: הַזֹּרְעִים בְּדִמְעָה, בְּרִנָּה יִקְצֹרוּ: הָלוֹךְ יֵלֵךְ וּבָכֹה נֹשֵׂא מֶשֶׁךְ הַזָּרַע, בֹּא יָבֹא בְרִנָּה נֹשֵׂא אֲלֻמֹּתָיו:[4]

לִבְנֵי קֹרַח מִזְמוֹר שִׁיר, יְסוּדָתוֹ בְּהַרְרֵי קֹדֶשׁ: אֹהֵב יְיָ שַׁעֲרֵי צִיּוֹן, מִכֹּל מִשְׁכְּנוֹת יַעֲקֹב: נִכְבָּדוֹת מְדֻבָּר בָּךְ, עִיר הָאֱלֹהִים סֶלָה: אַזְכִּיר רַהַב וּבָבֶל לְיֹדְעָי, הִנֵּה פְלֶשֶׁת וְצוֹר עִם כּוּשׁ, זֶה יֻלַּד שָׁם: וּלְצִיּוֹן יֵאָמַר אִישׁ וְאִישׁ יֻלַּד בָּהּ, וְהוּא יְכוֹנְנֶהָ עֶלְיוֹן: יְיָ יִסְפֹּר בִּכְתוֹב עַמִּים, זֶה יֻלַּד שָׁם סֶלָה: וְשָׁרִים כְּחֹלְלִים, כָּל מַעְיָנַי בָּךְ:[5]

---

1. Consisting of at least one ounce of bread. **2.** Psalm 137. **3.** Ibid. 67. **4.** Ibid. 126. **5.** Ibid. 87.

Over meat, fish, milk, eggs, cheese, and mushrooms,
as well as all liquids except wine or grape juice:

בָּרוּךְ Blessed are You, Lord our God, King of the universe, by whose word all things came to be.

On tasting any fruit for the first time in the season, or upon hearing
good tidings concerning oneself:

בָּרוּךְ Blessed are You, Lord our God, King of the universe, who has granted us life, sustained us, and enabled us to reach this occasion.

On hearing thunder, or seeing a violent storm (tornado, hurricane, etc.), or an earthquake:

בָּרוּךְ Blessed are You, Lord our God, King of the universe, whose power and might fill the world.

On seeing lightning or shooting stars:

בָּרוּךְ Blessed are You, Lord our God, King of the universe, who re-enacts the work of Creation.

On seeing a rainbow:

בָּרוּךְ Blessed are You, Lord our God, King of the universe, who remembers the Covenant, is faithful to His Covenant, and keeps His promise.

On hearing good tidings concerning both oneself and others:

בָּרוּךְ Blessed are You, Lord our God, King of the universe, who is good and does good.

On hearing bad tidings, God forbid:

בָּרוּךְ Blessed are You, Lord our God, King of the universe, the true judge.

On smelling fragrant spices:

בָּרוּךְ Blessed are You, Lord our God, King of the universe, who creates various kinds of spices.

On affixing a *mezuzah*:

בָּרוּךְ Blessed are You, Lord our God, King of the universe, who has sanctified us with His commandments, and commanded us to affix a *mezuzah*.

On immersing new utensils in a *mikveh*. If immersing more than one
utensil, substitute *vessels* for *a vessel* as indicated:

בָּרוּךְ Blessed are You, Lord our God, King of the universe, who has sanctified us with His commandments, and commanded us concerning the immersion of (vessels) a vessel.

One who kneads a dough of flour and water (in the prescribed volume)
must take *challah* and recite:

בָּרוּךְ Blessed are You, Lord our God, King of the universe, who has sanctified us with His commandments, and commanded us to separate *challah*.

Over meat, fish, milk, eggs, cheese, and mushrooms,
as well as all liquids except wine or grape juice:

בָּרוּךְ אַתָּה יְיָ, אֱלֹהֵינוּ מֶלֶךְ הָעוֹלָם, שֶׁהַכֹּל נִהְיָה בִּדְבָרוֹ:

On tasting any fruit for the first time in the season, or upon hearing good tidings concerning oneself:

בָּרוּךְ אַתָּה יְיָ, אֱלֹהֵינוּ מֶלֶךְ הָעוֹלָם, שֶׁהֶחֱיָנוּ וְקִיְּמָנוּ וְהִגִּיעָנוּ לִזְמַן הַזֶּה:

On hearing thunder, or seeing a violent storm (tornado, hurricane, etc.), or an earthquake:

בָּרוּךְ אַתָּה יְיָ, אֱלֹהֵינוּ מֶלֶךְ הָעוֹלָם, שֶׁכֹּחוֹ וּגְבוּרָתוֹ מָלֵא עוֹלָם:

On seeing lightning or shooting stars:

בָּרוּךְ אַתָּה יְיָ, אֱלֹהֵינוּ מֶלֶךְ הָעוֹלָם, עֹשֶׂה מַעֲשֵׂה בְרֵאשִׁית:

On seeing a rainbow:

בָּרוּךְ אַתָּה יְיָ, אֱלֹהֵינוּ מֶלֶךְ הָעוֹלָם, זוֹכֵר הַבְּרִית וְנֶאֱמָן בִּבְרִיתוֹ וְקַיָּם בְּמַאֲמָרוֹ:

On hearing good tidings concerning both oneself and others:

בָּרוּךְ אַתָּה יְיָ, אֱלֹהֵינוּ מֶלֶךְ הָעוֹלָם, הַטּוֹב וְהַמֵּטִיב:

On hearing bad tidings, God forbid:

בָּרוּךְ אַתָּה יְיָ, אֱלֹהֵינוּ מֶלֶךְ הָעוֹלָם, דַּיַּן הָאֱמֶת:

On smelling fragrant spices:

בָּרוּךְ אַתָּה יְיָ, אֱלֹהֵינוּ מֶלֶךְ הָעוֹלָם, בּוֹרֵא מִינֵי בְשָׂמִים:

On affixing a *mezuzah*:

בָּרוּךְ אַתָּה יְיָ, אֱלֹהֵינוּ מֶלֶךְ הָעוֹלָם, אֲשֶׁר קִדְּשָׁנוּ בְּמִצְוֹתָיו, וְצִוָּנוּ לִקְבּוֹעַ מְזוּזָה:

On immersing new utensils in a *mikveh*. If immersing more than one utensil, substitute טְבִילַת כֵּלִים for טְבִילַת כֶּלִי as indicated:

בָּרוּךְ אַתָּה יְיָ, אֱלֹהֵינוּ מֶלֶךְ הָעוֹלָם, אֲשֶׁר קִדְּשָׁנוּ בְּמִצְוֹתָיו, וְצִוָּנוּ עַל (טְבִילַת כֵּלִים) טְבִילַת כֶּלִי:

One who kneads a dough of flour and water (in the prescribed volume) must take *challah* and recite:

בָּרוּךְ אַתָּה יְיָ, אֱלֹהֵינוּ מֶלֶךְ הָעוֹלָם, אֲשֶׁר קִדְּשָׁנוּ בְּמִצְוֹתָיו, וְצִוָּנוּ לְהַפְרִישׁ חַלָּה:

(Cong: *Ömayn. Y'hay sh'mayh rabö m'vörach l'ölam u-l'öl'may öl'ma-yö, yisböraych.*)

Y'hay sh'mayh rabö m'vörach l'ölam u-l'öl'may öl'ma-yö. Yisböraych, v'yishtabach, v'yispö-ayr, v'yisromöm, v'yis-nasay, v'yis-hadör, v'yis-aleh, v'yis-halöl, sh'may d'kudshö b'rich hu. (Cong: *Ömayn*)

L'aylö min köl bir-chösö v'shirösö, tush-b'chösö v'neche-mösö, da-amirön b'öl'mö, v'im'ru ömayn. (Cong: *Ömayn*)

Y'hay sh'lömö rabö min sh'ma-yö, v'cha-yim tovim ölaynu v'al köl yisrö-ayl v'im'ru ömayn. (Cong: *Ömayn*)

Take three steps back, then bow right saying *Oseh shölom bim'romöv*, bow forward saying *hu*, bow left saying *ya-aseh shölom ölaynu*, and bow forward saying *v'al köl yisrö-ayl, v'im'ru ömayn*.

Oseh shölom bim'romöv, hu ya-a-se shölom ölaynu v'al köl yisrö-ayl, v'im'ru ömayn. (Cong: *Ömayn*)

Shake the corners of the *tallit katan*.

BLESSINGS FOR VARIOUS OCCASIONS

Upon washing the hands for bread:

בָּרוּךְ Blessed are You, Lord our God, King of the universe, who has sanctified us with His commandments, and commanded us concerning the washing of the hands.

Over bread:

בָּרוּךְ Blessed are You, Lord our God, King of the universe, who brings forth bread from the earth.

Over baked or cooked foods (other than bread) made from wheat, barley, spelt, oats, or rye:

בָּרוּךְ Blessed are You, Lord our God, King of the universe, who creates various kinds of food.

Over wine or grape juice:

בָּרוּךְ Blessed are You, Lord our God, King of the universe, who creates the fruit of the vine.

Over all tree-grown fruits:

בָּרוּךְ Blessed are You, Lord our God, King of the universe, who creates the fruit of the tree.

Over all fruits that do not grow on trees, bananas, and all vegetables:

בָּרוּךְ Blessed are You, Lord our God, King of the universe, who creates the fruit of the earth.

(Cong—אָמֵן. יְהֵא שְׁמֵהּ רַבָּא מְבָרַךְ לְעָלַם וּלְעָלְמֵי עָלְמַיָּא, יִתְבָּרַךְ.)

יְהֵא שְׁמֵהּ רַבָּא מְבָרַךְ לְעָלַם וּלְעָלְמֵי עָלְמַיָּא. יִתְבָּרַךְ, וְיִשְׁתַּבַּח, וְיִתְפָּאַר, וְיִתְרוֹמַם, וְיִתְנַשֵּׂא, וְיִתְהַדָּר, וְיִתְעַלֶּה, וְיִתְהַלָּל, שְׁמֵהּ דְּקוּדְשָׁא בְּרִיךְ הוּא. (Cong—אָמֵן)

לְעֵלָּא מִן כָּל בִּרְכָתָא וְשִׁירָתָא, תֻּשְׁבְּחָתָא וְנֶחֱמָתָא, דַּאֲמִירָן בְּעָלְמָא, וְאִמְרוּ אָמֵן: (Cong—אָמֵן)

יְהֵא שְׁלָמָא רַבָּא מִן שְׁמַיָּא וְחַיִּים טוֹבִים עָלֵינוּ וְעַל כָּל יִשְׂרָאֵל, וְאִמְרוּ אָמֵן: (Cong—אָמֵן)

Take three steps back, then bow right saying עֹשֶׂה שָׁלוֹם בִּמְרוֹמָיו, bow forward saying הוּא, bow left saying יַעֲשֶׂה שָׁלוֹם עָלֵינוּ, and bow forward saying וְעַל כָּל יִשְׂרָאֵל, וְאִמְרוּ אָמֵן.

עֹשֶׂה שָׁלוֹם בִּמְרוֹמָיו, הוּא יַעֲשֶׂה שָׁלוֹם עָלֵינוּ וְעַל כָּל יִשְׂרָאֵל, וְאִמְרוּ אָמֵן: (Cong—אָמֵן)

Shake the corners of the *tallit katan*.

BLESSINGS FOR VARIOUS OCCASIONS

Upon washing the hands for bread:

בָּרוּךְ אַתָּה יְיָ, אֱלֹהֵינוּ מֶלֶךְ הָעוֹלָם, אֲשֶׁר קִדְּשָׁנוּ בְּמִצְוֹתָיו, וְצִוָּנוּ עַל נְטִילַת יָדָיִם:

Over bread:

בָּרוּךְ אַתָּה יְיָ, אֱלֹהֵינוּ מֶלֶךְ הָעוֹלָם, הַמּוֹצִיא לֶחֶם מִן הָאָרֶץ:

Over baked or cooked foods (other than bread) made from wheat, barley, spelt, oats, or rye:

בָּרוּךְ אַתָּה יְיָ, אֱלֹהֵינוּ מֶלֶךְ הָעוֹלָם, בּוֹרֵא מִינֵי מְזוֹנוֹת:

Over wine or grape juice:

בָּרוּךְ אַתָּה יְיָ, אֱלֹהֵינוּ מֶלֶךְ הָעוֹלָם, בּוֹרֵא פְּרִי הַגָּפֶן:

Over all tree-grown fruits:

בָּרוּךְ אַתָּה יְיָ, אֱלֹהֵינוּ מֶלֶךְ הָעוֹלָם, בּוֹרֵא פְּרִי הָעֵץ:

Over all fruits that do not grow on trees, bananas, and all vegetables:

בָּרוּךְ אַתָּה יְיָ, אֱלֹהֵינוּ מֶלֶךְ הָעוֹלָם, בּוֹרֵא פְּרִי הָאֲדָמָה:

and establishes the earth, the seat of whose glory is in the heavens above, and the abode of whose majesty is in the loftiest heights. He is our God; there is none else. Truly, He is our King; there is nothing besides Him, as it is written in His Torah:[1] Know this day and take unto your heart that the Lord is God; in the heavens above and upon the earth below there is nothing else.[2]

וְעַל And therefore we hope to You, Lord our God, that we may speedily behold the splendor of Your might, to banish idolatry from the earth—and false gods will be utterly destroyed; to perfect the world under the sovereignty of the Almighty. All mankind shall invoke Your Name, to turn to You all the wicked of the earth. Then all the inhabitants of the world will recognize and know that every knee should bend to You, every tongue should swear [by Your Name]. Before You, Lord our God, they will bow and prostrate themselves, and give honor to the glory of Your Name; and they will all take upon themselves the yoke of Your kingdom. May You soon reign over them forever and ever, for kingship is Yours, and to all eternity You will reign in glory, as it is written in Your Torah: The Lord will reign forever and ever.[3] And it is said: The Lord will be King over the entire earth; on that day the Lord will be One and His Name One.[4]

MOURNER'S KADDISH

Mourners recite the following Kaddish.
Congregation responds Amen as indicated.

יִתְגַּדַּל Yis-gadal v'yis-kadash sh'mayh rabö. (Cong: Ömayn)

B'öl'mö di v'rö chir'u-sayh v'yamlich mal'chusayh, v'yatzmach pur-könayh vikörayv m'shi-chayh. (Cong: Ömayn)

B'cha-yay-chon u-v'yomaychon u-v'cha-yay d'chöl bays yisrö-ayl, ba-agölö u-viz'man köriv v'im'ru ömayn.

שָׁמַיִם וְיוֹסֵד אָרֶץ, וּמוֹשַׁב יְקָרוֹ בַּשָּׁמַיִם מִמַּעַל, וּשְׁכִינַת עֻזּוֹ בְּגָבְהֵי מְרוֹמִים. הוּא אֱלֹהֵינוּ אֵין עוֹד, אֱמֶת מַלְכֵּנוּ, אֶפֶס זוּלָתוֹ, כַּכָּתוּב בְּתוֹרָתוֹ:[1] וְיָדַעְתָּ הַיּוֹם וַהֲשֵׁבֹתָ אֶל לְבָבֶךָ, כִּי יְיָ הוּא הָאֱלֹהִים, בַּשָּׁמַיִם מִמַּעַל וְעַל הָאָרֶץ מִתָּחַת, אֵין עוֹד:[2]

וְעַל כֵּן נְקַוֶּה לְךָ יְיָ אֱלֹהֵינוּ, לִרְאוֹת מְהֵרָה בְּתִפְאֶרֶת עֻזֶּךָ, לְהַעֲבִיר גִּלּוּלִים מִן הָאָרֶץ, וְהָאֱלִילִים כָּרוֹת יִכָּרֵתוּן, לְתַקֵּן עוֹלָם בְּמַלְכוּת שַׁדַּי, וְכָל בְּנֵי בָשָׂר יִקְרְאוּ בִשְׁמֶךָ, לְהַפְנוֹת אֵלֶיךָ כָּל רִשְׁעֵי אָרֶץ. יַכִּירוּ וְיֵדְעוּ כָּל יוֹשְׁבֵי תֵבֵל, כִּי לְךָ תִּכְרַע כָּל בֶּרֶךְ, תִּשָּׁבַע כָּל לָשׁוֹן. לְפָנֶיךָ יְיָ אֱלֹהֵינוּ יִכְרְעוּ וְיִפֹּלוּ, וְלִכְבוֹד שִׁמְךָ יְקָר יִתֵּנוּ. וִיקַבְּלוּ כֻלָּם עֲלֵיהֶם אֶת עוֹל מַלְכוּתֶךָ, וְתִמְלוֹךְ עֲלֵיהֶם מְהֵרָה לְעוֹלָם וָעֶד. כִּי הַמַּלְכוּת שֶׁלְּךָ הִיא, וּלְעוֹלְמֵי עַד תִּמְלוֹךְ בְּכָבוֹד, כַּכָּתוּב בְּתוֹרָתֶךָ: יְיָ יִמְלֹךְ לְעֹלָם וָעֶד:[3] וְנֶאֱמַר: וְהָיָה יְיָ לְמֶלֶךְ עַל כָּל הָאָרֶץ, בַּיּוֹם הַהוּא יִהְיֶה יְיָ אֶחָד וּשְׁמוֹ אֶחָד:[4]

MOURNER'S KADDISH

Mourners recite the following Kaddish.
Congregation responds אָמֵן as indicated.

יִתְגַּדַּל וְיִתְקַדַּשׁ שְׁמֵהּ רַבָּא. (Cong—אָמֵן) בְּעָלְמָא דִּי בְרָא כִרְעוּתֵהּ וְיַמְלִיךְ מַלְכוּתֵהּ, וְיַצְמַח פּוּרְקָנֵהּ וִיקָרֵב מְשִׁיחֵהּ. (Cong—אָמֵן) בְּחַיֵּיכוֹן וּבְיוֹמֵיכוֹן וּבְחַיֵּי דְכָל בֵּית יִשְׂרָאֵל, בַּעֲגָלָא וּבִזְמַן קָרִיב וְאִמְרוּ אָמֵן:

---

1. Deuteronomy 4:39. **2.** For further elucidation, see Tanya, part II, ch. 6. **3.** Exodus 15:18. **4.** Zechariah 14:9.

light of the moon be as the light of the sun, as the light of the Seven Days of Creation, as it was before it was diminished, as it is said: And God made the two great luminaries.[1] May there be fulfilled in us the Scriptural verse which states: They will seek the Lord their God and David their king.[2] Amen.

לַמְנַצֵּחַ For the Choirmaster; a song with instrumental music; a Psalm. May God be gracious to us and bless us, may He make His countenance shine upon us forever, that Your way be known on earth, Your salvation among all nations. The nations will extol You, O God; all the nations will extol You. The nations will rejoice and sing for joy, for You will judge the peoples justly and guide the nations on earth forever. The peoples will extol You, O God; all the peoples will extol You, for the earth will have yielded its produce, and God, our God, will bless us. God will bless us; and all, from the farthest corners of the earth, shall fear Him.[3]

עָלֵינוּ It is incumbent upon us to praise the Master of all things, to exalt the Creator of all existence, that He has not made us like the nations of the world, nor caused us to be like the families of the earth; that He has not assigned us a portion like theirs, nor a lot like that of all their multitudes, for they bow to vanity and nothingness. But we bend the knee, bow down, and offer praise before the supreme King of kings, the Holy One, blessed be He, who stretches forth the heavens

וִיהִיֶה אוֹר הַלְּבָנָה כְּאוֹר הַחַמָּה כְּאוֹר שִׁבְעַת יְמֵי בְרֵאשִׁית, כְּמוֹ שֶׁהָיְתָה קוֹדֶם מִעוּטָהּ, שֶׁנֶּאֱמַר: וַיַּעַשׂ אֱלֹהִים אֶת שְׁנֵי הַמְּאֹרֹת הַגְּדֹלִים.[1] וְיִתְקַיֵּם בָּנוּ מִקְרָא שֶׁכָּתוּב: וּבִקְשׁוּ אֶת יְיָ אֱלֹהֵיהֶם וְאֵת דָּוִיד מַלְכָּם,[2] אָמֵן:

לַמְנַצֵּחַ בִּנְגִינֹת מִזְמוֹר שִׁיר: אֱלֹהִים יְחָנֵּנוּ וִיבָרְכֵנוּ, יָאֵר פָּנָיו אִתָּנוּ סֶלָה: לָדַעַת בָּאָרֶץ דַּרְכֶּךָ, בְּכָל גּוֹיִם יְשׁוּעָתֶךָ: יוֹדוּךָ עַמִּים אֱלֹהִים, יוֹדוּךָ עַמִּים כֻּלָּם: יִשְׂמְחוּ וִירַנְּנוּ לְאֻמִּים, כִּי תִשְׁפֹּט עַמִּים מִישֹׁר, וּלְאֻמִּים בָּאָרֶץ תַּנְחֵם סֶלָה: יוֹדוּךָ עַמִּים אֱלֹהִים, יוֹדוּךָ עַמִּים כֻּלָּם: אֶרֶץ נָתְנָה יְבוּלָהּ, יְבָרְכֵנוּ אֱלֹהִים אֱלֹהֵינוּ: יְבָרְכֵנוּ אֱלֹהִים, וְיִירְאוּ אוֹתוֹ כָּל אַפְסֵי אָרֶץ:[3]

עָלֵינוּ לְשַׁבֵּחַ לַאֲדוֹן הַכֹּל, לָתֵת גְּדֻלָּה לְיוֹצֵר בְּרֵאשִׁית, שֶׁלֹּא עָשָׂנוּ כְּגוֹיֵי הָאֲרָצוֹת, וְלֹא שָׂמָנוּ כְּמִשְׁפְּחוֹת הָאֲדָמָה, שֶׁלֹּא שָׂם חֶלְקֵנוּ כָּהֶם, וְגוֹרָלֵנוּ כְּכָל הֲמוֹנָם, שֶׁהֵם מִשְׁתַּחֲוִים לְהֶבֶל וָרִיק. וַאֲנַחְנוּ כּוֹרְעִים וּמִשְׁתַּחֲוִים וּמוֹדִים לִפְנֵי מֶלֶךְ מַלְכֵי הַמְּלָכִים, הַקָּדוֹשׁ בָּרוּךְ הוּא. שֶׁהוּא נוֹטֶה

1. Genesis 1:16. 2. Hosea 3:5. 3. Psalm 67.

of Israel neither slumbers nor sleeps. The Lord is your guardian; the Lord is your protective shade at your right hand. The sun will not harm you by day, nor the moon by night. The Lord will guard you from all evil; He will guard your soul. The Lord will guard your going and coming from now and for all time.[1]

הַלְלוּיָהּ Praise the Lord. Praise God in His holiness; praise Him in the firmament of His strength. Praise Him for His mighty acts; praise Him according to His abundant greatness. Praise Him with the call of the *shofar*; praise Him with harp and lyre. Praise Him with timbrel and dance; praise Him with stringed instruments and flute. Praise Him with resounding cymbals; praise Him with clanging cymbals. Let every being that has a soul praise the Lord. Praise the Lord.[2]

תָּנָא It was taught in the academy of Rabbi Yishmael: Even if Israel merited no other privilege[3] than to greet their Father in heaven once a month,[4] it would be sufficient for them. Abbaye said, "Therefore we must recite it standing."[5] Who is this coming up from the wilderness, cleaving to her Beloved?[6] May it be Your will, Lord my God and God of my fathers, to fill the defect of the moon, so that there be no diminution in it, and may the

הִנֵּה לֹא יָנוּם וְלֹא יִישָׁן, שׁוֹמֵר יִשְׂרָאֵל: יְיָ שֹׁמְרֶךָ, יְיָ צִלְּךָ עַל יַד יְמִינֶךָ: יוֹמָם הַשֶּׁמֶשׁ לֹא יַכֶּכָּה, וְיָרֵחַ בַּלָּיְלָה: יְיָ יִשְׁמָרְךָ מִכָּל רָע, יִשְׁמֹר אֶת נַפְשֶׁךָ: יְיָ יִשְׁמָר צֵאתְךָ וּבוֹאֶךָ, מֵעַתָּה וְעַד עוֹלָם:[1]

הַלְלוּיָהּ, הַלְלוּ אֵל בְּקָדְשׁוֹ, הַלְלוּהוּ בִּרְקִיעַ עֻזּוֹ: הַלְלוּהוּ בִּגְבוּרֹתָיו, הַלְלוּהוּ כְּרֹב גֻּדְלוֹ: הַלְלוּהוּ בְּתֵקַע שׁוֹפָר, הַלְלוּהוּ בְּנֵבֶל וְכִנּוֹר: הַלְלוּהוּ בְּתֹף וּמָחוֹל, הַלְלוּהוּ בְּמִנִּים וְעֻגָב: הַלְלוּהוּ בְצִלְצְלֵי שָׁמַע, הַלְלוּהוּ בְּצִלְצְלֵי תְרוּעָה: כֹּל הַנְּשָׁמָה תְּהַלֵּל יָהּ הַלְלוּיָהּ:[2]

תָּנָא דְבֵי רַבִּי יִשְׁמָעֵאל, אִלְמָלֵי לֹא זָכוּ[3] יִשְׂרָאֵל אֶלָּא לְהַקְבִּיל פְּנֵי אֲבִיהֶם שֶׁבַּשָּׁמַיִם פַּעַם אַחַת בַּחֹדֶשׁ[4] דַּיָּם. אָמַר אַבַּיֵי: הִלְכָּךְ נֵימְרִינְהוּ מְעֻמָּד.[5] מִי זֹאת עוֹלָה מִן הַמִּדְבָּר מִתְרַפֶּקֶת עַל דּוֹדָהּ.[6] וִיהִי רָצוֹן מִלְּפָנֶיךָ, יְיָ אֱלֹהַי וֵאלֹהֵי אֲבוֹתַי, לְמַלֹּאת פְּגִימַת הַלְּבָנָה, וְלֹא יִהְיֶה בָּהּ שׁוּם מִעוּט,

---

1. Psalm 121. **2.** Ibid. 150. **3.** I.e., *mitzvah*. **4.** V. Sanhedrin 42a: Whoever recites the blessing over the New Moon in its proper time welcomes, as it were, the *Shechinah*. **5.** Sanhedrin 42a. **6.** Song of Songs 8:5.

The following paragraph is said three times. Before each recitation, rise three times on your toes.

בָּרוּךְ Blessed is your Maker; blessed is He who formed you; blessed is your Creator; blessed is your Master. Just as I leap toward you but cannot touch you, so may all my enemies be unable to touch me harmfully. May there fall upon them terror and dread; by the great [strength] of Your arm let them be still as a stone.[1] As a stone let them be still by Your arm's great [strength]; may dread and terror upon them fall.

Say three times:

דָּוִד David, King of Israel, is living and enduring.

The following greeting is exchanged three times:

שָׁלוֹם Peace unto you. The other responds: Unto you peace.

Say the following line three times:

סִמָּן May there be a good omen and good *mazal* for us and for all Israel. Amen.

קוֹל The voice of my Beloved! Here He comes, leaping over the mountains, skipping over the hills. My Beloved is like a hart or a young deer; here He stands behind our wall, watching through the windows, peering through the crevices.[2]

שִׁיר A song of ascents. I lift my eyes to the mountains—from where will my help come? My help will come from the Lord, Maker of heaven and earth. He will not let your foot falter; your guardian does not slumber. Indeed, the Guardian

The following paragraph is said three times. Before each recitation, rise three times on your toes.

בָּרוּךְ עוֹשֵׂךְ, בָּרוּךְ יוֹצְרֵךְ, בָּרוּךְ בּוֹרְאֵךְ, בָּרוּךְ קוֹנֵךְ. כְּשֵׁם שֶׁאֲנִי רוֹקֵד כְּנֶגְדֵּךְ וְאֵינִי יָכוֹל לִנְגּוֹעַ בָּךְ, כַּךְ לֹא יוּכְלוּ כָּל אוֹיְבַי לִנְגּוֹעַ בִּי לְרָעָה. תִּפֹּל עֲלֵיהֶם אֵימָתָה וָפַחַד בִּגְדֹל זְרוֹעֲךָ יִדְּמוּ כָּאָבֶן.[1] כָּאָבֶן יִדְּמוּ זְרוֹעֲךָ בִּגְדֹל וָפַחַד אֵימָתָה עֲלֵיהֶם תִּפֹּל:

—Say three times דָּוִד מֶלֶךְ יִשְׂרָאֵל חַי וְקַיָּם:

The following greeting is exchanged three times:

שָׁלוֹם עֲלֵיכֶם: —The other responds עֲלֵיכֶם שָׁלוֹם:

—Say three times סִמָּן טוֹב וּמַזָּל טוֹב יְהֵא לָנוּ וּלְכָל יִשְׂרָאֵל, אָמֵן:

קוֹל דּוֹדִי הִנֵּה זֶה בָּא, מְדַלֵּג עַל הֶהָרִים מְקַפֵּץ עַל הַגְּבָעוֹת: דּוֹמֶה דוֹדִי לִצְבִי אוֹ לְעֹפֶר הָאַיָּלִים, הִנֵּה זֶה עוֹמֵד אַחַר כָּתְלֵנוּ, מַשְׁגִּיחַ מִן הַחַלּוֹנוֹת, מֵצִיץ מִן הַחֲרַכִּים:[2]

שִׁיר לַמַּעֲלוֹת, אֶשָּׂא עֵינַי אֶל הֶהָרִים, מֵאַיִן יָבוֹא עֶזְרִי: עֶזְרִי מֵעִם יְיָ, עֹשֵׂה שָׁמַיִם וָאָרֶץ: אַל יִתֵּן לַמּוֹט רַגְלֶךָ, אַל יָנוּם שֹׁמְרֶךָ:

1. Exodus 15:16. 2. Song of Songs 2:8-9.

SANCTIFICATION OF THE MOON

The Sanctification of the Moon is recited under the open sky, facing east.

הַלְלוּיָהּ Praise the Lord. Praise the Lord from the heavens; praise Him in the celestial heights. Praise Him, all His angels; praise Him, all His hosts. Praise Him, sun and moon; praise Him, all the shining stars. Praise Him, heaven of heavens, and the waters that are above the heavens. Let them praise the Name of the Lord, for He commanded and they were created. He has established them forever, for all time; He issued a decree, and it shall not be transgressed.[1]

Place your feet together and glance once at the moon before reciting the following blessing. Once the blessing is begun, do not look at the moon at all.

בָּרוּךְ Blessed are You, Lord our God, King of the universe, who with His utterance created the heavens, and with the breath of His mouth all their host. He gave them a set law and time, so that they should not alter their task. They are glad and rejoice to carry out the will of their Creator, the Doer of truth whose work is truth. And He directed the moon to renew itself as a crown of glory to those who are borne [by Him] from birth,[2] who likewise are destined to be renewed and to glorify their Creator for the name of the glory of His kingdom. Blessed are You, Lord, who renews the months.[3]

SANCTIFICATION OF THE MOON

The Sanctification of the Moon is recited under the open sky, facing east.

הַלְלוּיָהּ, הַלְלוּ אֶת יְיָ מִן הַשָּׁמַיִם, הַלְלוּהוּ בַּמְּרוֹמִים: הַלְלוּהוּ כָל מַלְאָכָיו, הַלְלוּהוּ כָּל צְבָאָיו: הַלְלוּהוּ שֶׁמֶשׁ וְיָרֵחַ, הַלְלוּהוּ כָּל כּוֹכְבֵי אוֹר: הַלְלוּהוּ שְׁמֵי הַשָּׁמָיִם, וְהַמַּיִם אֲשֶׁר מֵעַל הַשָּׁמָיִם: יְהַלְלוּ אֶת שֵׁם יְיָ, כִּי הוּא צִוָּה וְנִבְרָאוּ: וַיַּעֲמִידֵם לָעַד לְעוֹלָם, חָק נָתַן וְלֹא יַעֲבוֹר:[1]

Place your feet together and glance once at the moon before reciting the following blessing. Once the blessing is begun, do not look at the moon at all.

בָּרוּךְ אַתָּה יְיָ, אֱלֹהֵינוּ מֶלֶךְ הָעוֹלָם, אֲשֶׁר בְּמַאֲמָרוֹ בָּרָא שְׁחָקִים, וּבְרוּחַ פִּיו כָּל צְבָאָם, חֹק וּזְמַן נָתַן לָהֶם שֶׁלֹּא יְשַׁנּוּ אֶת תַּפְקִידָם, שָׂשִׂים וּשְׂמֵחִים לַעֲשׂוֹת רְצוֹן קוֹנָם, פּוֹעֵל אֱמֶת, שֶׁפְּעֻלָּתוֹ אֱמֶת, וְלַלְּבָנָה אָמַר שֶׁתִּתְחַדֵּשׁ, עֲטֶרֶת תִּפְאֶרֶת לַעֲמוּסֵי בָטֶן,[2] שֶׁהֵם עֲתִידִים לְהִתְחַדֵּשׁ כְּמוֹתָהּ, וּלְפָאֵר לְיוֹצְרָם עַל שֵׁם כְּבוֹד מַלְכוּתוֹ. בָּרוּךְ אַתָּה יְיָ, מְחַדֵּשׁ חֳדָשִׁים:[3]

1. Psalms 148:1-6. **2.** I.e., Israel. V. Isaiah 46:3. **3.** Sanhedrin 42a.

and the sword of your glory; your enemies will deny their identity before you, and you shall tread upon their high places.[1]

יִשְׂרָאֵל Israel will be delivered by the Lord with an everlasting deliverance; you will not be disgraced nor humiliated forever and ever.[2] You will eat and be satiated and praise the Name of the Lord your God who has dealt with you wondrously; and My people will never be put to shame. And you will know that I am within [the people of] Israel, that I am the Lord your God, and there is none else; and My people will never be put to shame.[3] For you will go out with joy, and be led forth in peace; the mountains and the hills will burst into song before you, and all the trees of the field will clap hands.[4] Indeed, God is my deliverance; I am confident and shall not fear, for God the Lord is my strength and song, and He has been a help to me. You shall draw water with joy from the wellsprings of deliverance. And you will say on that day, "Offer thanks to the Lord, proclaim His Name, make His deeds known among the nations; cause it to be remembered that His Name is exalted. Sing to the Lord for He has done great things; this is known throughout the earth. Raise your voice joyously and sing, you dweller in Zion, for the Holy One of Israel is great in your midst."[5] On that day [Israel] will say, "Indeed, this is our God in whom we have hoped that He should deliver us; this is the Lord in whom we have hoped; let us be glad and rejoice in His deliverance."[6]

בּוֹרֵא The Lord, Creator of the speech of the lips, says, "Peace, peace to him who is far and to him who is near, and I will heal him."[7] A feeling enfolded Amasai, the chief of the captains [and he said], "We are yours, David, on your side, son of Yishai; peace, peace be to you and peace to your helpers, for your God helps you." David received them and placed them at the head of the brigade.[8] And you shall say, "May it be so throughout life! May you be at peace, and your household at peace, and all that is yours at peace."[9] The Lord will give strength to His people; the Lord will bless His people with peace.[10]

וַאֲשֶׁר חֶרֶב גַּאֲוָתֶךָ, וְיִכָּחֲשׁוּ אֹיְבֶיךָ לָךְ, וְאַתָּה עַל בָּמוֹתֵימוֹ תִדְרֹךְ:[1]

יִשְׂרָאֵל נוֹשַׁע בַּייָ תְּשׁוּעַת עוֹלָמִים, לֹא תֵבֹשׁוּ וְלֹא תִכָּלְמוּ עַד עוֹלְמֵי עַד:[2] וַאֲכַלְתֶּם אָכוֹל וְשָׂבוֹעַ, וְהִלַּלְתֶּם אֶת שֵׁם יְיָ אֱלֹהֵיכֶם אֲשֶׁר עָשָׂה עִמָּכֶם לְהַפְלִיא, וְלֹא יֵבֹשׁוּ עַמִּי לְעוֹלָם: וִידַעְתֶּם כִּי בְקֶרֶב יִשְׂרָאֵל אָנִי, וַאֲנִי יְיָ אֱלֹהֵיכֶם וְאֵין עוֹד, וְלֹא יֵבֹשׁוּ עַמִּי לְעוֹלָם:[3] כִּי בְשִׂמְחָה תֵצֵאוּ וּבְשָׁלוֹם תּוּבָלוּן, הֶהָרִים וְהַגְּבָעוֹת יִפְצְחוּ לִפְנֵיכֶם רִנָּה, וְכָל עֲצֵי הַשָּׂדֶה יִמְחֲאוּ כָף:[4] הִנֵּה אֵל יְשׁוּעָתִי, אֶבְטַח וְלֹא אֶפְחָד, כִּי עָזִּי וְזִמְרָת יָהּ יְיָ, וַיְהִי לִי לִישׁוּעָה: וּשְׁאַבְתֶּם מַיִם בְּשָׂשׂוֹן מִמַּעַיְנֵי הַיְשׁוּעָה: וַאֲמַרְתֶּם בַּיּוֹם הַהוּא: הוֹדוּ לַייָ קִרְאוּ בִשְׁמוֹ, הוֹדִיעוּ בָעַמִּים עֲלִילוֹתָיו, הַזְכִּירוּ, כִּי נִשְׂגָּב שְׁמוֹ: זַמְּרוּ יְיָ כִּי גֵאוּת עָשָׂה, מוּדַעַת זֹאת בְּכָל הָאָרֶץ: צַהֲלִי וָרֹנִּי יוֹשֶׁבֶת צִיּוֹן, כִּי גָדוֹל בְּקִרְבֵּךְ קְדוֹשׁ יִשְׂרָאֵל:[5] וְאָמַר בַּיּוֹם הַהוּא: הִנֵּה אֱלֹהֵינוּ זֶה, קִוִּינוּ לוֹ וְיוֹשִׁיעֵנוּ, זֶה יְיָ קִוִּינוּ לוֹ, נָגִילָה וְנִשְׂמְחָה בִּישׁוּעָתוֹ:[6]

בּוֹרֵא נִיב שְׂפָתָיִם, שָׁלוֹם שָׁלוֹם לָרָחוֹק וְלַקָּרוֹב, אָמַר יְיָ, וּרְפָאתִיו:[7] וְרוּחַ לָבְשָׁה אֶת עֲמָשַׂי רֹאשׁ הַשָּׁלִישִׁים, לְךָ דָוִיד וְעִמְּךָ בֶן יִשַׁי, שָׁלוֹם שָׁלוֹם לְךָ וְשָׁלוֹם לְעֹזְרֶךָ, כִּי עֲזָרְךָ אֱלֹהֶיךָ, וַיְקַבְּלֵם דָּוִיד וַיִּתְּנֵם בְּרָאשֵׁי הַגְּדוּד:[8] וַאֲמַרְתֶּם: כֹּה לֶחָי, וְאַתָּה שָׁלוֹם, וּבֵיתְךָ שָׁלוֹם, וְכֹל אֲשֶׁר לְךָ שָׁלוֹם.[9] יְיָ עֹז לְעַמּוֹ יִתֵּן, יְיָ יְבָרֵךְ אֶת עַמּוֹ בַשָּׁלוֹם:[10]

---

1. Deuteronomy. 33:29. **2.** Isaiah 45:17. **3.** Joel 2:26-27. **4.** Isaiah 55:12. **5.** Ibid. 12:2-6. **6.** Ibid. 25:9. **7.** Ibid. 57:19. **8.** I Chronicles 12:19. **9.** I Samuel 25:6. **10.** Psalms 29:11.

and bless you and multiply you; He will bless the fruit of your womb and the fruit of your land, your grain, your wine and your oil, the offspring of your cattle and the flocks of your sheep, on the land which He swore to your ancestors to give to you. You shall be blessed more than all the nations; there shall be no barren male or female among you or among your cattle. The Lord will remove from you all illness; none of the severe maladies of Egypt which you knew will He bring upon you, rather He will inflict them upon all your enemies.[1]

הַמַּלְאָךְ May the angel who has delivered me from all evil bless the lads, and may my name and the name of my fathers Abraham and Isaac be called upon them, and may they increase abundantly like fish in the midst of the earth.[2] The Lord your God has multiplied you, and you are today as numerous as the stars in the sky. May the Lord, God of your fathers, make you a thousand times more numerous than you are, and bless you as He promised you.[3]

בָּרוּךְ Blessed shall you be in the city, and blessed shall you be in the field. Blessed shall be your basket and your kneading-bowl. Blessed shall be the fruit of your womb and the fruit of your land, the fruit of your livestock, the increase of your cattle and the offspring of your sheep. Blessed shall you be in your coming, and blessed shall you be in your going. The Lord will command the blessing to be with you in your storehouses and in all things to which you put your hand, and He will bless you in the land which the Lord your God gives to you. The Lord will open for you His good treasure, the heavens, to give rain for your land at its proper time, and to bless all the works of your hands; you will lend to many nations but you will not borrow.[4] For the Lord your God has blessed you as He has promised you; you will make loans to many nations but you will not require loans; you will dominate many nations, but they will not rule over you.[5] Fortunate are you, Israel! Who is like you, a people delivered by the Lord, your helping shield

וּבֵרַךְ וְהִרְבֶּךָ, וּבֵרַךְ פְּרִי בִטְנְךָ וּפְרִי אַדְמָתֶךָ דְּגָנְךָ וְתִירשְׁךָ וְיִצְהָרֶךָ, שְׁגַר אֲלָפֶיךָ וְעַשְׁתְּרֹת צֹאנֶךָ, עַל הָאֲדָמָה אֲשֶׁר נִשְׁבַּע לַאֲבֹתֶיךָ לָתֶת לָךְ: בָּרוּךְ תִּהְיֶה מִכָּל הָעַמִּים, לֹא יִהְיֶה בְךָ עָקָר וַעֲקָרָה וּבִבְהֶמְתֶּךָ: וְהֵסִיר יְיָ מִמְּךָ כָּל חֹלִי, וְכָל מַדְוֵי מִצְרַיִם הָרָעִים אֲשֶׁר יָדַעְתָּ, לֹא יְשִׂימָם בָּךְ, וּנְתָנָם בְּכָל שֹׂנְאֶיךָ:[1]

הַמַּלְאָךְ הַגֹּאֵל אֹתִי מִכָּל רָע, יְבָרֵךְ אֶת הַנְּעָרִים, וְיִקָּרֵא בָהֶם שְׁמִי וְשֵׁם אֲבֹתַי אַבְרָהָם וְיִצְחָק, וְיִדְגּוּ לָרֹב בְּקֶרֶב הָאָרֶץ:[2] יְיָ אֱלֹהֵיכֶם הִרְבָּה אֶתְכֶם, וְהִנְּכֶם הַיּוֹם כְּכוֹכְבֵי הַשָּׁמַיִם לָרֹב: יְיָ אֱלֹהֵי אֲבוֹתֵיכֶם יֹסֵף עֲלֵיכֶם כָּכֶם אֶלֶף פְּעָמִים, וִיבָרֵךְ אֶתְכֶם כַּאֲשֶׁר דִּבֶּר לָכֶם:[3]

בָּרוּךְ אַתָּה בָּעִיר, וּבָרוּךְ אַתָּה בַּשָּׂדֶה: בָּרוּךְ טַנְאֲךָ וּמִשְׁאַרְתֶּךָ: בָּרוּךְ פְּרִי בִטְנְךָ וּפְרִי אַדְמָתְךָ וּפְרִי בְהֶמְתֶּךָ, שְׁגַר אֲלָפֶיךָ וְעַשְׁתְּרוֹת צֹאנֶךָ: בָּרוּךְ אַתָּה בְּבֹאֶךָ, וּבָרוּךְ אַתָּה בְּצֵאתֶךָ: יְצַו יְיָ אִתְּךָ אֶת הַבְּרָכָה בַּאֲסָמֶיךָ וּבְכֹל מִשְׁלַח יָדֶךָ, וּבֵרַכְךָ בָּאָרֶץ אֲשֶׁר יְיָ אֱלֹהֶיךָ נֹתֵן לָךְ: יִפְתַּח יְיָ לְךָ אֶת אוֹצָרוֹ הַטּוֹב אֶת הַשָּׁמַיִם, לָתֵת מְטַר אַרְצְךָ בְּעִתּוֹ וּלְבָרֵךְ אֵת כָּל מַעֲשֵׂה יָדֶךָ, וְהִלְוִיתָ גּוֹיִם רַבִּים, וְאַתָּה לֹא תִלְוֶה:[4] כִּי יְיָ אֱלֹהֶיךָ בֵּרַכְךָ, כַּאֲשֶׁר דִּבֶּר לָךְ, וְהַעֲבַטְתָּ גּוֹיִם רַבִּים, וְאַתָּה לֹא תַעֲבֹט, וּמָשַׁלְתָּ בְּגוֹיִם רַבִּים, וּבְךָ לֹא יִמְשֹׁלוּ:[5] אַשְׁרֶיךָ יִשְׂרָאֵל מִי כָמוֹךָ, עַם נוֹשַׁע בַּייָ, מָגֵן עֶזְרֶךָ,

1. Deuteronomy 7:13-15. 2. Genesis 48:16. 3. Deuteronomy 1:10-11. 4. Ibid. 28:3, 5, 4, 6, 8, 12. 5. Ibid. 15:6.

The cup is replaced in the palm of the right hand, and the leader continues:

בָּרוּךְ Blessed are You, Lord our God, King of the universe, who makes a distinction between sacred and profane, between light and darkness, between Israel and the nations, between the Seventh Day and the six work days. Blessed are You Lord, who makes a distinction between sacred and profane. (Amen)

On Chol Hamoed Sukkot, in the *sukkah*, add (when saying the words *to dwell in the sukkah*, glance at the *sukkah* covering):

בָּרוּךְ Blessed are You, Lord our God, King of the universe, who has sanctified us with His commandments, and commanded us to dwell in the *sukkah*. (Amen)

Drink at least 3.5 oz., then extinguish the flame with the remaining wine.
The concluding blessing over wine is on page 69.

FOR THE CONCLUSION OF SHABBAT

After Havdalah, the following is said. It is customary to say it with another person from one Siddur.

When Chol Hamoed occurs on Saturday night, the following is recited quietly.

וְיִתֶּן May God give you of the dew of heaven, of the fat of the earth, and an abundance of grain and wine. Peoples shall serve you and nations bow down to you; be master over your brothers, and your mother's sons shall bow down to you. Those who curse you shall be cursed, and those who bless you, blessed.[1] And may God, the Omnipotent, bless you and make you fruitful and numerous, so that you may become an assembly of peoples. May He bestow upon you the blessing of Abraham, upon you and upon your progeny with you, that you may inherit the land where you dwell, which God had given to Abraham.[2] It is from the God of your father who will help you, from the Omnipotent One who will bless you with blessings of heaven above, with blessings of the deep that couches below, with blessings of breast and womb. The blessings [bestowed by God] upon your father have surpassed the blessings [bestowed upon] my parents to the utmost bounds of the eternal hills—may they be upon the head of Joseph, upon the head of him who was separated from his brothers.[3] He will love you

The cup is replaced in the palm of the right hand, and the leader continues:

בָּרוּךְ אַתָּה יְיָ, אֱלֹהֵינוּ מֶלֶךְ הָעוֹלָם, הַמַּבְדִּיל בֵּין קֹדֶשׁ לְחוֹל, בֵּין אוֹר לְחֹשֶׁךְ, בֵּין יִשְׂרָאֵל לָעַמִּים, בֵּין יוֹם הַשְּׁבִיעִי לְשֵׁשֶׁת יְמֵי הַמַּעֲשֶׂה. בָּרוּךְ אַתָּה יְיָ, הַמַּבְדִּיל בֵּין קֹדֶשׁ לְחוֹל: (אָמֵן)

On Chol Hamoed Sukkot, in the *sukkah*, add (when saying the words לֵישֵׁב בַּסֻּכָּה, glance at the *sukkah* covering):

בָּרוּךְ אַתָּה יְיָ, אֱלֹהֵינוּ מֶלֶךְ הָעוֹלָם, אֲשֶׁר קִדְּשָׁנוּ בְּמִצְוֹתָיו וְצִוָּנוּ לֵישֵׁב בַּסֻּכָּה: (אָמֵן)

Drink at least 3.5 oz., then extinguish the flame with the remaining wine.
The concluding blessing over wine is on page 69.

FOR THE CONCLUSION OF SHABBAT

After Havdalah, the following is said. It is customary to say it with another person from one Siddur.

When Chol Hamoed occurs on Saturday night, the following is recited quietly.

וְיִתֶּן לְךָ הָאֱלֹהִים מִטַּל הַשָּׁמַיִם וּמִשְׁמַנֵּי הָאָרֶץ, וְרֹב דָּגָן וְתִירֹשׁ: יַעַבְדוּךָ עַמִּים וְיִשְׁתַּחֲווּ לְךָ לְאֻמִּים, הֱוֵה גְבִיר לְאַחֶיךָ וְיִשְׁתַּחֲווּ לְךָ בְּנֵי אִמֶּךָ, אֹרְרֶיךָ אָרוּר, וּמְבָרְכֶיךָ בָּרוּךְ:[1] וְאֵל שַׁדַּי יְבָרֵךְ אֹתְךָ וְיַפְרְךָ וְיַרְבֶּךָ, וְהָיִיתָ לִקְהַל עַמִּים: וְיִתֶּן לְךָ אֶת בִּרְכַּת אַבְרָהָם לְךָ וּלְזַרְעֲךָ אִתָּךְ, לְרִשְׁתְּךָ אֶת אֶרֶץ מְגֻרֶיךָ אֲשֶׁר נָתַן אֱלֹהִים לְאַבְרָהָם:[2] מֵאֵל אָבִיךָ וְיַעְזְרֶךָּ וְאֵת שַׁדַּי וִיבָרְכֶךָּ, בִּרְכֹת שָׁמַיִם מֵעָל, בִּרְכֹת תְּהוֹם רֹבֶצֶת תָּחַת, בִּרְכֹת שָׁדַיִם וָרָחַם: בִּרְכֹת אָבִיךָ גָּבְרוּ עַל בִּרְכֹת הוֹרַי, עַד תַּאֲוַת גִּבְעֹת עוֹלָם, תִּהְיֶיןָ לְרֹאשׁ יוֹסֵף וּלְקָדְקֹד נְזִיר אֶחָיו:[3] וַאֲהֵבְךָ

1. Genesis 27:28-29. 2. Ibid. 28:3-4. 3. Ibid. 49:25-26.

HAVDALAH

Havdalah is recited at the conclusion of Shabbat and festivals (even when the festival is followed by Chol Hamoed).

When making Havdalah following a festival which occurs on a weekday, a blessing is not made on the fragrant spices or on the flame.

Stand while reciting the Havdalah. Take the cup of wine in the right hand, pass it to the left hand, and lower it onto the palm of the right hand. The cup should be held three *tefachim* (approximately 9 in.) above the table throughout the Havdalah.

Those listening to the Havdalah should respond Amen as indicated.

הִנֵּה Indeed, God is my deliverance; I am confident and shall not fear, for God the Lord is my strength and song, and He has been a help to me. You shall draw water with joy from the wellsprings of deliverance.[1] Deliverance is the Lord's; may Your blessing be upon Your people forever.[2] The Lord of hosts is with us the God of Jacob is our everlasting stronghold.[3] Lord of hosts, happy is the man who trusts in You.[4] Lord deliver us; may the King answer us on the day we call.[5]

All those listening to Havdalah say *For the ... with us,* followed by the leader.

לַיְּהוּדִים For the Jews there was light and joy, gladness and honor[6]—so let it be with us.

כּוֹס I will raise the cup of deliverance and invoke the Name of the Lord.[7]

סַבְרִי Attention, Gentlemen!

בָּרוּךְ Blessed are You, Lord our God, King of the universe, who creates the fruit of the vine. (Amen)

The following blessing is recited before smelling the fragrant spices. Hold the spices in your right hand while reciting the blessing.

בָּרוּךְ Blessed are You, Lord our God, King of the universe, who creates various kinds of spices. (Amen)

After the following blessing, fold the fingers over the thumb—the thumb is not to be seen—and look at the fingernails by the light of the flame; turn the hand over, extending the fingers—with the thumb folded beneath them—and look at the fingernails by the light of the flame.

בָּרוּךְ Blessed are You, Lord our God, King of the universe, who creates the lights of fire. (Amen)

HAVDALAH

Havdalah is recited at the conclusion of Shabbat and festivals (even when the festival is followed by Chol Hamoed).

When making Havdalah following a festival which occurs on a weekday, a blessing is not made on the fragrant spices or on the flame.

Stand while reciting the Havdalah. Take the cup of wine in the right hand, pass it to the left hand, and lower it onto the palm of the right hand. The cup should be held three *tefachim* (approximately 9 in.) above the table throughout the Havdalah.

Those listening to the Havdalah should respond אָמֵן as indicated.

הִנֵּה אֵל יְשׁוּעָתִי, אֶבְטַח וְלֹא אֶפְחָד, כִּי עָזִּי וְזִמְרָת יָהּ יְיָ, וַיְהִי לִי לִישׁוּעָה. וּשְׁאַבְתֶּם מַיִם בְּשָׂשׂוֹן מִמַּעַיְנֵי הַיְשׁוּעָה.[1] לַייָ הַיְשׁוּעָה, עַל עַמְּךָ בִרְכָתֶךָ סֶּלָה.[2] יְיָ צְבָאוֹת עִמָּנוּ, מִשְׂגָּב לָנוּ אֱלֹהֵי יַעֲקֹב סֶלָה:[3] יְיָ צְבָאוֹת, אַשְׁרֵי אָדָם בֹּטֵחַ בָּךְ:[4] יְיָ הוֹשִׁיעָה, הַמֶּלֶךְ יַעֲנֵנוּ בְיוֹם קָרְאֵנוּ:[5]

All those listening to Havdalah say לַיְּהוּדִים ... לָנוּ, followed by the leader.

לַיְּהוּדִים הָיְתָה אוֹרָה וְשִׂמְחָה, וְשָׂשׂוֹן וִיקָר.[6] כֵּן תִּהְיֶה לָּנוּ: כּוֹס יְשׁוּעוֹת אֶשָּׂא, וּבְשֵׁם יְיָ אֶקְרָא:[7]

סַבְרִי מָרָנָן:

בָּרוּךְ אַתָּה יְיָ, אֱלֹהֵינוּ מֶלֶךְ הָעוֹלָם, בּוֹרֵא פְּרִי הַגָּפֶן: (אָמֵן)

The following blessing is recited before smelling the fragrant spices. Hold the spices in your right hand while reciting the blessing.

בָּרוּךְ אַתָּה יְיָ, אֱלֹהֵינוּ מֶלֶךְ הָעוֹלָם, בּוֹרֵא מִינֵי בְשָׂמִים: (אָמֵן)

After the following blessing, fold the fingers over the thumb—the thumb is not to be seen—and look at the fingernails by the light of the flame; turn the hand over, extending the fingers—with the thumb folded beneath them—and look at the fingernails by the light of the flame.

בָּרוּךְ אַתָּה יְיָ, אֱלֹהֵינוּ מֶלֶךְ הָעוֹלָם, בּוֹרֵא מְאוֹרֵי הָאֵשׁ: (אָמֵן)

---

1. Isaiah 12:2-3. **2.** Psalms 3:9. **3.** Ibid. 46:8. **4.** Ibid. 84:13. **5.** Ibid. 20:10. **6.** Esther 8:16. **7.** Psalms 116:13.

nations will rejoice and sing for joy, for You will judge the peoples justly and guide the nations on earth forever. The peoples will extol You, O God; all the peoples will extol You, for the earth will have yielded its produce, and God, our God, will bless us. God will bless us; and all, from the farthest corners of the earth, shall fear Him.[1]

אָנָּא We implore You, by the great power of Your right hand, release the captive. Accept the prayer of Your people; strengthen us, purify us, Awesome One. Mighty One, we beseech You, guard as the apple of the eye those who seek Your Oneness. Bless them, cleanse them; bestow upon them forever Your merciful righteousness. Powerful, Holy One, in Your abounding goodness, guide Your congregation. Only and Exalted One, turn to Your people who are mindful of Your holiness. Accept our supplication and hear our cry, You who knows secret thoughts. Blessed be the name of the glory of His kingdom forever and ever.

רִבּוֹנוֹ Master of the universe, You have commanded us through Moses Your servant to count *Sefirat Ha-Omer*, in order to purify us from our evil and uncleanness. As You have written in Your Torah, "You shall count for yourselves from the day following the day of rest, from the day on which you bring the Omer as a wave-offering; [the counting] shall be for seven full weeks. Until the day following the seventh week shall you count fifty days,"[2] so that the souls of Your people Israel may be cleansed from their defilement. Therefore, may it be Your will, Lord our God and God of our fathers, that in the merit of the *Sefirat Ha-Omer* which I counted today, the blemish that I have caused in the *sefirah* (say the *sefirah* indicated below the Omer count for the day) be rectified, and that I may be purified and sanctified with supernal holiness. May abundant bounty thereby be bestowed upon all the worlds. May it rectify our *nefesh*, *ruach* and *neshamah* from every baseness and defect, and may it purify and sanctify us with Your supernal holiness. Amen, selah.

Continue with *It is incumbent upon us*, on page 43.

וְיִרַנְּנוּ לְאֻמִּים, כִּי תִשְׁפֹּט עַמִּים מִישֹׁר, וּלְאֻמִּים בָּאָֽרֶץ תַּנְחֵם סֶֽלָה: יוֹדֽוּךָ עַמִּים אֱלֹהִים, יוֹדֽוּךָ עַמִּים כֻּלָּם: אֶֽרֶץ נָתְנָה יְבוּלָהּ, יְבָרְכֵֽנוּ אֱלֹהִים אֱלֹהֵֽינוּ: יְבָרְכֵֽנוּ אֱלֹהִים, וְיִירְאוּ אוֹתוֹ כָּל אַפְסֵי אָֽרֶץ:[1]

When reciting אָנָּא בְּכֹחַ, look at—or visualize—the Divine Names formed by the acronyms of the words (as they appear in the left column), but do not say them.

אָנָּא, בְּכֹחַ גְּדֻלַּת יְמִינְךָ, תַּתִּיר צְרוּרָה. — אב״ג ית״ץ

קַבֵּל רִנַּת עַמְּךָ, שַׂגְּבֵֽנוּ, טַהֲרֵֽנוּ, נוֹרָא. — קר״ע שט״ן

נָא גִבּוֹר, דּוֹרְשֵׁי יִחוּדְךָ, כְּבָבַת שָׁמְרֵם. — נג״ד יכ״ש

בָּרְכֵם, טַהֲרֵם, רַחֲמֵי צִדְקָתְךָ תָּמִיד גָּמְלֵם. — בט״ר צת״ג

חֲסִין קָדוֹשׁ, בְּרוֹב טוּבְךָ נַהֵל עֲדָתֶֽךָ. — חק״ב טנ״ע

יָחִיד, גֵּאֶה, לְעַמְּךָ פְּנֵה, זוֹכְרֵי קְדֻשָּׁתֶֽךָ. — יג״ל פז״ק

שַׁוְעָתֵֽנוּ קַבֵּל, וּשְׁמַע צַעֲקָתֵֽנוּ, יוֹדֵֽעַ תַּעֲלוּמוֹת. — שק״ו צי״ת

בָּרוּךְ שֵׁם כְּבוֹד מַלְכוּתוֹ לְעוֹלָם וָעֶד:

רִבּוֹנוֹ שֶׁל עוֹלָם, אַתָּה צִוִּיתָֽנוּ עַל יְדֵי מֹשֶׁה עַבְדֶּֽךָ לִסְפּוֹר סְפִירַת הָעֽוֹמֶר כְּדֵי לְטַהֲרֵֽנוּ מִקְּלִפּוֹתֵֽינוּ וּמִטֻּמְאוֹתֵֽינוּ, כְּמוֹ שֶׁכָּתַבְתָּ בְּתוֹרָתֶֽךָ: וּסְפַרְתֶּם לָכֶם מִמָּחֳרַת הַשַּׁבָּת מִיּוֹם הֲבִיאֲכֶם אֶת עֹֽמֶר הַתְּנוּפָה שֶֽׁבַע שַׁבָּתוֹת תְּמִימֹת תִּהְיֶֽינָה, עַד מִמָּחֳרַת הַשַּׁבָּת הַשְּׁבִיעִת תִּסְפְּרוּ חֲמִשִּׁים יוֹם,[2] כְּדֵי שֶׁיִּטָּהֲרוּ נַפְשׁוֹת עַמְּךָ יִשְׂרָאֵל מִזֻּהֲמָתָם, וּבְכֵן יְהִי רָצוֹן מִלְּפָנֶֽיךָ, יְיָ אֱלֹהֵֽינוּ וֵאלֹהֵי אֲבוֹתֵֽינוּ, שֶׁבִּזְכוּת סְפִירַת הָעֽוֹמֶר שֶׁסָּפַֽרְתִּי הַיּוֹם, יְתֻקַּן מַה שֶּׁפָּגַֽמְתִּי בִּסְפִירָה (say the *sefirah* indicated below the Omer count for the day) וְאֶטָּהֵר וְאֶתְקַדֵּשׁ בִּקְדֻשָּׁה שֶׁל מַֽעְלָה, וְעַל יְדֵי זֶה יֻשְׁפַּע שֶֽׁפַע רַב בְּכָל הָעוֹלָמוֹת וּלְתַקֵּן אֶת נַפְשׁוֹתֵֽינוּ וְרוּחוֹתֵֽינוּ וְנִשְׁמוֹתֵֽינוּ מִכָּל סִיג וּפְגַם וּלְטַהֲרֵֽנוּ וּלְקַדְּשֵֽׁנוּ בִּקְדֻשָּׁתְךָ הָעֶלְיוֹנָה, אָמֵן סֶֽלָה:

Continue with עָלֵֽינוּ, page 43.

1. Psalm 67. 2. Leviticus 23:15-16.

The eve of the 23rd of Iyar.

Today is thirty-eight days, which is five weeks and three days of the Omer. Tiferes ShebeYesod

The eve of the 24th of Iyar.

Today is thirty-nine days, which is five weeks and four days of the Omer. Netzach ShebeYesod

The eve of the 25th of Iyar.

Today is forty days, which is five weeks and five days of the Omer. Hod ShebeYesod

The eve of the 26th of Iyar.

Today is forty-one days, which is five weeks and six days of the Omer. Yesod ShebeYesod

The eve of the 27th of Iyar.

Today is forty-two days, which is six weeks of the Omer.
Malchus ShebeYesod

The eve of the 28th of Iyar.

Today is forty-three days, which is six weeks and one day of the Omer. Chesed ShebeMalchus

The eve of the 29th of Iyar.

Today is forty-four days, which is six weeks and two days of the Omer. Gevurah ShebeMalchus

The eve of the 1st of Sivan.

Today is forty-five days, which is six weeks and three days of the Omer. Tiferes ShebeMalchus

The eve of the 2nd of Sivan.

Today is forty-six days, which is six weeks and four days of the Omer. Netzach ShebeMalchus

The eve of the 3rd of Sivan.

Today is forty-seven days, which is six weeks and five days of the Omer. Hod ShebeMalchus

The eve of the 4th of Sivan.

Today is forty-eight days, which is six weeks and six days of the Omer. Yesod ShebeMalchus

The eve of the 5th of Sivan.

Today is forty-nine days, which is seven weeks of the Omer.
Malchus ShebeMalchus

הָרַחֲמָן May the Merciful One restore unto us the service of the Bet Hamikdash to its place, speedily in our days; Amen, Selah.

לַמְנַצֵּחַ For the choirmaster, a song with instrumental music, a psalm. May God be gracious to us and bless us; may He make His countenance shine upon us forever, that Your way be known on earth, Your salvation among all nations. The nations will extol You, O God; all the nations will extol You. The

אור לכ"ג אייר
הַיּוֹם שְׁמוֹנָה וּשְׁלֹשִׁים יוֹם שֶׁהֵם חֲמִשָּׁה שָׁבוּעוֹת וּשְׁלֹשָׁה יָמִים לָעוֹמֶר: ם
תִּפְאֶרֶת שֶׁבִּיסוֹד נתנה לעמך

אור לכ"ד אייר
הַיּוֹם תִּשְׁעָה וּשְׁלֹשִׁים יוֹם שֶׁהֵם חֲמִשָּׁה שָׁבוּעוֹת וְאַרְבָּעָה יָמִים לָעוֹמֶר: ב
נֶצַח שֶׁבִּיסוֹד יבולה פנה

אור לכ"ה אייר
הַיּוֹם אַרְבָּעִים יוֹם שֶׁהֵם חֲמִשָּׁה שָׁבוּעוֹת וַחֲמִשָּׁה יָמִים לָעוֹמֶר: א
הוֹד שֶׁבִּיסוֹד יברכנו זוכרי

אור לכ"ו אייר
הַיּוֹם אֶחָד וְאַרְבָּעִים יוֹם שֶׁהֵם חֲמִשָּׁה שָׁבוּעוֹת וְשִׁשָּׁה יָמִים לָעוֹמֶר: ר
יְסוֹד שֶׁבִּיסוֹד אלהים קדושתך

אור לכ"ז אייר
הַיּוֹם שְׁנַיִם וְאַרְבָּעִים יוֹם שֶׁהֵם שִׁשָּׁה שָׁבוּעוֹת לָעוֹמֶר: ץ
מַלְכוּת שֶׁבִּיסוֹד אלהינו יג"ל פז"ק

אור לכ"ח אייר
הַיּוֹם שְׁלֹשָׁה וְאַרְבָּעִים יוֹם שֶׁהֵם שִׁשָּׁה שָׁבוּעוֹת וְיוֹם אֶחָד לָעוֹמֶר: ת
חֶסֶד שֶׁבְּמַלְכוּת יברכנו שועתנו

אור לכ"ט אייר
הַיּוֹם אַרְבָּעָה וְאַרְבָּעִים יוֹם שֶׁהֵם שִׁשָּׁה שָׁבוּעוֹת וּשְׁנֵי יָמִים לָעוֹמֶר: נ
גְּבוּרָה שֶׁבְּמַלְכוּת אלהים קבל

אור לא' סיון
הַיּוֹם חֲמִשָּׁה וְאַרְבָּעִים יוֹם שֶׁהֵם שִׁשָּׁה שָׁבוּעוֹת וּשְׁלֹשָׁה יָמִים לָעוֹמֶר: ח
תִּפְאֶרֶת שֶׁבְּמַלְכוּת וייראו ושמע

אור לב' סיון
הַיּוֹם שִׁשָּׁה וְאַרְבָּעִים יוֹם שֶׁהֵם שִׁשָּׁה שָׁבוּעוֹת וְאַרְבָּעָה יָמִים לָעוֹמֶר: ם
נֶצַח שֶׁבְּמַלְכוּת אותו צעקתנו

אור לג' סיון
הַיּוֹם שִׁבְעָה וְאַרְבָּעִים יוֹם שֶׁהֵם שִׁשָּׁה שָׁבוּעוֹת וַחֲמִשָּׁה יָמִים לָעוֹמֶר: ס
הוֹד שֶׁבְּמַלְכוּת כל יודע

אור לד' סיון
הַיּוֹם שְׁמוֹנָה וְאַרְבָּעִים יוֹם שֶׁהֵם שִׁשָּׁה שָׁבוּעוֹת וְשִׁשָּׁה יָמִים לָעוֹמֶר: ל
יְסוֹד שֶׁבְּמַלְכוּת אפסי תעלומות

אור לה' סיון
הַיּוֹם תִּשְׁעָה וְאַרְבָּעִים יוֹם שֶׁהֵם שִׁבְעָה שָׁבוּעוֹת לָעוֹמֶר: ה
מַלְכוּת שֶׁבְּמַלְכוּת ארץ שק"ו צי"ת

הָרַחֲמָן הוּא יַחֲזִיר לָנוּ עֲבוֹדַת בֵּית הַמִּקְדָּשׁ לִמְקוֹמָהּ, בִּמְהֵרָה בְיָמֵינוּ אָמֵן סֶלָה.

לַמְנַצֵּחַ בִּנְגִינֹת מִזְמוֹר שִׁיר: אֱלֹהִים יְחָנֵּנוּ וִיבָרְכֵנוּ, יָאֵר פָּנָיו אִתָּנוּ סֶלָה: לָדַעַת בָּאָרֶץ דַּרְכֶּךָ, בְּכָל גּוֹיִם יְשׁוּעָתֶךָ: יוֹדוּךָ עַמִּים אֱלֹהִים, יוֹדוּךָ עַמִּים כֻּלָּם: יִשְׂמְחוּ

The eve of the 8th of Iyar.

Today is twenty-three days, which is three weeks and two days of the Omer.   Gevurah ShebeNetzach

The eve of the 9th of Iyar.

Today is twenty-four days, which is three weeks and three days of the Omer.   Tiferes ShebeNetzach

The eve of the 10th of Iyar.

Today is twenty-five days, which is three weeks and four days of the Omer.   Netzach ShebeNetzach

The eve of the 11th of Iyar.

Today is twenty-six days, which is three weeks and five days of the Omer.   Hod ShebeNetzach

The eve of the 12th of Iyar.

Today is twenty-seven days, which is three weeks and six days of the Omer.   Yesod ShebeNetzach

The eve of the 13th of Iyar.

Today is twenty-eight days, which is four weeks of the Omer.
                                    Malchus ShebeNetzach

The eve of the 14th of Iyar.

Today is twenty-nine days, which is four weeks and one day of the Omer.   Chesed ShebeHod

The eve of the 15th of Iyar.

Today is thirty days, which is four weeks and two days of the Omer.   Gevurah ShebeHod

The eve of the 16th of Iyar.

Today is thirty-one days, which is four weeks and three days of the Omer.   Tiferes ShebeHod

The eve of the 17th of Iyar.

Today is thirty-two days, which is four weeks and four days of the Omer.   Netzach ShebeHod

(Lag B'Omer)

The eve of the 18th of Iyar.

Today is thirty-three days, which is four weeks and five days of the Omer.   Hod ShebeHod

The eve of the 19th of Iyar.

Today is thirty-four days, which is four weeks and six days of the Omer.   Yesod ShebeHod

The eve of the 20th of Iyar.

Today is thirty-five days, which is five weeks of the Omer.
                                        Malchus ShebeHod

The eve of the 21st of Iyar.

Today is thirty-six days, which is five weeks and one day of the Omer.   Chesed ShebeYesod

The eve of the 22nd of Iyar.

Today is thirty-seven days, which is five weeks and two days of the Omer.   Gevurah ShebeYesod

אור לח' אייר
הַיּוֹם שְׁלֹשָׁה וְעֶשְׂרִים יוֹם שֶׁהֵם שְׁלֹשָׁה שָׁבוּעוֹת וּשְׁנֵי יָמִים לָעֽוֹמֶר: ט
גְּבוּרָה שֶׁבְּנֶֽצַח כי טהרם

אור לט' אייר
הַיּוֹם אַרְבָּעָה וְעֶשְׂרִים יוֹם שֶׁהֵם שְׁלֹשָׁה שָׁבוּעוֹת וּשְׁלֹשָׁה יָמִים לָעֽוֹמֶר: ע
תִּפְאֶֽרֶת שֶׁבְּנֶֽצַח תשפוט רחמי

אור לי' אייר
הַיּוֹם חֲמִשָּׁה וְעֶשְׂרִים יוֹם שֶׁהֵם שְׁלֹשָׁה שָׁבוּעוֹת וְאַרְבָּעָה יָמִים לָעֽוֹמֶר: מ
נֶֽצַח שֶׁבְּנֶֽצַח עמים צדקתך

אור לי"א אייר
הַיּוֹם שִׁשָּׁה וְעֶשְׂרִים יוֹם שֶׁהֵם שְׁלֹשָׁה שָׁבוּעוֹת וַחֲמִשָּׁה יָמִים לָעֽוֹמֶר: י
הוֹד שֶׁבְּנֶֽצַח מישור תמיד

אור לי"ב אייר
הַיּוֹם שִׁבְעָה וְעֶשְׂרִים יוֹם שֶׁהֵם שְׁלֹשָׁה שָׁבוּעוֹת וְשִׁשָּׁה יָמִים לָעֽוֹמֶר: ם
יְסוֹד שֶׁבְּנֶֽצַח ולאומים נמלם

אור לי"ג אייר
הַיּוֹם שְׁמוֹנָה וְעֶשְׂרִים יוֹם שֶׁהֵם אַרְבָּעָה שָׁבוּעוֹת לָעֽוֹמֶר: מ
מַלְכוּת שֶׁבְּנֶֽצַח בארץ בט"ר צת"ג

אור לי"ד אייר
הַיּוֹם תִּשְׁעָה וְעֶשְׂרִים יוֹם שֶׁהֵם אַרְבָּעָה שָׁבוּעוֹת וְיוֹם אֶחָד לָעֽוֹמֶר: י
חֶֽסֶד שֶׁבְּהוֹד תנחם חסין

אור לט"ו אייר
הַיּוֹם שְׁלֹשִׁים יוֹם שֶׁהֵם אַרְבָּעָה שָׁבוּעוֹת וּשְׁנֵי יָמִים לָעֽוֹמֶר: ש
גְּבוּרָה שֶׁבְּהוֹד סלה קדוש

אור לט"ז אייר
הַיּוֹם אֶחָד וּשְׁלֹשִׁים יוֹם שֶׁהֵם אַרְבָּעָה שָׁבוּעוֹת וּשְׁלֹשָׁה יָמִים לָעֽוֹמֶר: ו
תִּפְאֶֽרֶת שֶׁבְּהוֹד יודוך ברוב

אור לי"ז אייר
הַיּוֹם שְׁנַיִם וּשְׁלֹשִׁים יוֹם שֶׁהֵם אַרְבָּעָה שָׁבוּעוֹת וְאַרְבָּעָה יָמִים לָעֽוֹמֶר: ר
נֶֽצַח שֶׁבְּהוֹד עמים טובך

(ל"ג בעומר)

אור לי"ח אייר
הַיּוֹם שְׁלֹשָׁה וּשְׁלֹשִׁים יוֹם שֶׁהֵם אַרְבָּעָה שָׁבוּעוֹת וַחֲמִשָּׁה יָמִים לָעֽוֹמֶר: ו
הוֹד שֶׁבְּהוֹד אלהים נהל

אור לי"ט אייר
הַיּוֹם אַרְבָּעָה וּשְׁלֹשִׁים יוֹם שֶׁהֵם אַרְבָּעָה שָׁבוּעוֹת וְשִׁשָּׁה יָמִים לָעֽוֹמֶר: ל
יְסוֹד שֶׁבְּהוֹד יודוך עדתך

אור לכ' אייר
הַיּוֹם חֲמִשָּׁה וּשְׁלֹשִׁים יוֹם שֶׁהֵם חֲמִשָּׁה שָׁבוּעוֹת לָעֽוֹמֶר: א
מַלְכוּת שֶׁבְּהוֹד עמים חק"ב טנ"ע

אור לכ"א אייר
הַיּוֹם שִׁשָּׁה וּשְׁלֹשִׁים יוֹם שֶׁהֵם חֲמִשָּׁה שָׁבוּעוֹת וְיוֹם אֶחָד לָעֽוֹמֶר: מ
חֶֽסֶד שֶׁבִּיסוֹד כולם יחיד

אור לכ"ב אייר
הַיּוֹם שִׁבְעָה וּשְׁלֹשִׁים יוֹם שֶׁהֵם חֲמִשָּׁה שָׁבוּעוֹת וּשְׁנֵי יָמִים לָעֽוֹמֶר: י
גְּבוּרָה שֶׁבִּיסוֹד ארץ נאה

The eve of the 23rd of Nissan.

Today is eight days, which is one week and one day of the
Omer. Chesed ShebeGevurah

The eve of the 24th of Nissan.

Today is nine days, which is one week and two days of the
Omer. Gevurah ShebeGevurah

The eve of the 25th of Nissan.

Today is ten days, which is one week and three days of the
Omer. Tiferes ShebeGevurah

The eve of the 26th of Nissan.

Today is eleven days, which is one week and four days of the
Omer. Netzach ShebeGevurah

The eve of the 27th of Nissan.

Today is twelve days, which is one week and five days of the
Omer. Hod ShebeGevurah

The eve of the 28th of Nissan.

Today is thirteen days, which is one week and six days of the
Omer. Yesod ShebeGevurah

The eve of the 29th of Nissan.

Today is fourteen days, which is two weeks of the Omer.
Malchus ShebeGevurah

The eve of the 30th of Nissan.

Today is fifteen days, which is two weeks and one day of the
Omer. Chesed ShebeTiferes

The eve of the 1st of Iyar.

Today is sixteen days, which is two weeks and two days of the
Omer. Gevurah ShebeTiferes

The eve of the 2nd of Iyar.

Today is seventeen days, which is two weeks and three days of
the Omer. Tiferes ShebeTiferes

The eve of the 3rd of Iyar.

Today is eighteen days, which is two weeks and four days of
the Omer. Netzach ShebeTiferes

The eve of the 4th of Iyar.

Today is nineteen days, which is two weeks and five days of the
Omer. Hod ShebeTiferes

The eve of the 5th of Iyar.

Today is twenty days, which is two weeks and six days of the
Omer. Yesod ShebeTiferes

The eve of the 6th of Iyar.

Today is twenty-one days, which is three weeks of the Omer.
Malchus ShebeTiferes

The eve of the 7th of Iyar.

Today is twenty-two days, which is three weeks and one day of
the Omer. Chesed ShebeNetzach

אור לכ"ג ניסן
הַיּוֹם שְׁמוֹנָה יָמִים שֶׁהֵם שָׁבוּעַ אֶחָד וְיוֹם אֶחָד לָעוֹמֶר: ר
חֶסֶד שֶׁבִּגְבוּרָה לדעת קבל

אור לכ"ד ניסן
הַיּוֹם תִּשְׁעָה יָמִים שֶׁהֵם שָׁבוּעַ אֶחָד וּשְׁנֵי יָמִים לָעוֹמֶר: נ
גְּבוּרָה שֶׁבִּגְבוּרָה בארץ רנת

אור לכ"ה ניסן
הַיּוֹם עֲשָׂרָה יָמִים שֶׁהֵם שָׁבוּעַ אֶחָד וּשְׁלֹשָׁה יָמִים לָעוֹמֶר: נ
תִּפְאֶרֶת שֶׁבִּגְבוּרָה דרכך עמך

אור לכ"ו ניסן
הַיּוֹם אַחַד עָשָׂר יוֹם שֶׁהֵם שָׁבוּעַ אֶחָד וְאַרְבָּעָה יָמִים לָעוֹמֶר: ו
נֶצַח שֶׁבִּגְבוּרָה בכל שגבנו

אור לכ"ז ניסן
הַיּוֹם שְׁנֵים עָשָׂר יוֹם שֶׁהֵם שָׁבוּעַ אֶחָד וַחֲמִשָּׁה יָמִים לָעוֹמֶר: ל
הוֹד שֶׁבִּגְבוּרָה גוים טהרנו

אור לכ"ח ניסן
הַיּוֹם שְׁלֹשָׁה עָשָׂר יוֹם שֶׁהֵם שָׁבוּעַ אֶחָד וְשִׁשָּׁה יָמִים לָעוֹמֶר: א
יְסוֹד שֶׁבִּגְבוּרָה ישועתך נורא

אור לכ"ט ניסן
הַיּוֹם אַרְבָּעָה עָשָׂר יוֹם שֶׁהֵם שְׁנֵי שָׁבוּעוֹת לָעוֹמֶר: מ
מַלְכוּת שֶׁבִּגְבוּרָה יודוך קר"ע שט"ן

אור לל' ניסן
הַיּוֹם חֲמִשָּׁה עָשָׂר יוֹם שֶׁהֵם שְׁנֵי שָׁבוּעוֹת וְיוֹם אֶחָד לָעוֹמֶר: י
חֶסֶד שֶׁבְּתִפְאֶרֶת עמים נא

אור לא' אייר
הַיּוֹם שִׁשָּׁה עָשָׂר יוֹם שֶׁהֵם שְׁנֵי שָׁבוּעוֹת וּשְׁנֵי יָמִים לָעוֹמֶר: ם
גְּבוּרָה שֶׁבְּתִפְאֶרֶת אלהים גבור

אור לב' אייר
הַיּוֹם שִׁבְעָה עָשָׂר יוֹם שֶׁהֵם שְׁנֵי שָׁבוּעוֹת וּשְׁלֹשָׁה יָמִים לָעוֹמֶר: כ
תִּפְאֶרֶת שֶׁבְּתִפְאֶרֶת יודוך דורשי

אור לג' אייר
הַיּוֹם שְׁמוֹנָה עָשָׂר יוֹם שֶׁהֵם שְׁנֵי שָׁבוּעוֹת וְאַרְבָּעָה יָמִים לָעוֹמֶר: י
נֶצַח שֶׁבְּתִפְאֶרֶת עמים יחודך

אור לד' אייר
הַיּוֹם תִּשְׁעָה עָשָׂר יוֹם שֶׁהֵם שְׁנֵי שָׁבוּעוֹת וַחֲמִשָּׁה יָמִים לָעוֹמֶר: ת
הוֹד שֶׁבְּתִפְאֶרֶת כולם כבבת

אור לה' אייר
הַיּוֹם עֶשְׂרִים יוֹם שֶׁהֵם שְׁנֵי שָׁבוּעוֹת וְשִׁשָּׁה יָמִים לָעוֹמֶר: ש
יְסוֹד שֶׁבְּתִפְאֶרֶת ישמחו שמרם

אור לו' אייר
הַיּוֹם אֶחָד וְעֶשְׂרִים יוֹם שֶׁהֵם שְׁלֹשָׁה שָׁבוּעוֹת לָעוֹמֶר: פ
מַלְכוּת שֶׁבְּתִפְאֶרֶת וירננו נג"ד יכ"ש

אור לז' אייר
הַיּוֹם שְׁנַיִם וְעֶשְׂרִים יוֹם שֶׁהֵם שְׁלֹשָׁה שָׁבוּעוֹת וְיוֹם אֶחָד לָעוֹמֶר: ו
חֶסֶד שֶׁבְּנֶצַח לאומים ברכם

COUNTING THE OMER

LAWS OF COUNTING THE OMER

The Omer is counted from the second night of Pesach through the night before Shavuot. • It is best to count the Omer at nightfall, immediately after the evening prayer. However, one may count at any time throughout the night. • After sunset, one should avoid saying, "Today is the... day" before first reciting the blessing—e.g., in response to someone who asks—for if he does so, he has already fulfilled his obligation. If, however, he only said the number of days without prefacing it with "Today is...," he has not fulfilled his obligation and may recite the blessing. Nevertheless, it is best to reply with the number of days counted on the previous day. • If one forgot to count at night, he should count during the day without a blessing, and may count with a blessing on the subsequent nights. If he forgot to count during the day as well, he must count on the rest of the nights without a blessing. If one is in doubt as to whether he had counted on the previous night, and did not count during the day, he may continue counting with a blessing. • Before counting the Omer, one should not begin eating (even a light meal) within half an hour before sunset.

The chazzan recites the blessing and counts the Omer, followed by the congregation. The Omer is counted standing. While counting the Omer, bear in mind: the corresponding *sefirah* of that night; one word from the Psalm *May God be gracious*; one letter from the verse *The nations will rejoice*; and one word from *We implore You* (as indicated in Hebrew).

בָּרוּךְ Blessed are You, Lord our God, King of the Universe, who has sanctified us with His commandments, and commanded us concerning the counting of the Omer.

Count the appropriate Omer, and continue with *May the Merciful One* on page 48.

The eve of the 16th of Nissan.
Today is one day of the Omer. Chesed ShebeChesed

The eve of the 17th of Nissan.
Today is two days of the Omer. Gevurah ShebeChesed

The eve of the 18th of Nissan.
Today is three days of the Omer. Tiferes ShebeChesed

The eve of the 19th of Nissan.
Today is four days of the Omer. Netzach ShebeChesed

The eve of the 20th of Nissan.
Today is five days of the Omer. Hod ShebeChesed

The eve of the 21st of Nissan.
Today is six days of the Omer. Yesod ShebeChesed

The eve of the 22nd of Nissan.
Today is seven days, which is one week of the Omer.
Malchus ShebeChesed

COUNTING THE OMER

LAWS OF COUNTING THE OMER

The Omer is counted from the second night of Pesach through the night before Shavuot. • It is best to count the Omer at nightfall, immediately after the evening prayer. However, one may count at any time throughout the night. • After sunset, one should avoid saying, "Today is the... day" before first reciting the blessing—e.g., in response to someone who asks—for if he does so, he has already fulfilled his obligation. If, however, he only said the number of days without prefacing it with "Today is...," he has not fulfilled his obligation and may recite the blessing. Nevertheless, it is best to reply with the number of days counted on the previous day. • If one forgot to count at night, he should count during the day without a blessing, and may count with a blessing on the subsequent nights. If he forgot to count during the day as well, he must count on the rest of the nights without a blessing. If one is in doubt as to whether he had counted on the previous night, and did not count during the day, he may continue counting with a blessing. • Before counting the Omer, one should not begin eating (even a light meal) within half an hour before sunset.

The chazzan recites the blessing and counts the Omer, followed by the congregation. The Omer is counted standing. While counting the Omer, bear in mind: the corresponding *sefirah* of that night; one word from the Psalm אֱלֹהִים יְחָנֵּנוּ; one letter from the verse יִשְׂמְחוּ; and one word from אָנָּא בְּכֹחַ (as indicated).

בָּרוּךְ אַתָּה יְיָ אֱלֹהֵינוּ מֶלֶךְ הָעוֹלָם, אֲשֶׁר קִדְּשָׁנוּ בְּמִצְוֹתָיו, וְצִוָּנוּ עַל סְפִירַת הָעֹמֶר:

Count the appropriate Omer, and continue with הָרַחֲמָן on page 48.

אור לט"ז ניסן
הַיּוֹם יוֹם אֶחָד לָעֹמֶר: — י
חֶסֶד שֶׁבְּחֶסֶד — אלהים אנא

אור לי"ז ניסן
הַיּוֹם שְׁנֵי יָמִים לָעֹמֶר: — ש
גְּבוּרָה שֶׁבְּחֶסֶד — יחננו בכח

אור לי"ח ניסן
הַיּוֹם שְׁלֹשָׁה יָמִים לָעֹמֶר: — מ
תִּפְאֶרֶת שֶׁבְּחֶסֶד — ויברכנו גדולת

אור לי"ט ניסן
הַיּוֹם אַרְבָּעָה יָמִים לָעֹמֶר: — ח
נֶצַח שֶׁבְּחֶסֶד — יאר ימינך

אור לכ' ניסן
הַיּוֹם חֲמִשָּׁה יָמִים לָעֹמֶר: — ו
הוֹד שֶׁבְּחֶסֶד — פניו תתיר

אור לכ"א ניסן
הַיּוֹם שִׁשָּׁה יָמִים לָעֹמֶר: — ו
יְסוֹד שֶׁבְּחֶסֶד — אתנו צרורה

אור לכ"ב ניסן
הַיּוֹם שִׁבְעָה יָמִים שֶׁהֵם שָׁבוּעַ אֶחָד לָעֹמֶר: — י
מַלְכוּת שֶׁבְּחֶסֶד — סלה אב"ג ית"ץ

all eternity You will reign in glory, as it is written in Your Torah: The Lord will reign forever and ever.[1] And it is said: The Lord will be King over the entire earth; on that day the Lord will be One and His Name One.[2]

MOURNER'S KADDISH

Mourners recite the following Kaddish.
Congregation responds Amen as indicated.

יִתְגַּדַּל *Yis-gadal v'yis-kadash sh'mayh rabö.* (Cong: *Ömayn*)

B'öl'mö di v'rö chir'u-sayh v'yamlich mal'chusayh, v'yatzmach pur-könayh vikörayv m'shi-chayh. (Cong: *Ömayn*)

B'cha-yay-chon u-v'yomaychon u-v'cha-yay d'chöl bays yisrö-ayl, ba-agölö u-viz'man köriv v'im'ru ömayn.

(Cong: *Ömayn. Y'hay sh'mayh rabö m'vörach l'ölam u-l'öl'may öl'ma-yö, yisböraych.*)

Y'hay sh'mayh rabö m'vörach l'ölam u-l'öl'may öl'ma-yö. Yisböraych, v'yishtabach, v'yispö-ayr, v'yisromöm, v'yis-nasay, v'yis-hadör, v'yis-aleh, v'yis-halöl, sh'may d'kudshö b'rich hu. (Cong: *Ömayn*)

L'aylö min köl bir-chösö v'shirösö, tush-b'chösö v'neche-mösö, da-amirön b'öl'mö, v'im'ru ömayn. (Cong: *Ömayn*)

Y'hay sh'lömö rabö min sh'ma-yö, v'cha-yim tovim ölaynu v'al köl yisrö-ayl v'im'ru ömayn. (Cong: *Ömayn*)

Take three steps back, then bow right saying *Oseh shölom bim'romöv*, bow forward saying *hu*, bow left saying *ya-aseh shölom ölaynu*, and bow forward saying *v'al köl yisrö-ayl, v'im'ru ömayn.*

From Rosh Hashanah through Yom Kippur, substitute *ha-shölom* for *shölom.*

Oseh (ha-shölom) shölom bim'romöv, hu ya-a-se shölom ölaynu v'al köl yisrö-ayl, v'im'ru ömayn. (Cong: *Ömayn*)

אַל Do not fear sudden terror, nor the destruction of the wicked when it comes.[3] Contrive a scheme, but it will be foiled; conspire a plot, but it will not materialize, for God is with us.[4] To your old age I am [with you]; to your hoary years I will sustain you; I have made you, and I will carry you; I will sustain you and deliver you.[5]

אַךְ Indeed, the righteous will extol Your Name; the upright will dwell in Your presence.[6]

Mourners recite Kaddish D'Rabbanan after Mishnayot, page 87.

תִּמְלוֹךְ בְּכָבוֹד, כַּכָּתוּב בְּתוֹרָתֶךָ: יְיָ יִמְלֹךְ לְעֹלָם וָעֶד:[1] וְנֶאֱמַר: וְהָיָה יְיָ לְמֶלֶךְ עַל כָּל הָאָרֶץ, בַּיּוֹם הַהוּא יִהְיֶה יְיָ אֶחָד וּשְׁמוֹ אֶחָד:[2]

MOURNER'S KADDISH

Mourners recite the following Kaddish.
Congregation responds אָמֵן as indicated.

יִתְגַּדַּל וְיִתְקַדַּשׁ שְׁמֵהּ רַבָּא. (Cong—אָמֵן) בְּעָלְמָא דִּי בְרָא כִרְעוּתֵהּ וְיַמְלִיךְ מַלְכוּתֵהּ, וְיַצְמַח פּוּרְקָנֵהּ וִיקָרֵב מְשִׁיחֵהּ. (Cong—אָמֵן) בְּחַיֵּיכוֹן וּבְיוֹמֵיכוֹן וּבְחַיֵּי דְכָל בֵּית יִשְׂרָאֵל, בַּעֲגָלָא וּבִזְמַן קָרִיב וְאִמְרוּ אָמֵן:

(Cong—אָמֵן. יְהֵא שְׁמֵהּ רַבָּא מְבָרַךְ לְעָלַם וּלְעָלְמֵי עָלְמַיָּא, יִתְבָּרַךְ.)

יְהֵא שְׁמֵהּ רַבָּא מְבָרַךְ לְעָלַם וּלְעָלְמֵי עָלְמַיָּא. יִתְבָּרַךְ, וְיִשְׁתַּבַּח, וְיִתְפָּאַר, וְיִתְרוֹמַם, וְיִתְנַשֵּׂא, וְיִתְהַדָּר וְיִתְעַלֶּה, וְיִתְהַלָּל, שְׁמֵהּ דְּקוּדְשָׁא בְּרִיךְ הוּא. (Cong—אָמֵן) לְעֵלָּא מִן כָּל בִּרְכָתָא וְשִׁירָתָא, תֻּשְׁבְּחָתָא וְנֶחֱמָתָא, דַּאֲמִירָן בְּעָלְמָא, וְאִמְרוּ אָמֵן: (Cong—אָמֵן) יְהֵא שְׁלָמָא רַבָּא מִן שְׁמַיָּא וְחַיִּים טוֹבִים עָלֵינוּ וְעַל כָּל יִשְׂרָאֵל, וְאִמְרוּ אָמֵן: (Cong—אָמֵן)

Take three steps back, then bow right saying עֹשֶׂה שָׁלוֹם בִּמְרוֹמָיו, bow forward saying הוּא, bow left saying יַעֲשֶׂה שָׁלוֹם עָלֵינוּ, and bow forward saying וְעַל כָּל יִשְׂרָאֵל, וְאִמְרוּ אָמֵן.

From Rosh Hashanah through Yom Kippur, substitute הַשָּׁלוֹם for שָׁלוֹם.

עֹשֶׂה (הַשָּׁלוֹם) שָׁלוֹם בִּמְרוֹמָיו, הוּא יַעֲשֶׂה שָׁלוֹם עָלֵינוּ וְעַל כָּל יִשְׂרָאֵל, וְאִמְרוּ אָמֵן: (Cong—אָמֵן)

אַל תִּירָא מִפַּחַד פִּתְאֹם, וּמִשֹּׁאַת רְשָׁעִים כִּי תָבֹא:[3] עֻצוּ עֵצָה וְתֻפָר, דַּבְּרוּ דָבָר וְלֹא יָקוּם, כִּי עִמָּנוּ אֵל:[4] וְעַד זִקְנָה אֲנִי הוּא, וְעַד שֵׂיבָה אֲנִי אֶסְבֹּל; אֲנִי עָשִׂיתִי וַאֲנִי אֶשָּׂא וַאֲנִי אֶסְבֹּל וַאֲמַלֵּט:[5]

אַךְ צַדִּיקִים יוֹדוּ לִשְׁמֶךָ, יֵשְׁבוּ יְשָׁרִים אֶת פָּנֶיךָ:[6]

Mourners recite Kaddish D'Rabbanan after Mishnayot, page 87.

1. Exodus 15:18. 2. Zechariah 14:9. 3. Proverbs 3:25. 4. Isaiah 8:10. 5. Ibid. 46:4. 6. Psalms 140:14.

Take three steps back, then bow right saying *He who makes peace in His Heavens*, bow forward saying *may He*, bow left saying *make peace for us*, and bow forward saying *and for all Israel; and say, Amen.*

From Rosh Hashanah through Yom Kippur substitute *the peace* for *peace.*

He who makes (the) peace in His heavens, may He make peace for us and for all Israel; and say, Amen.
(Cong: Amen.)

On Purim, the Megillah is read at this point, page 85. On Tishah b'Av, Eichah is read and Kinot are recited at this point.

From the second night of Pesach through Shavuot, the Omer is counted, page 45.

Stand while reciting *Aleinu.*

עָלֵינוּ It is incumbent upon us to praise the Master of all things, to exalt the Creator of all existence, that He has not made us like the nations of the world, nor caused us to be like the families of the earth; that He has not assigned us a portion like theirs, nor a lot like that of all their multitudes, for they bow to vanity and nothingness. But we bend the knee, bow down, and offer praise before the supreme King of kings, the Holy One, blessed be He, who stretches forth the heavens and establishes the earth, the seat of whose glory is in the heavens above, and the abode of whose majesty is in the loftiest heights. He is our God; there is none else. Truly, He is our King; there is nothing besides Him, as it is written in His Torah:[1] Know this day and take unto your heart that the Lord is God; in the heavens above and upon the earth below there is nothing else.[2]

וְעַל And therefore we hope to You, Lord our God, that we may speedily behold the splendor of Your might, to banish idolatry from the earth—and false gods will be utterly destroyed; to perfect the world under the sovereignty of the Almighty. All mankind shall invoke Your Name, to turn to You all the wicked of the earth. Then all the inhabitants of the world will recognize and know that every knee should bend to You, every tongue should swear [by Your Name]. Before You, Lord our God, they will bow and prostrate themselves, and give honor to the glory of Your Name; and they will all take upon themselves the yoke of Your kingdom. May You soon reign over them forever and ever, for kingship is Yours, and to

Take three steps back, then bow right saying עֹשֶׂה שָׁלוֹם בִּמְרוֹמָיו, bow forward saying הוּא, bow left saying יַעֲשֶׂה שָׁלוֹם עָלֵינוּ, and bow forward saying וְעַל כָּל יִשְׂרָאֵל, וְאִמְרוּ אָמֵן.

From Rosh Hashanah through Yom Kippur, substitute הַשָּׁלוֹם for שָׁלוֹם.

עֹשֶׂה (הַשָּׁלוֹם) שָׁלוֹם בִּמְרוֹמָיו, הוּא יַעֲשֶׂה שָׁלוֹם עָלֵינוּ וְעַל כָּל יִשְׂרָאֵל, וְאִמְרוּ אָמֵן: (Cong—אָמֵן)

On Purim, the Megillah is read at this point, page 85. On Tishah b'Av, Eichah is read and Kinot are recited at this point.

From the second night of Pesach through Shavuot, the Omer is counted, page 45.

Stand while reciting עָלֵינוּ.

עָלֵינוּ לְשַׁבֵּחַ לַאֲדוֹן הַכֹּל, לָתֵת גְּדֻלָּה לְיוֹצֵר בְּרֵאשִׁית, שֶׁלֹּא עָשָׂנוּ כְּגוֹיֵי הָאֲרָצוֹת, וְלֹא שָׂמָנוּ כְּמִשְׁפְּחוֹת הָאֲדָמָה, שֶׁלֹּא שָׂם חֶלְקֵנוּ כָּהֶם, וְגוֹרָלֵנוּ כְּכָל הֲמוֹנָם, שֶׁהֵם מִשְׁתַּחֲוִים לְהֶבֶל וָרִיק. וַאֲנַחְנוּ כּוֹרְעִים וּמִשְׁתַּחֲוִים וּמוֹדִים לִפְנֵי מֶלֶךְ מַלְכֵי הַמְּלָכִים, הַקָּדוֹשׁ בָּרוּךְ הוּא. שֶׁהוּא נוֹטֶה שָׁמַיִם וְיוֹסֵד אָרֶץ, וּמוֹשַׁב יְקָרוֹ בַּשָּׁמַיִם מִמַּעַל, וּשְׁכִינַת עֻזּוֹ בְּגָבְהֵי מְרוֹמִים. הוּא אֱלֹהֵינוּ אֵין עוֹד, אֱמֶת מַלְכֵּנוּ, אֶפֶס זוּלָתוֹ, כַּכָּתוּב בְּתוֹרָתוֹ:[1] וְיָדַעְתָּ הַיּוֹם וַהֲשֵׁבֹתָ אֶל לְבָבֶךָ, כִּי יְיָ הוּא הָאֱלֹהִים, בַּשָּׁמַיִם מִמַּעַל וְעַל הָאָרֶץ מִתָּחַת, אֵין עוֹד:[2]

וְעַל כֵּן נְקַוֶּה לְּךָ יְיָ אֱלֹהֵינוּ, לִרְאוֹת מְהֵרָה בְּתִפְאֶרֶת עֻזֶּךָ, לְהַעֲבִיר גִּלּוּלִים מִן הָאָרֶץ, וְהָאֱלִילִים כָּרוֹת יִכָּרֵתוּן, לְתַקֵּן עוֹלָם בְּמַלְכוּת שַׁדַּי, וְכָל בְּנֵי בָשָׂר יִקְרְאוּ בִשְׁמֶךָ, לְהַפְנוֹת אֵלֶיךָ כָּל רִשְׁעֵי אָרֶץ. יַכִּירוּ וְיֵדְעוּ כָּל יוֹשְׁבֵי תֵבֵל, כִּי לְךָ תִּכְרַע כָּל בֶּרֶךְ, תִּשָּׁבַע כָּל לָשׁוֹן. לְפָנֶיךָ יְיָ אֱלֹהֵינוּ יִכְרְעוּ וְיִפֹּלוּ, וְלִכְבוֹד שִׁמְךָ יְקָר יִתֵּנוּ. וִיקַבְּלוּ כֻלָּם עֲלֵיהֶם אֶת עוֹל מַלְכוּתֶךָ, וְתִמְלוֹךְ עֲלֵיהֶם מְהֵרָה לְעוֹלָם וָעֶד. כִּי הַמַּלְכוּת שֶׁלְּךָ הִיא, וּלְעוֹלְמֵי עַד

1. Deuteronomy 4:39. 2. For further elucidation, see Tanya, Part II, ch. 6.

we call.[1] Blessed is He, our God, who has created us for His glory, and has set us apart from those who go astray, and has given us the Torah of truth and implanted within us eternal life. May He open our heart to His Torah, instill in our heart love and awe of Him, and [inspire us] to do His will and serve Him with a perfect heart, so that we shall not labor in vain, nor produce [that which will cause] dismay.[2] And so, may it be Your will, Lord our God and God of our fathers, that we observe Your statutes in this world, and merit to live, to behold, and to inherit the goodness and blessing of the Messianic era and the life of the World to Come. Therefore my soul shall sing to You, and not be silent; Lord my God, I will praise You forever.[3] Blessed is the man who trusts in the Lord, and the Lord will be his security.[4] Trust in the Lord forever and ever, for in God the Lord is the strength of the worlds.[5] Those who know Your Name put their trust in You, for You, Lord, have not abandoned those who seek You.[6] The Lord desired, for the sake of his [Israel's] righteousness, to make the Torah great and glorious.[7]

Chazzan recites Complete Kaddish.[8] Congregation responds Amen as indicated.

יִתְגַּדַּל Exalted and hallowed be His great Name (Cong: Amen.) throughout the world which He has created according to His will. May He establish His kingship, bring forth His redemption and hasten the coming of His Mashiach (Cong: Amen.) in your lifetime and in your days and in the lifetime of the entire House of Israel, speedily and soon, and say, Amen.

(Cong: Amen. May His great Name be blessed forever and to all eternity. Blessed.)

May His great Name be blessed forever and to all eternity. Blessed and praised, glorified, exalted and extolled, honored, adored and lauded be the Name of the Holy One, blessed be He, (Cong: Amen.) beyond all the blessings, hymns, praises and consolations that are uttered in the world; and say, Amen. (Cong: Amen.)

May the prayers and supplications of the entire House of Israel be accepted before their Father in heaven; and say, Amen. (Cong: Amen.) May there be abundant peace from heaven, and a good life for us and for all Israel; and say, Amen. (Cong: Amen.)

הוֹשִׁיעָה, הַמֶּלֶךְ יַעֲנֵנוּ בְיוֹם קָרְאֵנוּ.[1] בָּרוּךְ הוּא אֱלֹהֵינוּ שֶׁבְּרָאָנוּ לִכְבוֹדוֹ, וְהִבְדִּילָנוּ מִן הַתּוֹעִים, וְנָתַן לָנוּ תּוֹרַת אֱמֶת, וְחַיֵּי עוֹלָם נָטַע בְּתוֹכֵנוּ, הוּא יִפְתַּח לִבֵּנוּ בְּתוֹרָתוֹ, וְיָשֵׂם בְּלִבֵּנוּ אַהֲבָתוֹ וְיִרְאָתוֹ, וְלַעֲשׂוֹת רְצוֹנוֹ וּלְעָבְדוֹ בְּלֵבָב שָׁלֵם, לְמַעַן לֹא נִיגַע לָרִיק, וְלֹא נֵלֵד לַבֶּהָלָה.[2] וּבְכֵן יְהִי רָצוֹן מִלְּפָנֶיךָ יְיָ אֱלֹהֵינוּ וֵאלֹהֵי אֲבוֹתֵינוּ, שֶׁנִּשְׁמוֹר חֻקֶּיךָ בָּעוֹלָם הַזֶּה, וְנִזְכֶּה וְנִחְיֶה וְנִרְאֶה, וְנִירַשׁ טוֹבָה וּבְרָכָה, לִשְׁנֵי יְמוֹת הַמָּשִׁיחַ וּלְחַיֵּי הָעוֹלָם הַבָּא. לְמַעַן יְזַמֶּרְךָ כָבוֹד וְלֹא יִדֹּם, יְיָ אֱלֹהַי לְעוֹלָם אוֹדֶךָּ.[3] בָּרוּךְ הַגֶּבֶר אֲשֶׁר יִבְטַח בַּייָ, וְהָיָה יְיָ מִבְטַחוֹ.[4] בִּטְחוּ בַייָ עֲדֵי עַד, כִּי בְּיָהּ יְיָ צוּר עוֹלָמִים.[5] וְיִבְטְחוּ בְךָ יוֹדְעֵי שְׁמֶךָ, כִּי לֹא עָזַבְתָּ דֹּרְשֶׁיךָ יְיָ.[6] יְיָ חָפֵץ לְמַעַן צִדְקוֹ, יַגְדִּיל תּוֹרָה וְיַאְדִּיר:[7]

Chazzan recites Complete Kaddish.[8] Congregation responds אָמֵן as indicated.

יִתְגַּדַּל וְיִתְקַדַּשׁ שְׁמֵהּ רַבָּא. (Cong—אָמֵן) בְּעָלְמָא דִּי בְרָא כִרְעוּתֵהּ וְיַמְלִיךְ מַלְכוּתֵהּ, וְיַצְמַח פּוּרְקָנֵהּ וִיקָרֵב מְשִׁיחֵהּ. (Cong—אָמֵן) בְּחַיֵּיכוֹן וּבְיוֹמֵיכוֹן וּבְחַיֵּי דְכָל בֵּית יִשְׂרָאֵל, בַּעֲגָלָא וּבִזְמַן קָרִיב וְאִמְרוּ אָמֵן:

(Cong—אָמֵן. יְהֵא שְׁמֵהּ רַבָּא מְבָרַךְ לְעָלַם וּלְעָלְמֵי עָלְמַיָּא, יִתְבָּרַךְ.)

יְהֵא שְׁמֵהּ רַבָּא מְבָרַךְ לְעָלַם וּלְעָלְמֵי עָלְמַיָּא. יִתְבָּרַךְ, וְיִשְׁתַּבַּח, וְיִתְפָּאַר, וְיִתְרוֹמַם, וְיִתְנַשֵּׂא, וְיִתְהַדָּר וְיִתְעַלֶּה, וְיִתְהַלָּל, שְׁמֵהּ דְּקֻדְשָׁא בְּרִיךְ הוּא. (Cong—אָמֵן) לְעֵלָּא מִן כָּל בִּרְכָתָא וְשִׁירָתָא, תֻּשְׁבְּחָתָא וְנֶחֱמָתָא, דַּאֲמִירָן בְּעָלְמָא, וְאִמְרוּ אָמֵן: (Cong—אָמֵן)

תִּתְקַבֵּל צְלוֹתְהוֹן וּבָעוּתְהוֹן דְּכָל בֵּית יִשְׂרָאֵל, קֳדָם אֲבוּהוֹן דִּי בִשְׁמַיָּא, וְאִמְרוּ אָמֵן: (Cong—אָמֵן) יְהֵא שְׁלָמָא רַבָּא מִן שְׁמַיָּא וְחַיִּים טוֹבִים עָלֵינוּ וְעַל כָּל יִשְׂרָאֵל, וְאִמְרוּ אָמֵן: (Cong—אָמֵן)

---

1. Psalms 20:10. **2.** Cf. Isaiah 65:23. **3.** Psalms 30:13. **4.** Jeremiah 17:7. **5.** Isaiah 26:4. **6.** Psalms 9:11. **7.** Isaiah 42:21. **8.** On Purim after the Megillah reading, and on Tishah b'Av, after the reading of Eichah, omit the sentence תִּתְקַבֵּל.

of the night, nor the arrow that flies by day; the pestilence that prowls in the darkness, nor the destruction that ravages at noon. A thousand may fall at your [left] side, and ten thousand at your right, but it shall not reach you. You need only look with your eyes, and you will see the retribution of the wicked. Because you [have said,] "The Lord is my shelter," and you have made the Most High your haven, no evil will befall you, no plague will come near your tent. For He will instruct His angels in your behalf, to guard you in all your ways. They will carry you in their hands, lest you hurt your foot on a rock. You will tread upon the lion and the viper; you will trample upon the young lion and the serpent. Because he desires Me, I will deliver him; I will fortify him, for he knows My Name. When he calls on Me, I will answer him; I am with him in distress, I will deliver him and honor him. I will satisfy him with long life, and show him My deliverance.[1] I will satisfy him with long life, and show him My deliverance.

וְאַתָּה And You, holy One, are enthroned upon the praises of Israel.[2] And [the angels] call to one another and say, "Holy, holy, holy is the Lord of hosts; the whole earth is full of His glory."[3] And they receive [sanction] one from the other and say, "Holy in the loftiest, most sublime heavens, the abode of His Divine Presence; holy upon earth, the work of His might; holy forever and to all eternity—is the Lord of hosts; the whole earth is filled with the radiance of His glory."[4] And a wind lifted me, and I heard behind me a great, roaring sound, "Blessed be the glory of the Lord from its place."[5] And a wind lifted me, and I heard behind me a mighty, thunderous sound of those who utter praises and say, "Blessed be the glory of the Lord from the place, the abode of His Divine Presence.[4] The Lord will reign forever and ever.[6] The sovereignty of the Lord is established forever and to all eternity.[7] Lord, God of Abraham, Isaac and Israel our fathers, keep this forever as the desire, the intention, of the hearts of Your people and turn their hearts to You.[8] And He, being compassionate, pardons iniquity, and does not destroy; time and again He turns away His anger and does not arouse all His wrath.[9] For You, my Lord, are good and forgiving, and exceedingly kind to all who call upon You.[10] Your righteousness is everlasting righteousness; Your Torah is truth.[11] You grant truth to Jacob, kindness to Abraham, as You have sworn to our fathers from the days of yore.[12] Blessed is the Lord who each day loads us [with beneficence], the God who is our deliverance forever.[13] The Lord of hosts is with us; the God of Jacob is our eternal stronghold.[14] Lord of hosts, happy is the man who trusts in you.[15] Lord deliver us; may the King answer us on the day

לֹא תִירָא מִפַּחַד לָיְלָה, מֵחֵץ יָעוּף יוֹמָם: מִדֶּבֶר בָּאֹפֶל יַהֲלֹךְ, מִקֶּטֶב יָשׁוּד צָהֳרָיִם: יִפֹּל מִצִּדְּךָ אֶלֶף וּרְבָבָה מִימִינֶךָ, אֵלֶיךָ לֹא יִגָּשׁ: רַק בְּעֵינֶיךָ תַבִּיט, וְשִׁלֻּמַת רְשָׁעִים תִּרְאֶה: כִּי אַתָּה יְיָ מַחְסִי, עֶלְיוֹן שַׂמְתָּ מְעוֹנֶךָ: לֹא תְאֻנֶּה אֵלֶיךָ רָעָה, וְנֶגַע לֹא יִקְרַב בְּאָהֳלֶךָ: כִּי מַלְאָכָיו יְצַוֶּה לָּךְ, לִשְׁמָרְךָ בְּכָל דְּרָכֶיךָ: עַל כַּפַּיִם יִשָּׂאוּנְךָ, פֶּן תִּגֹּף בָּאֶבֶן רַגְלֶךָ: עַל שַׁחַל וָפֶתֶן תִּדְרֹךְ, תִּרְמֹס כְּפִיר וְתַנִּין: כִּי בִי חָשַׁק וַאֲפַלְּטֵהוּ, אֲשַׂגְּבֵהוּ כִּי יָדַע שְׁמִי: יִקְרָאֵנִי וְאֶעֱנֵהוּ, עִמּוֹ אָנֹכִי בְצָרָה, אֲחַלְּצֵהוּ וַאֲכַבְּדֵהוּ: אֹרֶךְ יָמִים אַשְׂבִּיעֵהוּ, וְאַרְאֵהוּ בִּישׁוּעָתִי:[1] אֹרֶךְ יָמִים אַשְׂבִּיעֵהוּ, וְאַרְאֵהוּ בִּישׁוּעָתִי:

וְאַתָּה קָדוֹשׁ, יוֹשֵׁב תְּהִלּוֹת יִשְׂרָאֵל.[2] וְקָרָא זֶה אֶל זֶה וְאָמַר:

קָדוֹשׁ ׀ קָדוֹשׁ קָדוֹשׁ יְיָ צְבָאוֹת, מְלֹא כָל הָאָרֶץ כְּבוֹדוֹ.[3]

וּמְקַבְּלִין דֵּין מִן דֵּין וְאָמְרִין: קַדִּישׁ בִּשְׁמֵי מְרוֹמָא עִלָּאָה בֵּית שְׁכִינְתֵּהּ, קַדִּישׁ עַל אַרְעָא עוֹבַד גְּבוּרְתֵּהּ, קַדִּישׁ לְעָלַם וּלְעָלְמֵי עָלְמַיָּא, יְיָ צְבָאוֹת, מַלְיָא כָל אַרְעָא זִיו יְקָרֵהּ.[4] וַתִּשָּׂאֵנִי רוּחַ, וָאֶשְׁמַע אַחֲרַי קוֹל רַעַשׁ גָּדוֹל, בָּרוּךְ כְּבוֹד יְיָ מִמְּקוֹמוֹ.[5] וּנְטָלַתְנִי רוּחָא וּשְׁמָעִית בַּתְרַי קָל זִיעַ סַגִּיא דִּמְשַׁבְּחִין וְאָמְרִין, בְּרִיךְ יְקָרָא דַייָ מֵאֲתַר בֵּית שְׁכִינְתֵּהּ.[4] יְיָ יִמְלֹךְ לְעֹלָם וָעֶד.[6] יְיָ מַלְכוּתֵהּ קָאֵם לְעָלַם וּלְעָלְמֵי עָלְמַיָּא.[7] יְיָ אֱלֹהֵי אַבְרָהָם יִצְחָק וְיִשְׂרָאֵל אֲבוֹתֵינוּ, שָׁמְרָה זֹּאת לְעוֹלָם, לְיֵצֶר מַחְשְׁבוֹת לְבַב עַמֶּךָ, וְהָכֵן לְבָבָם אֵלֶיךָ.[8] וְהוּא רַחוּם, יְכַפֵּר עָוֹן וְלֹא יַשְׁחִית, וְהִרְבָּה לְהָשִׁיב אַפּוֹ, וְלֹא יָעִיר כָּל חֲמָתוֹ.[9] כִּי אַתָּה אֲדֹנָי טוֹב וְסַלָּח, וְרַב חֶסֶד לְכָל קֹרְאֶיךָ.[10] צִדְקָתְךָ צֶדֶק לְעוֹלָם, וְתוֹרָתְךָ אֱמֶת.[11] תִּתֵּן אֱמֶת לְיַעֲקֹב חֶסֶד לְאַבְרָהָם, אֲשֶׁר נִשְׁבַּעְתָּ לַאֲבֹתֵינוּ מִימֵי קֶדֶם.[12] בָּרוּךְ אֲדֹנָי, יוֹם יוֹם יַעֲמָס לָנוּ, הָאֵל יְשׁוּעָתֵנוּ סֶלָה.[13] יְיָ צְבָאוֹת עִמָּנוּ, מִשְׂגָּב לָנוּ אֱלֹהֵי יַעֲקֹב סֶלָה.[14] יְיָ צְבָאוֹת, אַשְׁרֵי אָדָם בֹּטֵחַ בָּךְ.[15] יְיָ

---

1. Psalm 91. **2.** Ibid. 22:4. **3.** Isaiah 6:3. **4.** This sentence is the paraphrase of the preceding Scriptural verse in Targum Yonatan. **5.** Ezekiel 3:12. **6.** Exodus 15:18. **7.** This sentence is the paraphrase of the preceding Scriptural verse in Targum Onkelos. **8.** I Chronicles 29:18. **9.** Psalms 78:38. **10.** Ibid. 86:5. **11.** Ibid. 119:142. **12.** Micah 7:20. **13.** Psalms 68:20. **14.** Ibid. 46:8. **15.** Ibid. 84:13.

Take three steps back, then bow left saying *He who makes peace in His Heavens*, bow forward saying *may He*, bow right saying *make peace for us*, and bow forward saying *and for all Israel; and say, Amen.*

From Rosh Hashanah through Yom Kippur substitute *the peace* for *peace*.

עֹשֶׂה He who makes (the) peace in His heavens, may He make peace for us and for all Israel; and say, Amen.

יְהִי May it be Your will, Lord our God and God of our fathers, that the Bet Hamikdash be speedily rebuilt in our days, and grant us our portion in Your Torah.[1]

Pause momentarily and take three steps forward.
The Amidah ends here.

On weeknights, chazzan recites Complete Kaddish, page 42.

On Saturday night,[2] except when a festival occurs in the coming week, the following is added.

Chazzan recites Half Kaddish. Congregation responds Amen as indicated.

יִתְגַּדַּל Exalted and hallowed be His great Name (Cong: Amen.) throughout the world which He has created according to His will. May He establish His kingship, bring forth His redemption and hasten the coming of His Mashiach (Cong: Amen.) in your lifetime and in your days and in the lifetime of the entire House of Israel, speedily and soon, and say, Amen.

(Cong: Amen. May His great Name be blessed forever and to all eternity. Blessed.)

May His great Name be blessed forever and to all eternity. Blessed and praised, glorified, exalted and extolled, honored, adored and lauded be the Name of the Holy One, blessed be He, (Cong: Amen.) beyond all the blessings, hymns, praises and consolations that are uttered in the world; and say, Amen. (Cong: Amen.)

וִיהִי May the pleasantness of the Lord our God be upon us; establish for us the work of our hands; establish the work of our hands.[3]

יֹשֵׁב You who dwells in the shelter of the Most High, who abides in the shadow of the Omnipotent, I say [to you] of the Lord who is my refuge and my stronghold, my God in whom I trust, that He will save you from the ensnaring trap, from the destructive pestilence. He will cover you with His pinions, and you will find refuge under His wings; His truth is a shield and an armor. You will not fear the terror

Take three steps back, then bow left saying עֹשֶׂה שָׁלוֹם בִּמְרוֹמָיו, bow forward saying הוּא, bow right saying יַעֲשֶׂה שָׁלוֹם עָלֵינוּ, and bow forward saying וְעַל כָּל יִשְׂרָאֵל, וְאִמְרוּ אָמֵן.

From Rosh Hashanah through Yom Kippur, substitute הַשָּׁלוֹם for שָׁלוֹם.

עֹשֶׂה (הַשָּׁלוֹם) שָׁלוֹם בִּמְרוֹמָיו, הוּא יַעֲשֶׂה שָׁלוֹם עָלֵינוּ וְעַל כָּל יִשְׂרָאֵל, וְאִמְרוּ אָמֵן:

יְהִי רָצוֹן מִלְּפָנֶיךָ, יְיָ אֱלֹהֵינוּ וֵאלֹהֵי אֲבוֹתֵינוּ, שֶׁיִּבָּנֶה בֵּית הַמִּקְדָּשׁ בִּמְהֵרָה בְיָמֵינוּ, וְתֵן חֶלְקֵנוּ בְּתוֹרָתֶךָ:[1]

Pause momentarily and take three steps forward.
The Amidah ends here.

On weeknights, chazzan recites Complete Kaddish, page 42.

On Saturday night,[2] except when a festival occurs in the coming week, the following is added.

Chazzan recites Half Kaddish. Congregation responds אָמֵן as indicated.

יִתְגַּדַּל וְיִתְקַדַּשׁ שְׁמֵהּ רַבָּא. (Cong—אָמֵן) בְּעָלְמָא דִּי בְרָא כִרְעוּתֵהּ וְיַמְלִיךְ מַלְכוּתֵהּ, וְיַצְמַח פּוּרְקָנֵהּ וִיקָרֵב מְשִׁיחֵהּ. (Cong—אָמֵן) בְּחַיֵּיכוֹן וּבְיוֹמֵיכוֹן וּבְחַיֵּי דְכָל בֵּית יִשְׂרָאֵל, בַּעֲגָלָא וּבִזְמַן קָרִיב וְאִמְרוּ אָמֵן:

(Cong—אָמֵן. יְהֵא שְׁמֵהּ רַבָּא מְבָרַךְ לְעָלַם וּלְעָלְמֵי עָלְמַיָּא, יִתְבָּרַךְ.)

יְהֵא שְׁמֵהּ רַבָּא מְבָרַךְ לְעָלַם וּלְעָלְמֵי עָלְמַיָּא. יִתְבָּרַךְ, וְיִשְׁתַּבַּח, וְיִתְפָּאַר, וְיִתְרוֹמַם, וְיִתְנַשֵּׂא, וְיִתְהַדָּר, וְיִתְעַלֶּה, וְיִתְהַלָּל, שְׁמֵהּ דְּקוּדְשָׁא בְּרִיךְ הוּא. (Cong—אָמֵן) לְעֵלָּא מִן כָּל בִּרְכָתָא וְשִׁירָתָא, תֻּשְׁבְּחָתָא וְנֶחֱמָתָא, דַּאֲמִירָן בְּעָלְמָא, וְאִמְרוּ אָמֵן: (Cong—אָמֵן)

וִיהִי נֹעַם אֲדֹנָי אֱלֹהֵינוּ עָלֵינוּ, וּמַעֲשֵׂה יָדֵינוּ כּוֹנְנָה עָלֵינוּ, וּמַעֲשֵׂה יָדֵינוּ כּוֹנְנֵהוּ:[3]

יֹשֵׁב בְּסֵתֶר עֶלְיוֹן, בְּצֵל שַׁדַּי יִתְלוֹנָן: אֹמַר לַייָ מַחְסִי וּמְצוּדָתִי, אֱלֹהַי אֶבְטַח בּוֹ: כִּי הוּא יַצִּילְךָ מִפַּח יָקוּשׁ, מִדֶּבֶר הַוּוֹת: בְּאֶבְרָתוֹ יָסֶךְ לָךְ, וְתַחַת כְּנָפָיו תֶּחְסֶה, צִנָּה וְסֹחֵרָה אֲמִתּוֹ:

1. Avot 5:20. 2. When Purim or Tishah b'Av occurs on Saturday night, continue with Complete Kaddish, page 42. 3. Psalms 90:17.

Bend knees at Blessed; bow at You; straighten up at Lord.

Blessed are You, Lord, Beneficent is Your Name, and to You it is fitting to offer thanks.

שִׂים Bestow peace, goodness, and blessing, life, graciousness, kindness, and mercy, upon us and upon all Your people Israel. Bless us, our Father, all of us as one, with the light of Your countenance, for by the light of Your countenance You gave us, Lord our God, the Torah of life and loving-kindness, righteousness, blessing, mercy, life and peace. May it be favorable in Your eyes to bless Your people Israel, at all times and at every moment, with Your peace.

From Rosh Hashanah through Yom Kippur, add the following. (If omitted, it is not necessary to repeat the Amidah.)

וּבְסֵפֶר And in the book of life, blessing, peace, and prosperity, deliverance, consolation, and favorable decrees, may we and all Your people the House of Israel be remembered and inscribed before You for a happy life and for peace.

Blessed are You, Lord, who blesses His people Israel with peace.

יִהְיוּ May the words of my mouth and the meditation of my heart be acceptable before You, Lord, my Strength and my Redeemer.[1]

אֱלֹהַי My God, guard my tongue from evil, and my lips from speaking deceitfully.[2] Let my soul be silent to those who curse me; let my soul be as dust to all. Open my heart to Your Torah, and let my soul eagerly pursue Your commandments. As for all those who plot evil against me, hasten to annul their counsel and frustrate their design. Let them be as chaff before the wind; let the angel of the Lord thrust them away.[3] That Your beloved ones may be delivered, help with Your right hand and answer me.[4] Do it for the sake of Your Name; do it for the sake of Your right hand; do it for the sake of Your Torah; do it for the sake of Your holiness.[5] May the words of my mouth and the meditation of my heart be acceptable before You, Lord, my Strength and my Redeemer.[1]

Bend knees at בָּרוּךְ; bow at אַתָּה; straighten up at יְיָ.

בָּרוּךְ אַתָּה יְיָ, הַטּוֹב שִׁמְךָ וּלְךָ נָאֶה לְהוֹדוֹת:

שִׂים שָׁלוֹם, טוֹבָה וּבְרָכָה, חַיִּים חֵן וָחֶסֶד וְרַחֲמִים, עָלֵינוּ וְעַל כָּל יִשְׂרָאֵל עַמֶּךָ. בָּרְכֵנוּ אָבִינוּ כֻּלָּנוּ כְּאֶחָד בְּאוֹר פָּנֶיךָ, כִּי בְאוֹר פָּנֶיךָ נָתַתָּ לָּנוּ יְיָ אֱלֹהֵינוּ תּוֹרַת חַיִּים וְאַהֲבַת חֶסֶד, וּצְדָקָה וּבְרָכָה וְרַחֲמִים וְחַיִּים וְשָׁלוֹם, וְטוֹב בְּעֵינֶיךָ לְבָרֵךְ אֶת עַמְּךָ יִשְׂרָאֵל בְּכָל עֵת וּבְכָל שָׁעָה בִּשְׁלוֹמֶךָ.

From Rosh Hashanah through Yom Kippur, add the following. (If omitted, it is not necessary to repeat the Amidah.)

וּבְסֵפֶר חַיִּים בְּרָכָה וְשָׁלוֹם וּפַרְנָסָה טוֹבָה, יְשׁוּעָה וְנֶחָמָה וּגְזֵרוֹת טוֹבוֹת, נִזָּכֵר וְנִכָּתֵב לְפָנֶיךָ, אֲנַחְנוּ וְכָל עַמְּךָ בֵּית יִשְׂרָאֵל, לְחַיִּים טוֹבִים וּלְשָׁלוֹם.

בָּרוּךְ אַתָּה יְיָ, הַמְבָרֵךְ אֶת עַמּוֹ יִשְׂרָאֵל בַּשָּׁלוֹם:

יִהְיוּ לְרָצוֹן אִמְרֵי פִי וְהֶגְיוֹן לִבִּי לְפָנֶיךָ, יְיָ צוּרִי וְגוֹאֲלִי:[1]

אֱלֹהַי, נְצֹר לְשׁוֹנִי מֵרָע, וּשְׂפָתַי מִדַּבֵּר מִרְמָה,[2] וְלִמְקַלְלַי נַפְשִׁי תִדּוֹם, וְנַפְשִׁי כֶּעָפָר לַכֹּל תִּהְיֶה. פְּתַח לִבִּי בְּתוֹרָתֶךָ, וּבְמִצְוֹתֶיךָ תִּרְדּוֹף נַפְשִׁי, וְכָל הַחוֹשְׁבִים עָלַי רָעָה, מְהֵרָה הָפֵר עֲצָתָם וְקַלְקֵל מַחֲשַׁבְתָּם. יִהְיוּ כְּמֹץ לִפְנֵי רוּחַ וּמַלְאַךְ יְיָ דֹּחֶה.[3] לְמַעַן יֵחָלְצוּן יְדִידֶיךָ, הוֹשִׁיעָה יְמִינְךָ וַעֲנֵנִי.[4] עֲשֵׂה לְמַעַן שְׁמֶךָ, עֲשֵׂה לְמַעַן יְמִינֶךָ, עֲשֵׂה לְמַעַן תּוֹרָתֶךָ, עֲשֵׂה לְמַעַן קְדֻשָּׁתֶךָ.[5] יִהְיוּ לְרָצוֹן אִמְרֵי פִי וְהֶגְיוֹן לִבִּי לְפָנֶיךָ, יְיָ צוּרִי וְגוֹאֲלִי:[1]

1. Psalms 19:15. **2.** Cf. ibid. 34:14. **3.** Ibid. 35:5. **4.** Ibid. 60:7; 108:7. **5.** It is customary to recite a verse in which the first and last letter correspond to the first and last letters of one's own Hebrew name.

On Chanukah and Purim, add the following: (If omitted, it is not necessary to repeat the Amidah. If, however, one became aware of the omission before saying *Lord* in the blessing *Beneficent is Your Name* [on the following page], it is said then.)

וְעַל And [we thank You] for the miracles, for the redemption, for the mighty deeds, for the saving acts, and for the wonders which You have wrought for our ancestors in those days, at this time—

For Chanukah:

בִּימֵי In the days of Matityahu, the son of Yochanan the High Priest, the Hasmonean and his sons, when the wicked Hellenic government rose up against Your people Israel to make them forget Your Torah and violate the decrees of Your will. But You, in Your abounding mercies, stood by them in the time of their distress. You waged their battles, defended their rights, and avenged the wrong done to them. You delivered the mighty into the hands of the weak, the many into the hands of the few, the impure into the hands of the pure, the wicked into the hands of the righteous, and the wanton sinners into the hands of those who occupy themselves with Your Torah. You made a great and holy name for Yourself in Your world, and effected a great deliverance and redemption for Your people Israel to this very day. Then Your children entered the shrine of Your House, cleansed Your Temple, purified Your Sanctuary, kindled lights in Your holy courtyards, and instituted these eight days of Chanukah to give thanks and praise to Your great Name.

For Purim:

בִּימֵי In the days of Mordechai and Esther, in Shushan the capital, when the wicked Haman rose up against them, and sought to destroy, slaughter and annihilate all the Jews, young and old, infants and women, in one day, on the thirteenth day of the twelfth month, the month of Adar, and to take their spoil for plunder.[1] But You, in Your abounding mercies, foiled his counsel and frustrated his intention, and caused the evil he planned to recoil on his own head; and they hanged him and his sons upon the gallows.

וְעַל And for all these, may Your Name, our King, be continually blessed, exalted, and extolled forever and all time.

From Rosh Hashanah through Yom Kippur, add the following. (If omitted, it is not necessary to repeat the Amidah.)

וּכְתוֹב Inscribe all the children of Your Covenant for a good life.

וְכֹל And all living things shall forever thank You, and praise Your great Name eternally, for You are good. God, You are our everlasting salvation and help, O benevolent God.

On Chanukah and Purim, add the following: (If omitted, it is not necessary to repeat the Amidah. If, however, one became aware of the omission before saying יְיָ in the blessing הַטּוֹב שִׁמְךָ [on the following page], it is said then.)

וְעַל הַנִּסִּים וְעַל הַפֻּרְקָן וְעַל הַגְּבוּרוֹת וְעַל הַתְּשׁוּעוֹת וְעַל הַנִּפְלָאוֹת שֶׁעָשִׂיתָ לַאֲבוֹתֵינוּ בַּיָּמִים הָהֵם בִּזְּמַן הַזֶּה:

For Chanukah:

בִּימֵי מַתִּתְיָהוּ בֶּן יוֹחָנָן כֹּהֵן גָּדוֹל, חַשְׁמוֹנָאִי וּבָנָיו, כְּשֶׁעָמְדָה מַלְכוּת יָוָן הָרְשָׁעָה עַל עַמְּךָ יִשְׂרָאֵל, לְהַשְׁכִּיחָם תּוֹרָתֶךָ וּלְהַעֲבִירָם מֵחֻקֵּי רְצוֹנֶךָ, וְאַתָּה בְּרַחֲמֶיךָ הָרַבִּים, עָמַדְתָּ לָהֶם בְּעֵת צָרָתָם. רַבְתָּ אֶת רִיבָם, דַּנְתָּ אֶת דִּינָם, נָקַמְתָּ אֶת נִקְמָתָם, מָסַרְתָּ גִבּוֹרִים בְּיַד חַלָּשִׁים, וְרַבִּים בְּיַד מְעַטִּים, וּטְמֵאִים בְּיַד טְהוֹרִים, וּרְשָׁעִים בְּיַד צַדִּיקִים, וְזֵדִים בְּיַד עוֹסְקֵי תוֹרָתֶךָ. וּלְךָ עָשִׂיתָ שֵׁם גָּדוֹל וְקָדוֹשׁ בְּעוֹלָמֶךָ, וּלְעַמְּךָ יִשְׂרָאֵל עָשִׂיתָ תְּשׁוּעָה גְדוֹלָה וּפֻרְקָן כְּהַיּוֹם הַזֶּה. וְאַחַר כַּךְ בָּאוּ בָנֶיךָ לִדְבִיר בֵּיתֶךָ, וּפִנּוּ אֶת הֵיכָלֶךָ, וְטִהֲרוּ אֶת מִקְדָּשֶׁךָ, וְהִדְלִיקוּ נֵרוֹת בְּחַצְרוֹת קָדְשֶׁךָ. וְקָבְעוּ שְׁמוֹנַת יְמֵי חֲנֻכָּה אֵלּוּ, לְהוֹדוֹת וּלְהַלֵּל לְשִׁמְךָ הַגָּדוֹל:

For Purim:

בִּימֵי מָרְדְּכַי וְאֶסְתֵּר בְּשׁוּשַׁן הַבִּירָה, כְּשֶׁעָמַד עֲלֵיהֶם הָמָן הָרָשָׁע, בִּקֵּשׁ לְהַשְׁמִיד לַהֲרֹג וּלְאַבֵּד אֶת כָּל הַיְּהוּדִים, מִנַּעַר וְעַד זָקֵן, טַף וְנָשִׁים, בְּיוֹם אֶחָד, בִּשְׁלֹשָׁה עָשָׂר לְחֹדֶשׁ שְׁנֵים עָשָׂר, הוּא חֹדֶשׁ אֲדָר, וּשְׁלָלָם לָבוֹז.[1] וְאַתָּה בְּרַחֲמֶיךָ הָרַבִּים הֵפַרְתָּ אֶת עֲצָתוֹ, וְקִלְקַלְתָּ אֶת מַחֲשַׁבְתּוֹ, וַהֲשֵׁבוֹתָ לּוֹ גְּמוּלוֹ בְּרֹאשׁוֹ. וְתָלוּ אוֹתוֹ וְאֶת בָּנָיו עַל הָעֵץ:

וְעַל כֻּלָּם יִתְבָּרַךְ וְיִתְרוֹמַם וְיִתְנַשֵּׂא שִׁמְךָ מַלְכֵּנוּ תָּמִיד לְעוֹלָם וָעֶד:

From Rosh Hashanah through Yom Kippur, add the following. (If omitted, it is not necessary to repeat the Amidah.)

וּכְתוֹב לְחַיִּים טוֹבִים כָּל בְּנֵי בְרִיתֶךָ:

וְכֹל הַחַיִּים יוֹדוּךָ סֶּלָה, וִיהַלְלוּ שִׁמְךָ הַגָּדוֹל לְעוֹלָם כִּי טוֹב, הָאֵל יְשׁוּעָתֵנוּ וְעֶזְרָתֵנוּ סֶלָה, הָאֵל הַטּוֹב.

1. Esther 3:13.

On Rosh Chodesh and Chol Hamoed, add the following. (If omitted, on Chol Hamoed it is necessary to correct it, and repeat the Amidah, on Rosh Chodesh it is not necessary to repeat the Amidah.)

אֱלֹהֵינוּ Our God and God of our fathers, may there ascend, come, and reach; be seen, accepted, and heard; recalled and remembered before You the remembrance and recollection of us, the remembrance of our fathers, the remembrance of Mashiach the son of David Your servant, the remembrance of Jerusalem Your holy city, and the remembrance of all Your people the House of Israel, for deliverance, well-being, grace, kindness, mercy, good life and peace, on this day of

On Rosh Chodesh:	On Pesach:	On Sukkot:
Rosh Chodesh.	the festival of Matzot.	the festival of Sukkot.

Remember us on this [day], Lord our God, for good; be mindful of us on this [day] for blessing; help us on this [day] for good life. With the promise of deliverance and compassion, spare us and be gracious to us, and have mercy upon us and deliver us, for our eyes are directed to You; for You, God, are a gracious and merciful King.

וְתֶחֱזֶינָה May our eyes behold Your return to Zion in mercy. Blessed are You, Lord, who restores His Divine Presence to Zion.

Bow at We thankfully acknowledge; *straighten up at* Lord.

מוֹדִים We thankfully acknowledge that You are the Lord our God and God of our fathers forever. You are the strength of our life, the shield of our salvation in every generation. We will give thanks to You and recount Your praise, evening, morning and noon, for our lives which are committed into Your hand, for our souls which are entrusted to You, for Your miracles which are with us daily, and for Your continual wonders and beneficences. You are the Beneficent One, for Your mercies never cease; the Merciful One, for Your kindnesses never end; for we always place our hope in You.

On Rosh Chodesh and Chol Hamoed, add the following. (If omitted, on Chol Hamoed it is necessary to correct it, and repeat the Amidah, on Rosh Chodesh it is not necessary to repeat the Amidah.)

אֱלֹהֵינוּ וֵאלֹהֵי אֲבוֹתֵינוּ, יַעֲלֶה וְיָבוֹא וְיַגִּיעַ, וְיֵרָאֶה וְיֵרָצֶה וְיִשָּׁמַע, וְיִפָּקֵד וְיִזָּכֵר זִכְרוֹנֵנוּ וּפִקְדוֹנֵנוּ, וְזִכְרוֹן אֲבוֹתֵינוּ, וְזִכְרוֹן מָשִׁיחַ בֶּן דָּוִד עַבְדֶּךָ, וְזִכְרוֹן יְרוּשָׁלַיִם עִיר קָדְשֶׁךָ, וְזִכְרוֹן כָּל עַמְּךָ בֵּית יִשְׂרָאֵל לְפָנֶיךָ, לִפְלֵיטָה לְטוֹבָה, לְחֵן וּלְחֶסֶד וּלְרַחֲמִים וּלְחַיִּים טוֹבִים וּלְשָׁלוֹם, בְּיוֹם

On Rosh Chodesh: רֹאשׁ הַחֹדֶשׁ הַזֶּה: On Pesach: חַג הַמַּצּוֹת הַזֶּה: On Sukkot: חַג הַסֻּכּוֹת הַזֶּה:

זָכְרֵנוּ יְיָ אֱלֹהֵינוּ בּוֹ לְטוֹבָה. וּפָקְדֵנוּ בוֹ לִבְרָכָה. וְהוֹשִׁיעֵנוּ בוֹ לְחַיִּים טוֹבִים. וּבִדְבַר יְשׁוּעָה וְרַחֲמִים, חוּס וְחָנֵּנוּ, וְרַחֵם עָלֵינוּ וְהוֹשִׁיעֵנוּ, כִּי אֵלֶיךָ עֵינֵינוּ, כִּי אֵל מֶלֶךְ חַנּוּן וְרַחוּם אָתָּה:

וְתֶחֱזֶינָה עֵינֵינוּ בְּשׁוּבְךָ לְצִיּוֹן בְּרַחֲמִים. בָּרוּךְ אַתָּה יְיָ, הַמַּחֲזִיר שְׁכִינָתוֹ לְצִיּוֹן:

Bow at מוֹדִים; straighten up at יְיָ.

מוֹדִים אֲנַחְנוּ לָךְ, שָׁאַתָּה הוּא יְיָ אֱלֹהֵינוּ וֵאלֹהֵי אֲבוֹתֵינוּ לְעוֹלָם וָעֶד, צוּר חַיֵּינוּ, מָגֵן יִשְׁעֵנוּ, אַתָּה הוּא לְדוֹר וָדוֹר, נוֹדֶה לְּךָ וּנְסַפֵּר תְּהִלָּתֶךָ, עַל חַיֵּינוּ הַמְּסוּרִים בְּיָדֶךָ, וְעַל נִשְׁמוֹתֵינוּ הַפְּקוּדוֹת לָךְ, וְעַל נִסֶּיךָ שֶׁבְּכָל יוֹם עִמָּנוּ, וְעַל נִפְלְאוֹתֶיךָ וְטוֹבוֹתֶיךָ שֶׁבְּכָל עֵת, עֶרֶב וָבֹקֶר וְצָהֳרָיִם, הַטּוֹב, כִּי לֹא כָלוּ רַחֲמֶיךָ, הַמְרַחֵם, כִּי לֹא תַמּוּ חֲסָדֶיךָ, כִּי מֵעוֹלָם קִוִּינוּ לָךְ:

עַל May Your mercies be aroused, Lord our God, upon the righteous, upon the pious, upon the elders of Your people the House of Israel, upon the remnant of their sages, upon the righteous proselytes, and upon us. Grant ample reward to all who truly trust in Your Name, and place our lot among them; may we never be disgraced, for we have put our trust in You. Blessed are You, Lord, the support and security of the righteous.

וְלִירוּשָׁלַיִם Return in mercy to Jerusalem Your city, and dwell therein as You have promised; speedily establish therein the throne of David Your servant; and rebuild it, soon in our days, as an everlasting edifice. Blessed are You, Lord, who rebuilds Jerusalem.

אֶת Speedily cause the scion of David Your servant to flourish, and increase his power by Your salvation, for we hope for Your salvation all day. Blessed are You, Lord, who causes the power of salvation to flourish.

שְׁמַע Hear our voice, Lord our God; merciful Father, have compassion upon us and accept our prayers in mercy and favor, for You are God who hears prayers and supplications; do not turn us away empty-handed from You, our King, for You hear the prayer of everyone. Blessed are You, Lord, who hears prayer.

רְצֵה Look with favor, Lord our God, on Your people Israel, and pay heed to their prayer; restore the service to Your Sanctuary, and accept with love and favor Israel's fire-offerings and prayer; and may the service of Your people Israel always find favor.

עַל הַצַּדִּיקִים וְעַל הַחֲסִידִים, וְעַל זִקְנֵי עַמְּךָ בֵּית
יִשְׂרָאֵל, וְעַל פְּלֵיטַת בֵּית סוֹפְרֵיהֶם, וְעַל גֵּרֵי הַצֶּדֶק
וְעָלֵינוּ, יֶהֱמוּ נָא רַחֲמֶיךָ יְיָ אֱלֹהֵינוּ, וְתֵן שָׂכָר טוֹב
לְכָל הַבּוֹטְחִים בְּשִׁמְךָ בֶּאֱמֶת, וְשִׂים חֶלְקֵנוּ עִמָּהֶם,
וּלְעוֹלָם לֹא נֵבוֹשׁ כִּי בְךָ בָּטָחְנוּ. בָּרוּךְ אַתָּה יְיָ, מִשְׁעָן
וּמִבְטָח לַצַּדִּיקִים:

וְלִירוּשָׁלַיִם עִירְךָ בְּרַחֲמִים תָּשׁוּב, וְתִשְׁכּוֹן בְּתוֹכָהּ
כַּאֲשֶׁר דִּבַּרְתָּ, וְכִסֵּא דָוִד עַבְדְּךָ מְהֵרָה
בְּתוֹכָהּ תָּכִין, וּבְנֵה אוֹתָהּ בְּקָרוֹב בְּיָמֵינוּ בִּנְיַן עוֹלָם.
בָּרוּךְ אַתָּה יְיָ, בּוֹנֵה יְרוּשָׁלָיִם:

אֶת צֶמַח דָּוִד עַבְדְּךָ מְהֵרָה תַצְמִיחַ, וְקַרְנוֹ תָּרוּם
בִּישׁוּעָתֶךָ, כִּי לִישׁוּעָתְךָ קִוִּינוּ כָּל הַיּוֹם. בָּרוּךְ
אַתָּה יְיָ, מַצְמִיחַ קֶרֶן יְשׁוּעָה:

שְׁמַע קוֹלֵנוּ יְיָ אֱלֹהֵינוּ, אָב הָרַחֲמָן רַחֵם עָלֵינוּ, וְקַבֵּל
בְּרַחֲמִים וּבְרָצוֹן אֶת תְּפִלָּתֵנוּ, כִּי אֵל שׁוֹמֵעַ
תְּפִלּוֹת וְתַחֲנוּנִים אָתָּה, וּמִלְּפָנֶיךָ מַלְכֵּנוּ רֵיקָם אַל
תְּשִׁיבֵנוּ, כִּי אַתָּה שׁוֹמֵעַ תְּפִלַּת כָּל פֶּה. בָּרוּךְ אַתָּה יְיָ,
שׁוֹמֵעַ תְּפִלָּה:

רְצֵה יְיָ אֱלֹהֵינוּ בְּעַמְּךָ יִשְׂרָאֵל וְלִתְפִלָּתָם שְׁעֵה,
וְהָשֵׁב הָעֲבוֹדָה לִדְבִיר בֵּיתֶךָ, וְאִשֵּׁי יִשְׂרָאֵל
וּתְפִלָּתָם בְּאַהֲבָה תְקַבֵּל בְּרָצוֹן, וּתְהִי לְרָצוֹן תָּמִיד
עֲבוֹדַת יִשְׂרָאֵל עַמֶּךָ:

During the winter (from Maariv of the evening before the 5th of December [in the year preceding a civil leap year, the 6th of December], through Minchah of Erev Pesach), say *dew and rain for blessing*. During the summer (the rest of the year), say *blessing*.

בָּרֵךְ Bless for us, Lord our God, this year and all the varieties of its produce[1] for good; and bestow

Summer:	Winter:
blessing	dew and rain for blessing

upon the face of the earth. Satisfy us from Your bounty and bless our year like other good years, for blessing; for You are a generous God who bestows goodness and blesses the years. Blessed are You, Lord, who blesses the years.

תְּקַע Sound the great shofar for our freedom, raise a banner to gather our exiles, and bring us together from the four corners of the earth into our land. Blessed are You, Lord, who gathers the dispersed of His people Israel.

> Between Rosh Hashanah and Yom Kippur, substitute *the King of Judgment* for *King who loves righteousness and justice.*

הָשִׁיבָה Restore our judges as in former times, and our counselors as of yore;[2] remove from us sorrow and sighing; and reign over us, You alone, O Lord, with kindness and compassion, with righteousness and justice. Blessed are You, Lord, (the King of Judgment.) King who loves righteousness and justice.

וְלַמַּלְשִׁינִים Let there be no hope for informers, and may all the heretics and all the wicked instantly perish; may all the enemies of Your people be speedily extirpated; and may You swiftly uproot, break, crush, and subdue the reign of wickedness speedily in our days. Blessed are You, Lord, who crushes enemies and subdues the wicked.

During the winter (from Maariv of the evening before the 5th of December [in the year preceding a civil leap year, the 6th of December], through Minchah of Erev Pesach), say וְתֵן טַל וּמָטָר לִבְרָכָה. During the summer (the rest of the year), say וְתֵן בְּרָכָה.

בָּרֵךְ עָלֵינוּ יְיָ אֱלֹהֵינוּ אֶת הַשָּׁנָה הַזֹּאת, וְאֶת כָּל מִינֵי תְבוּאָתָהּ[1] לְטוֹבָה, וְתֵן

Summer:	Winter:
בְּרָכָה	טַל וּמָטָר לִבְרָכָה

עַל פְּנֵי הָאֲדָמָה, וְשַׂבְּעֵנוּ מִטּוּבֶךָ, וּבָרֵךְ שְׁנָתֵנוּ כַּשָּׁנִים הַטּוֹבוֹת לִבְרָכָה, כִּי אֵל טוֹב וּמֵטִיב אַתָּה וּמְבָרֵךְ הַשָּׁנִים. בָּרוּךְ אַתָּה יְיָ, מְבָרֵךְ הַשָּׁנִים:

תְּקַע בְּשׁוֹפָר גָּדוֹל לְחֵרוּתֵנוּ, וְשָׂא נֵס לְקַבֵּץ גָּלֻיּוֹתֵינוּ, וְקַבְּצֵנוּ יַחַד מֵאַרְבַּע כַּנְפוֹת הָאָרֶץ לְאַרְצֵנוּ. בָּרוּךְ אַתָּה יְיָ, מְקַבֵּץ נִדְחֵי עַמּוֹ יִשְׂרָאֵל:

Between Rosh Hashanah and Yom Kippur, substitute הַמֶּלֶךְ הַמִּשְׁפָּט for מֶלֶךְ אוֹהֵב צְדָקָה וּמִשְׁפָּט.

הָשִׁיבָה שׁוֹפְטֵינוּ כְּבָרִאשׁוֹנָה, וְיוֹעֲצֵינוּ כְּבַתְּחִלָּה,[2] וְהָסֵר מִמֶּנּוּ יָגוֹן וַאֲנָחָה, וּמְלוֹךְ עָלֵינוּ אַתָּה יְיָ לְבַדְּךָ בְּחֶסֶד וּבְרַחֲמִים, בְּצֶדֶק וּבְמִשְׁפָּט. בָּרוּךְ אַתָּה יְיָ, (הַמֶּלֶךְ הַמִּשְׁפָּט) מֶלֶךְ אוֹהֵב צְדָקָה וּמִשְׁפָּט:

וְלַמַּלְשִׁינִים אַל תְּהִי תִקְוָה, וְכָל הַמִּינִים וְכָל הַזֵּדִים כְּרֶגַע יֹאבֵדוּ, וְכָל אֹיְבֵי עַמְּךָ מְהֵרָה יִכָּרֵתוּ, וּמַלְכוּת הָרִשְׁעָה מְהֵרָה תְעַקֵּר וּתְשַׁבֵּר וּתְמַגֵּר, וְתַכְנִיעַ בִּמְהֵרָה בְיָמֵינוּ. בָּרוּךְ אַתָּה יְיָ, שׁוֹבֵר אֹיְבִים וּמַכְנִיעַ זֵדִים:

1. One should have in mind wheat for *matzah*, the *etrog*, and wine for Kiddush. 2. Cf. Isaiah 1:26.

אַתָּה You graciously bestow knowledge upon man, and teach mortals understanding.

At the conclusion of Shabbat and festivals (even when the festival is followed by Chol Hamoed) add the following.

אַתָּה You have graciously endowed us with the ability to know Your Torah, and taught us to perform the statutes of Your will. Lord our God, You have made a distinction between sacred and profane, between light and darkness, between Israel and the nations, between the Seventh Day and the six work days. Our Father, our King, bring upon us the approaching days in peace, devoid of all sin, cleansed of all wrongdoing, and devoted to the fear of You. And...

Graciously bestow upon us from You, wisdom, understanding and knowledge. Blessed are You, Lord, who graciously bestows knowledge.

הֲשִׁיבֵנוּ Cause us to return, our Father, to Your Torah; draw us near, our King, to Your service; and bring us back to You in wholehearted repentance. Blessed are You, Lord, who desires penitence.

סְלַח Pardon us, our Father, for we have sinned; forgive us, our King, for we have transgressed; for You are a good and forgiving God. Blessed are You, Lord, gracious One who pardons abundantly.

רְאֵה Behold our affliction and wage our battle; redeem us speedily for the sake of Your Name, for You, God, are the mighty redeemer. Blessed are You, Lord, Redeemer of Israel.

רְפָאֵנוּ Heal us, O Lord, and we will be healed; help us and we will be saved, for You are our praise.[1] Grant complete cure and healing to all our wounds, for You, Almighty King, are a faithful and merciful healer. Blessed are You, Lord, who heals the sick of His people Israel.

אַתָּה חוֹנֵן לְאָדָם דַּעַת, וּמְלַמֵּד לֶאֱנוֹשׁ בִּינָה.

At the conclusion of Shabbat and festivals (even when the festival is followed by Chol Hamoed), add the following.

אַתָּה חוֹנַנְתָּנוּ לְמַדַּע תּוֹרָתֶךָ, וַתְּלַמְּדֵנוּ לַעֲשׂוֹת חֻקֵּי רְצוֹנֶךָ, וַתַּבְדֵּל יְיָ אֱלֹהֵינוּ בֵּין קֹדֶשׁ לְחוֹל, בֵּין אוֹר לְחֹשֶׁךְ, בֵּין יִשְׂרָאֵל לָעַמִּים, בֵּין יוֹם הַשְּׁבִיעִי לְשֵׁשֶׁת יְמֵי הַמַּעֲשֶׂה. אָבִינוּ מַלְכֵּנוּ, הָחֵל עָלֵינוּ הַיָּמִים הַבָּאִים לִקְרָאתֵנוּ לְשָׁלוֹם, חֲשׂוּכִים מִכָּל חֵטְא, וּמְנֻקִּים מִכָּל עָוֹן וּמְדֻבָּקִים בְּיִרְאָתֶךָ: וְ–

חָנֵּנוּ מֵאִתְּךָ חָכְמָה בִּינָה וָדָעַת. בָּרוּךְ אַתָּה יְיָ, חוֹנֵן הַדָּעַת:

הֲשִׁיבֵנוּ אָבִינוּ לְתוֹרָתֶךָ, וְקָרְבֵנוּ מַלְכֵּנוּ לַעֲבוֹדָתֶךָ, וְהַחֲזִירֵנוּ בִּתְשׁוּבָה שְׁלֵמָה לְפָנֶיךָ. בָּרוּךְ אַתָּה יְיָ, הָרוֹצֶה בִּתְשׁוּבָה:

סְלַח לָנוּ אָבִינוּ, כִּי חָטָאנוּ, מְחוֹל לָנוּ מַלְכֵּנוּ, כִּי פָשָׁעְנוּ, כִּי אֵל טוֹב וְסַלָּח אָתָּה. בָּרוּךְ אַתָּה יְיָ, חַנּוּן, הַמַּרְבֶּה לִסְלֹחַ:

רְאֵה נָא בְעָנְיֵנוּ וְרִיבָה רִיבֵנוּ, וּגְאָלֵנוּ מְהֵרָה לְמַעַן שְׁמֶךָ, כִּי אֵל גּוֹאֵל חָזָק אָתָּה. בָּרוּךְ אַתָּה יְיָ, גּוֹאֵל יִשְׂרָאֵל:

רְפָאֵנוּ יְיָ וְנֵרָפֵא, הוֹשִׁיעֵנוּ וְנִוָּשֵׁעָה, כִּי תְהִלָּתֵנוּ אָתָּה,[1] וְהַעֲלֵה אֲרוּכָה וּרְפוּאָה שְׁלֵמָה לְכָל מַכּוֹתֵינוּ, כִּי אֵל מֶלֶךְ רוֹפֵא נֶאֱמָן וְרַחֲמָן אָתָּה. בָּרוּךְ אַתָּה יְיָ, רוֹפֵא חוֹלֵי עַמּוֹ יִשְׂרָאֵל:

1. Cf. Jeremiah 17:14.

From Rosh Hashanah through Yom Kippur, add the following. (If omitted, it is not necessary to repeat the Amidah.)

זָכְרֵנוּ Remember us for life, King who desires life; inscribe us in the Book of Life, for Your sake, O living God.

Bend knees at *Blessed*; bow at *You*; straighten up at *Lord*.

O King, [You are] a helper, a savior and a shield. Blessed are You, Lord, Shield of Abraham.

אַתָּה You are mighty forever, my Lord; You resurrect the dead; You are powerful to save.

During the winter (from Musaf of Shemini Atzeret to Shacharit of the first day of Pesach), say *He causes the wind to blow and the rain to fall*. During the summer (from Musaf of the first day of Pesach through Shacharit of Shemini Atzeret), say *He causes the dew to descend*. If, in error, one said *He causes the wind to blow and the rain to fall* during the summer, it must be corrected, and it may be necessary to repeat the Amidah. However, if, in error, one said *He causes the dew to descend* during the winter, it is not necessary to go back and correct it.

Summer:	Winter:
He causes the dew to descend.	He causes the wind to blow and the rain to fall.

מְכַלְכֵּל He sustains the living with lovingkindness, resurrects the dead with great mercy, supports the falling, heals the sick, releases the bound, and fulfills His trust to those who sleep in the dust. Who is like You, mighty One! And who can be compared to You, King, who brings death and restores life, and causes deliverance to spring forth!

From Rosh Hashanah through Yom Kippur add the following. (If omitted, it is not necessary to repeat the Amidah.)

מִי Who is like You, merciful Father, who in compassion remembers His creatures for life.

וְנֶאֱמָן You are trustworthy to revive the dead. Blessed are You, Lord, who revives the dead.

From Rosh Hashanah through Yom Kippur, substitute *the holy King* for *the holy God*. (If omitted, it is necessary to repeat the Amidah.)

אַתָּה You are holy and Your Name is holy, and holy beings praise You daily for all eternity. Blessed are You Lord, (the holy King.) the holy God.

From Rosh Hashanah through Yom Kippur, add the following. (If omitted, it is not necessary to repeat the Amidah.)

זָכְרֵנוּ לְחַיִּים, מֶלֶךְ חָפֵץ בַּחַיִּים, וְכָתְבֵנוּ בְּסֵפֶר הַחַיִּים, לְמַעַנְךָ אֱלֹהִים חַיִּים:

Bend knees at בָּרוּךְ; bow at אַתָּה; straighten up at יְיָ.

מֶלֶךְ עוֹזֵר וּמוֹשִׁיעַ וּמָגֵן. בָּרוּךְ אַתָּה יְיָ, מָגֵן אַבְרָהָם:

אַתָּה גִּבּוֹר לְעוֹלָם אֲדֹנָי, מְחַיֵּה מֵתִים אַתָּה, רַב לְהוֹשִׁיעַ.

During the winter (from Musaf of Shemini Atzeret to Shacharit of the first day of Pesach), say מַשִּׁיב הָרוּחַ וּמוֹרִיד הַגֶּשֶׁם. During the summer (from Musaf of the first day of Pesach through Shacharit of Shemini Atzeret), say מוֹרִיד הַטָּל. If, in error, one said מַשִּׁיב הָרוּחַ וּמוֹרִיד הַגֶּשֶׁם during the summer, it must be corrected, and it may be necessary to repeat the Amidah. However, if, in error, one said מוֹרִיד הַטָּל during the winter, it is not necessary to go back and correct it.

Summer: מוֹרִיד הַטָּל:

Winter: מַשִּׁיב הָרוּחַ וּמוֹרִיד הַגֶּשֶׁם:

מְכַלְכֵּל חַיִּים בְּחֶסֶד, מְחַיֵּה מֵתִים בְּרַחֲמִים רַבִּים, סוֹמֵךְ נוֹפְלִים, וְרוֹפֵא חוֹלִים, וּמַתִּיר אֲסוּרִים, וּמְקַיֵּם אֱמוּנָתוֹ לִישֵׁנֵי עָפָר. מִי כָמוֹךָ בַּעַל גְּבוּרוֹת, וּמִי דּוֹמֶה לָּךְ, מֶלֶךְ מֵמִית וּמְחַיֶּה וּמַצְמִיחַ יְשׁוּעָה:

From Rosh Hashanah through Yom Kippur, add the following. (If omitted, it is not necessary to repeat the Amidah.)

מִי כָמוֹךָ אַב הָרַחֲמָן זוֹכֵר יְצוּרָיו לְחַיִּים בְּרַחֲמִים:

וְנֶאֱמָן אַתָּה לְהַחֲיוֹת מֵתִים. בָּרוּךְ אַתָּה יְיָ, מְחַיֵּה הַמֵּתִים:

From Rosh Hashanah through Yom Kippur, substitute הַמֶּלֶךְ הַקָּדוֹשׁ for הָאֵל הַקָּדוֹשׁ. (If omitted, it is necessary to repeat the Amidah.)

אַתָּה קָדוֹשׁ וְשִׁמְךָ קָדוֹשׁ, וּקְדוֹשִׁים בְּכָל יוֹם יְהַלְלוּךָ סֶּלָה. בָּרוּךְ אַתָּה יְיָ, (הַמֶּלֶךְ הַקָּדוֹשׁ) הָאֵל הַקָּדוֹשׁ:

Chazzan recites Half Kaddish.
Congregation responds Amen as indicated.

יִתְגַּדַּל Exalted and hallowed be His great Name (Cong: Amen.) throughout the world which He has created according to His will. May He establish His kingship, bring forth His redemption and hasten the coming of His Mashiach (Cong: Amen.) in your lifetime and in your days and in the lifetime of the entire House of Israel, speedily and soon, and say, Amen.

(Cong: Amen. May His great Name be blessed forever and to all eternity. Blessed.)

May His great Name be blessed forever and to all eternity. Blessed and praised, glorified, exalted and extolled, honored, adored and lauded be the Name of the Holy One, blessed be He, (Cong: Amen.) beyond all the blessings, hymns, praises and consolations that are uttered in the world; and say, Amen. (Cong: Amen.)

THE AMIDAH

While praying, concentrate on the meaning of the words. Remember that you stand before the Divine Presence. Remove any distracting thoughts, allowing the mind to remain focused on prayer. Before beginning the Amidah, take three steps back, then three steps forward. Recite the Amidah quietly—but audibly—while standing with feet together. Throughout the Amidah, ending on page 40, interruptions of any form are forbidden.

אֲדֹנָי My Lord, open my lips, and my mouth shall declare Your praise.[1]

Bend knees at *Blessed*; bow at *You*; straighten up at *Lord*.

בָּרוּךְ Blessed are You, Lord our God and God of our fathers, God of Abraham, God of Isaac and God of Jacob, the great, mighty and awesome God, exalted God, who bestows bountiful kindness, who creates all things, who remembers the piety of the Patriarchs, and who, in love, brings a redeemer to their children's children, for the sake of His Name.

Chazzan recites Half Kaddish.
Congregation responds אָמֵן as indicated.

יִתְגַּדַּל וְיִתְקַדַּשׁ שְׁמֵהּ רַבָּא. (Cong—אָמֵן) בְּעָלְמָא דִּי
בְרָא כִרְעוּתֵהּ וְיַמְלִיךְ מַלְכוּתֵהּ, וְיַצְמַח פּוּרְקָנֵהּ
וִיקָרֵב מְשִׁיחֵהּ. (Cong—אָמֵן) בְּחַיֵּיכוֹן וּבְיוֹמֵיכוֹן וּבְחַיֵּי דְכָל
בֵּית יִשְׂרָאֵל, בַּעֲגָלָא וּבִזְמַן קָרִיב וְאִמְרוּ אָמֵן:

(Cong—אָמֵן. יְהֵא שְׁמֵהּ רַבָּא מְבָרַךְ לְעָלַם וּלְעָלְמֵי עָלְמַיָּא, יִתְבָּרֵךְ.)

יְהֵא שְׁמֵהּ רַבָּא מְבָרַךְ לְעָלַם וּלְעָלְמֵי עָלְמַיָּא. יִתְבָּרֵךְ,
וְיִשְׁתַּבַּח, וְיִתְפָּאַר, וְיִתְרוֹמַם, וְיִתְנַשֵּׂא, וְיִתְהַדָּר, וְיִתְעַלֶּה,
וְיִתְהַלָּל, שְׁמֵהּ דְּקוּדְשָׁא בְּרִיךְ הוּא. (Cong—אָמֵן) לְעֵלָּא
מִן כָּל בִּרְכָתָא וְשִׁירָתָא, תֻּשְׁבְּחָתָא וְנֶחֱמָתָא, דַּאֲמִירָן
בְּעָלְמָא, וְאִמְרוּ אָמֵן: (Cong—אָמֵן)

THE AMIDAH

While praying, concentrate on the meaning of the words. Remember that you stand before the Divine Presence. Remove any distracting thoughts, allowing the mind to remain focused on prayer. Before beginning the Amidah, take three steps back, then three steps forward. Recite the Amidah quietly—but audibly—while standing with feet together. Throughout the Amidah, ending on page 40, interruptions of any form are forbidden.

אֲדֹנָי, שְׂפָתַי תִּפְתָּח וּפִי יַגִּיד תְּהִלָּתֶךָ:[1]

Bend knees at בָּרוּךְ; bow at אַתָּה; straighten up at יְיָ.

בָּרוּךְ אַתָּה יְיָ אֱלֹהֵינוּ וֵאלֹהֵי אֲבוֹתֵינוּ, אֱלֹהֵי אַבְרָהָם,
אֱלֹהֵי יִצְחָק, וֵאלֹהֵי יַעֲקֹב, הָאֵל הַגָּדוֹל הַגִּבּוֹר
וְהַנּוֹרָא, אֵל עֶלְיוֹן, גּוֹמֵל חֲסָדִים טוֹבִים, קוֹנֵה הַכֹּל,
וְזוֹכֵר חַסְדֵי אָבוֹת, וּמֵבִיא גוֹאֵל לִבְנֵי בְנֵיהֶם, לְמַעַן
שְׁמוֹ בְּאַהֲבָה:

1. Psalms 51:17.

mies. He does great things beyond limit, and wonders beyond number.[1] He has kept us alive, and did not allow our feet to falter.[2] He led us upon the high places of our foes, and increased our strength over all our adversaries. He is the benevolent God who, in our behalf, brought retribution upon Pharaoh, and signs and miracles in the land of the Hamites; who, in His wrath, struck all the first-born of Egypt, and brought out His people Israel from their midst to everlasting freedom; who led His children through the divided parts of the Sea of Reeds, and drowned their pursuers and their enemies in the depths. As His children beheld His might, they extolled and offered praise to His Name, and willingly accepted His sovereignty; Moses and the children of Israel with great joy raised their voices in song to You, and they all proclaimed:

מִי Who is like You among the supernal beings, O Lord! Who is like You, resplendent in holiness, awesome in praise, performing wonders![3] Your children beheld Your sovereignty as You split the sea before Moses. "This is my God!"[4] they exclaimed, and declared,

"The Lord shall reign forever and ever."[5] And it is said: For the Lord has redeemed Jacob, and delivered him from a power mightier than he.[6] Blessed are You Lord, who has delivered Israel. (Cong: Amen.)

הַשְׁכִּיבֵנוּ Our Father, let us lie down in peace; our King, raise us up to a good life and peace. Improve us with Your good counsel, help us speedily for the sake of Your Name, and spread over us the shelter of Your peace. Protect us and remove from us the enemy, pestilence, sword, famine, and sorrow. Remove the adversary from before us and from behind us, shelter us in the shadow of Your wings, and guard our going out and our coming in for a good life and peace from now and for all time; for You, God, are our guardian and our deliverer. Blessed are You, Lord, who guards His people Israel forever. (Cong: Amen.)

גֹּדְלוֹת עַד אֵין חֵקֶר, וְנִפְלָאוֹת עַד אֵין מִסְפָּר.[1] הַשָּׂם נַפְשֵׁנוּ בַּחַיִּים, וְלֹא נָתַן לַמּוֹט רַגְלֵנוּ.[2] הַמַּדְרִיכֵנוּ עַל בָּמוֹת אוֹיְבֵינוּ, וַיָּרֶם קַרְנֵנוּ עַל כָּל שׂוֹנְאֵינוּ. הָאֵל הָעֹשֶׂה לָּנוּ נְקָמָה בְּפַרְעֹה, וְאוֹתוֹת וּמוֹפְתִים בְּאַדְמַת בְּנֵי חָם. הַמַּכֶּה בְעֶבְרָתוֹ כָּל בְּכוֹרֵי מִצְרָיִם, וַיּוֹצֵא אֶת עַמּוֹ יִשְׂרָאֵל מִתּוֹכָם לְחֵרוּת עוֹלָם. הַמַּעֲבִיר בָּנָיו בֵּין גִּזְרֵי יַם סוּף, וְאֶת רוֹדְפֵיהֶם וְאֶת שׂוֹנְאֵיהֶם בִּתְהוֹמוֹת טִבַּע, וְרָאוּ בָנָיו גְּבוּרָתוֹ, שִׁבְּחוּ וְהוֹדוּ לִשְׁמוֹ. וּמַלְכוּתוֹ בְּרָצוֹן קִבְּלוּ עֲלֵיהֶם, מֹשֶׁה וּבְנֵי יִשְׂרָאֵל לְךָ עָנוּ שִׁירָה בְּשִׂמְחָה רַבָּה, וְאָמְרוּ כֻלָּם:

מִי כָמֹכָה בָּאֵלִם יְיָ, מִי כָּמֹכָה נֶאְדָּר בַּקֹּדֶשׁ, נוֹרָא תְהִלֹּת עֹשֵׂה פֶלֶא:[3] מַלְכוּתְךָ רָאוּ בָנֶיךָ, בּוֹקֵעַ יָם לִפְנֵי מֹשֶׁה, זֶה אֵלִי[4] עָנוּ וְאָמְרוּ:

יְיָ יִמְלֹךְ לְעֹלָם וָעֶד.[5] וְנֶאֱמַר: כִּי פָדָה יְיָ אֶת יַעֲקֹב, וּגְאָלוֹ מִיַּד חָזָק מִמֶּנּוּ.[6] בָּרוּךְ אַתָּה יְיָ, גָּאַל יִשְׂרָאֵל:

(Cong — אָמֵן)

הַשְׁכִּיבֵנוּ אָבִינוּ לְשָׁלוֹם, וְהַעֲמִידֵנוּ מַלְכֵּנוּ לְחַיִּים טוֹבִים וּלְשָׁלוֹם, וְתַקְּנֵנוּ בְּעֵצָה טוֹבָה מִלְּפָנֶיךָ, וְהוֹשִׁיעֵנוּ מְהֵרָה לְמַעַן שְׁמֶךָ, וּפְרוֹשׂ עָלֵינוּ סֻכַּת שְׁלוֹמֶךָ. וְהָגֵן בַּעֲדֵנוּ, וְהָסֵר מֵעָלֵינוּ אוֹיֵב דֶּבֶר וְחֶרֶב וְרָעָב וְיָגוֹן. וְהָסֵר שָׂטָן מִלְּפָנֵינוּ וּמֵאַחֲרֵינוּ, וּבְצֵל כְּנָפֶיךָ תַּסְתִּירֵנוּ, וּשְׁמוֹר צֵאתֵנוּ וּבוֹאֵנוּ לְחַיִּים טוֹבִים וּלְשָׁלוֹם מֵעַתָּה וְעַד עוֹלָם. כִּי אֵל שׁוֹמְרֵנוּ וּמַצִּילֵנוּ אָתָּה. בָּרוּךְ אַתָּה יְיָ, שׁוֹמֵר אֶת עַמּוֹ יִשְׂרָאֵל לָעַד: (Cong — אָמֵן)

1. Job 9:10. 2. Psalms 66:9. 3. Exodus 15:11. 4. Ibid. 15:2. 5. Ibid. 15:18. 6. Jeremiah 31:10.

its produce, and you will swiftly perish from the good land which the Lord gives you. Therefore, place these words of Mine upon your heart and upon your soul, and bind them for a sign on your hand, and they shall be for a reminder between your eyes. You shall teach them to your children, to speak of them when you sit in your house and when you walk on the road, when you lie down and when you rise. And you shall inscribe them on the doorposts of your house and on your gates—so that your days and the days of your children may be prolonged on the land which the Lord swore to your fathers to give to them for as long as the heavens are above the earth.[1]

וַיֹּאמֶר The Lord spoke to Moses, saying: Speak to the children of Israel and tell them to make for themselves fringes on the corners of their garments throughout their generations, and to attach a thread of blue on the fringe of each corner. They shall be to you as *tzitzit*, and you shall look upon them and remember all the commandments of the Lord and fulfill them, and you will not follow after your heart and after your eyes by which you go astray—so that you may remember and fulfill all My commandments, and be holy to your God. I am the Lord your God who brought you out of the land of Egypt to be your God; I, the Lord, am your God.[2]

Although the word *Truth* belongs to the next paragraph, do not pause between *your God* and *Truth.*

אֱמֶת Truth and belief is all this[3]; it is established with us that He is the Lord our God, there is no other, and that we Israel are His people. It is He who redeems us from the hand of kings; our King, who delivers us from the grip of all the tyrants; the benevolent God, who avenges us against our persecutors, and brings retribution on all our mortal ene-

אֶת יְבוּלָהּ, וַאֲבַדְתֶּם | מְהֵרָה מֵעַל הָאָרֶץ הַטֹּבָה אֲשֶׁר יְיָ נֹתֵן לָכֶם: וְשַׂמְתֶּם | אֶת דְּבָרַי אֵלֶּה עַל | לְבַבְכֶם וְעַל נַפְשְׁכֶם, וּקְשַׁרְתֶּם | אֹתָם לְאוֹת עַל יֶדְכֶם וְהָיוּ לְטוֹטָפֹת בֵּין עֵינֵיכֶם: וְלִמַּדְתֶּם | אֹתָם | אֶת בְּנֵיכֶם לְדַבֵּר בָּם, בְּשִׁבְתְּךָ בְּבֵיתֶךָ וּבְלֶכְתְּךָ בַדֶּרֶךְ וּבְשָׁכְבְּךָ וּבְקוּמֶךָ: וּכְתַבְתָּם עַל מְזוּזוֹת בֵּיתֶךָ וּבִשְׁעָרֶיךָ: לְמַעַן יִרְבּוּ יְמֵיכֶם וִימֵי בְנֵיכֶם עַל הָאֲדָמָה אֲשֶׁר נִשְׁבַּע יְיָ לַאֲבֹתֵיכֶם לָתֵת לָהֶם, כִּימֵי הַשָּׁמַיִם עַל הָאָרֶץ:[1]

וַיֹּאמֶר יְיָ אֶל מֹשֶׁה לֵּאמֹר: דַּבֵּר אֶל בְּנֵי יִשְׂרָאֵל וְאָמַרְתָּ אֲלֵהֶם וְעָשׂוּ לָהֶם צִיצִת עַל כַּנְפֵי בִגְדֵיהֶם לְדֹרֹתָם, וְנָתְנוּ עַל צִיצִת הַכָּנָף | פְּתִיל תְּכֵלֶת: וְהָיָה לָכֶם לְצִיצִת, וּרְאִיתֶם | אֹתוֹ, וּזְכַרְתֶּם | אֶת כָּל מִצְוֹת יְיָ, וַעֲשִׂיתֶם | אֹתָם, וְלֹא תָתוּרוּ אַחֲרֵי לְבַבְכֶם וְאַחֲרֵי עֵינֵיכֶם אֲשֶׁר אַתֶּם זֹנִים אַחֲרֵיהֶם: לְמַעַן תִּזְכְּרוּ וַעֲשִׂיתֶם | אֶת כָּל מִצְוֹתָי, וִהְיִיתֶם קְדֹשִׁים לֵאלֹהֵיכֶם: אֲנִי יְיָ אֱלֹהֵיכֶם אֲשֶׁר הוֹצֵאתִי אֶתְכֶם | מֵאֶרֶץ מִצְרַיִם לִהְיוֹת לָכֶם לֵאלֹהִים, אֲנִי יְיָ אֱלֹהֵיכֶם[2]

Although the word אֱמֶת belongs to the next paragraph, do not pause between אֱלֹהֵיכֶם and אֱמֶת. When praying without a *minyan*, repeat אֲנִי יְיָ אֱלֹהֵיכֶם and conclude אֱמֶת.

Chazzan concludes silently: אֲנִי יְיָ אֱלֹהֵיכֶם אֱמֶת, and repeats aloud יְיָ אֱלֹהֵיכֶם אֱמֶת.

אֱמֶת וֶאֱמוּנָה כָּל זֹאת, וְקַיָּם עָלֵינוּ, כִּי הוּא יְיָ אֱלֹהֵינוּ וְאֵין זוּלָתוֹ, וַאֲנַחְנוּ יִשְׂרָאֵל עַמּוֹ, הַפּוֹדֵנוּ מִיַּד מְלָכִים, מַלְכֵּנוּ הַגּוֹאֲלֵנוּ מִכַּף כָּל הֶעָרִיצִים. הָאֵל הַנִּפְרָע לָנוּ מִצָּרֵינוּ, וְהַמְשַׁלֵּם גְּמוּל לְכָל אֹיְבֵי נַפְשֵׁנוּ, הָעֹשֶׂה

---

1. Deuteronomy 11:13-21. **2.** Numbers 15:37-41. **3.** That which we have affirmed in the Shema.

THE SHEMA

The Shema should be recited with intense concentration, especially the first two verses in which we accept the sovereignty of God. Recite the first verse aloud, with your right hand covering your eyes.

Do not slur over the ח, but draw it out slightly for the length of time that it takes to affirm God's sovereignty in the seven heavens and on earth—equal to eight, the numerical value of ח. The ד (whose numerical value is four) should be drawn out for the length of time that it takes to reflect that God is alone in His world and that he rules in all four corners of the universe. While reciting the Shema, pause at the commas to convey the following meaning: Hear O Israel (pause), the Lord who is our God (pause) is the one God.

שְׁמַע Hear, O Israel, the Lord is our God, the Lord is One.[1]

Recite the following verse in an undertone:

בָּרוּךְ Blessed be the name of the glory of His kingdom for ever and ever.[2]

וְאָהַבְתָּ You shall love the Lord your God with all your heart, with all your soul, and with all your might. And these words which I command you today, shall be upon your heart. You shall teach them thoroughly to your children, and you shall speak of them when you sit in your house and when you walk on the road, when you lie down and when you rise. You shall bind them as a sign upon your hand, and they shall be for a reminder between your eyes. And you shall write them upon the doorposts of your house and upon your gates.[3]

וְהָיָה And it will be, if you will diligently obey My commandments which I enjoin upon you this day, to love the Lord your God and to serve Him with all your heart and with all your soul: I will give rain for your land at the proper time, the early rain and the late rain, and you will gather in your grain, your wine and your oil. And I will give grass in your fields for your cattle, and you will eat and be sated. Take care lest your heart be lured away, and you turn astray and worship alien gods and bow down to them. For then the Lord's wrath will flare up against you, and He will close the heavens so that there will be no rain and the earth will not yield

THE SHEMA

The Shema should be recited with intense concentration, especially the first two verses in which we accept the sovereignty of God. Recite the first verse aloud, with your right hand covering your eyes.

Do not slur over the ח, but draw it out slightly for the length of time that it takes to affirm God's sovereignty in the seven heavens and on earth—equal to eight, the numerical value of ח. The ד (whose numerical value is four) should be drawn out for the length of time that it takes to reflect that God is alone in His world and that he rules in all four corners of the universe. While reciting the Shema, pause at the commas to convey the following meaning: Hear O Israel (pause), the Lord who is our God (pause) is the one God.

שְׁמַע יִשְׂרָאֵל, יְיָ אֱלֹהֵינוּ, יְיָ ׀ אֶחָד:[1]

Recite the following verse in an undertone:

בָּרוּךְ שֵׁם כְּבוֹד מַלְכוּתוֹ לְעוֹלָם וָעֶד:[2]

וְאָהַבְתָּ אֵת יְיָ אֱלֹהֶיךָ, בְּכָל ׀ לְבָבְךָ, וּבְכָל נַפְשְׁךָ,
וּבְכָל מְאֹדֶךָ: וְהָיוּ הַדְּבָרִים הָאֵלֶּה אֲשֶׁר
אָנֹכִי מְצַוְּךָ הַיּוֹם, עַל ׀ לְבָבֶךָ: וְשִׁנַּנְתָּם לְבָנֶיךָ וְדִבַּרְתָּ
בָּם, בְּשִׁבְתְּךָ בְּבֵיתֶךָ, וּבְלֶכְתְּךָ בַדֶּרֶךְ, וּבְשָׁכְבְּךָ, וּבְקוּמֶךָ:
וּקְשַׁרְתָּם לְאוֹת עַל יָדֶךָ, וְהָיוּ לְטֹטָפֹת בֵּין עֵינֶיךָ:
וּכְתַבְתָּם עַל מְזֻזוֹת בֵּיתֶךָ, וּבִשְׁעָרֶיךָ:[3]

וְהָיָה אִם שָׁמֹעַ תִּשְׁמְעוּ אֶל מִצְוֹתַי אֲשֶׁר אָנֹכִי מְצַוֶּה
אֶתְכֶם הַיּוֹם, לְאַהֲבָה אֶת יְיָ אֱלֹהֵיכֶם וּלְעָבְדוֹ,
בְּכָל ׀ לְבַבְכֶם וּבְכָל נַפְשְׁכֶם: וְנָתַתִּי מְטַר אַרְצְכֶם
בְּעִתּוֹ יוֹרֶה וּמַלְקוֹשׁ, וְאָסַפְתָּ דְגָנֶךָ וְתִירֹשְׁךָ וְיִצְהָרֶךָ:
וְנָתַתִּי עֵשֶׂב ׀ בְּשָׂדְךָ לִבְהֶמְתֶּךָ, וְאָכַלְתָּ וְשָׂבָעְתָּ:
הִשָּׁמְרוּ לָכֶם פֶּן יִפְתֶּה לְבַבְכֶם, וְסַרְתֶּם וַעֲבַדְתֶּם
אֱלֹהִים אֲחֵרִים וְהִשְׁתַּחֲוִיתֶם לָהֶם: וְחָרָה ׀ אַף יְיָ בָּכֶם
וְעָצַר אֶת הַשָּׁמַיִם וְלֹא יִהְיֶה מָטָר וְהָאֲדָמָה לֹא תִתֵּן

---

1. Deuteronomy 6:4. **2.** Pesachim 56a; Deuteronomy Rabbah 2:31, 35, 36. **3.** Deuteronomy 6:5-9.

Uttering any words—other than prayer—is prohibited from this point until after the Amidah on page 40.

Congregation and chazzan bow as chazzan says:

בָּרְכוּ *Bö-r'chu es adonöy ha-m'voröch.*

Congregation and chazzan. Bow at *Böruch*, straighten up at *adonöy*:

בָּרוּךְ *Böruch adonöy ha-m'voröch l'olöm vö-ed.*

Do not respond Amen.

You may be seated.

בָּרוּךְ Blessed are You, Lord our God, King of the universe, who by His word causes the evenings to become dark. With wisdom He opens the [heavenly] gates; with understanding He changes the periods [of the day], varies the times, and arranges the stars in their positions in the sky according to His will. He creates day and night; He rolls away light before darkness and darkness before light; He causes the day to pass and brings on the night, and separates between day and night; the Lord of hosts is His Name. Blessed are You, Lord, who causes the evenings to become dark. (Cong: Amen.)

אַהֲבַת With everlasting love have You loved the House of Israel Your people. You have taught us Torah and *mitzvot*, decrees and Laws. Therefore, Lord our God, when we lie down and when we rise, we will speak of Your statutes and rejoice in the words of Your Torah and in Your *mitzvot* forever. For they are our life and the length of our days, and we will meditate on them day and night. May Your love never depart from us.[1] Blessed are You, Lord, who loves His people Israel.

The chazzan concludes this blessing silently.

ברכו Bless the Lord who is blessed.   ברוך Blessed be the Lord who is blessed for all eternity.

Uttering any words—other than prayer—is prohibited from this point until after the Amidah on page 40.

Congregation and chazzan bow as chazzan says:

בָּרְכוּ אֶת יְיָ הַמְּבֹרָךְ:

Congregation and chazzan. Bow at בָּרוּךְ, straighten up at יְיָ:

בָּרוּךְ יְיָ הַמְּבֹרָךְ לְעוֹלָם וָעֶד:

Do not respond אָמֵן.

You may be seated.

בָּרוּךְ אַתָּה יְיָ אֱלֹהֵינוּ מֶלֶךְ הָעוֹלָם, אֲשֶׁר בִּדְבָרוֹ מַעֲרִיב עֲרָבִים, בְּחָכְמָה פּוֹתֵחַ שְׁעָרִים, וּבִתְבוּנָה מְשַׁנֶּה עִתִּים, וּמַחֲלִיף אֶת הַזְּמַנִּים, וּמְסַדֵּר אֶת הַכּוֹכָבִים, בְּמִשְׁמְרוֹתֵיהֶם בָּרָקִיעַ, כִּרְצוֹנוֹ. בּוֹרֵא יוֹם וָלָיְלָה, גּוֹלֵל אוֹר מִפְּנֵי חֹשֶׁךְ, וְחֹשֶׁךְ מִפְּנֵי אוֹר, וּמַעֲבִיר יוֹם וּמֵבִיא לָיְלָה, וּמַבְדִּיל בֵּין יוֹם וּבֵין לָיְלָה, יְיָ צְבָאוֹת שְׁמוֹ. בָּרוּךְ אַתָּה יְיָ, הַמַּעֲרִיב עֲרָבִים: (Cong—אָמֵן)

אַהֲבַת עוֹלָם בֵּית יִשְׂרָאֵל עַמְּךָ אָהָבְתָּ, תּוֹרָה וּמִצְוֹת, חֻקִּים וּמִשְׁפָּטִים אוֹתָנוּ לִמַּדְתָּ. עַל כֵּן יְיָ אֱלֹהֵינוּ, בְּשָׁכְבֵנוּ וּבְקוּמֵנוּ נָשִׂיחַ בְּחֻקֶּיךָ, וְנִשְׂמַח בְּדִבְרֵי תוֹרָתְךָ וּבְמִצְוֹתֶיךָ לְעוֹלָם וָעֶד. כִּי הֵם חַיֵּינוּ וְאֹרֶךְ יָמֵינוּ, וּבָהֶם נֶהְגֶּה יוֹמָם וָלָיְלָה, וְאַהֲבָתְךָ לֹא תָסוּר[1] מִמֶּנּוּ לְעוֹלָמִים. בָּרוּךְ אַתָּה יְיָ, אוֹהֵב עַמּוֹ יִשְׂרָאֵל: The chazzan concludes this blessing silently.

1. Another version: אַל תָּסִיר (May you never remove your love from us).

MAARIV FOR WEEKNIGHTS

Stand until after *Borchu.*

וְהוּא And He, being compassionate, pardons iniquity, and does not destroy; time and again He turns away His anger, and does not arouse all His wrath.[1] Lord, deliver us; may the King answer us on the day we call.[2]

שִׁיר A song of ascents. Behold, bless the Lord, all servants of the Lord who stand in the house of the Lord at night. Raise your hands in holiness and bless the Lord. May the Lord, Maker of heaven and earth, bless you from Zion.[3] By day the Lord ordains His kindness, and at night His song is with me, a prayer to the God of my life.[4] The deliverance of the righteous is from the Lord; He is their strength in time of distress. The Lord helps them and delivers them; He delivers them from the wicked and saves them, because they have put their trust in Him.[5]

Say three times: יְיָ The Lord of hosts is with us; the God of Jacob is our stronghold forever.[6]

Say three times: יְיָ Lord of hosts, happy is the man who trusts in You.[7]

Say three times: יְיָ Lord, deliver us; may the King answer us on the day we call.[2]

Chazzan recites Half Kaddish. Congregation responds Amen as indicated.

יִתְגַּדַּל Exalted and hallowed be His great Name (Cong: Amen.) throughout the world which He has created according to His will. May He establish His kingship, bring forth His redemption and hasten the coming of His Mashiach (Cong: Amen.) in your lifetime and in your days and in the lifetime of the entire House of Israel, speedily and soon, and say, Amen.

(Cong: Amen. May His great Name be blessed forever and to all eternity. Blessed.)

May His great Name be blessed forever and to all eternity. Blessed and praised, glorified, exalted and extolled, honored, adored and lauded be the Name of the Holy One, blessed be He, (Cong: Amen.) beyond all the blessings, hymns, praises and consolations that are uttered in the world; and say, Amen. (Cong: Amen.)

MAARIV FOR WEEKNIGHTS

Stand until after בָּרְכוּ.

וְהוּא רַחוּם יְכַפֵּר עָוֹן וְלֹא יַשְׁחִית, וְהִרְבָּה לְהָשִׁיב אַפּוֹ, וְלֹא יָעִיר כָּל חֲמָתוֹ:[1] יְיָ הוֹשִׁיעָה, הַמֶּלֶךְ יַעֲנֵנוּ בְיוֹם קָרְאֵנוּ:[2]

שִׁיר הַמַּעֲלוֹת, הִנֵּה בָּרְכוּ אֶת יְיָ כָּל עַבְדֵי יְיָ, הָעֹמְדִים בְּבֵית יְיָ בַּלֵּילוֹת: שְׂאוּ יְדֵכֶם קֹדֶשׁ, וּבָרְכוּ אֶת יְיָ: יְבָרֶכְךָ יְיָ מִצִּיּוֹן, עֹשֵׂה שָׁמַיִם וָאָרֶץ:[3] יוֹמָם יְצַוֶּה יְיָ חַסְדּוֹ, וּבַלַּיְלָה שִׁירֹה עִמִּי, תְּפִלָּה לְאֵל חַיָּי:[4] וּתְשׁוּעַת צַדִּיקִים מֵיְיָ, מָעוּזָּם בְּעֵת צָרָה: וַיַּעְזְרֵם יְיָ וַיְפַלְּטֵם, יְפַלְּטֵם מֵרְשָׁעִים וְיוֹשִׁיעֵם כִּי חָסוּ בוֹ:[5]

—Say three times יְיָ צְבָאוֹת עִמָּנוּ, מִשְׂגָּב לָנוּ אֱלֹהֵי יַעֲקֹב סֶלָה:[6]

—Say three times יְיָ צְבָאוֹת, אַשְׁרֵי אָדָם בֹּטֵחַ בָּךְ:[7]

—Say three times יְיָ הוֹשִׁיעָה, הַמֶּלֶךְ יַעֲנֵנוּ בְיוֹם קָרְאֵנוּ:[2]

Chazzan recites Half Kaddish.
Congregation responds אָמֵן as indicated.

יִתְגַּדַּל וְיִתְקַדַּשׁ שְׁמֵהּ רַבָּא. (Cong—אָמֵן) בְּעָלְמָא דִּי בְרָא כִרְעוּתֵהּ וְיַמְלִיךְ מַלְכוּתֵהּ, וְיַצְמַח פּוּרְקָנֵהּ וִיקָרֵב מְשִׁיחֵהּ. (Cong—אָמֵן) בְּחַיֵּיכוֹן וּבְיוֹמֵיכוֹן וּבְחַיֵּי דְכָל בֵּית יִשְׂרָאֵל, בַּעֲגָלָא וּבִזְמַן קָרִיב וְאִמְרוּ אָמֵן:

(Cong—אָמֵן. יְהֵא שְׁמֵהּ רַבָּא מְבָרַךְ לְעָלַם וּלְעָלְמֵי עָלְמַיָּא, יִתְבָּרַךְ.)

יְהֵא שְׁמֵהּ רַבָּא מְבָרַךְ לְעָלַם וּלְעָלְמֵי עָלְמַיָּא. יִתְבָּרַךְ, וְיִשְׁתַּבַּח, וְיִתְפָּאַר, וְיִתְרוֹמַם, וְיִתְנַשֵּׂא, וְיִתְהַדָּר, וְיִתְעַלֶּה, וְיִתְהַלָּל, שְׁמֵהּ דְּקוּדְשָׁא בְּרִיךְ הוּא. (Cong—אָמֵן) לְעֵלָּא מִן כָּל בִּרְכָתָא וְשִׁירָתָא, תֻּשְׁבְּחָתָא וְנֶחֱמָתָא, דַּאֲמִירָן בְּעָלְמָא, וְאִמְרוּ אָמֵן: (Cong—אָמֵן)

---

1. Psalms 78:38. 2. Ibid. 20:10. 3. Ibid. 134. 4. Ibid. 42:9. 5. Ibid. 37:39-40. 6. Ibid. 46:8. 7. Ibid. 84:13.

Between Rosh Hashanah and Yom Kippur:	On a public fast day (except on the Fast of Gedaliah):
Our Father, our King, inscribe us in the book of livelihood and sustenance.	Our Father, our King, remember us for livelihood and sustenance.
Our Father, our King, inscribe us in the book of merits.	Our Father, our King, remember us for merits.
Our Father, our King, inscribe us in the book of pardon and forgiveness.	Our Father, our King, remember us for pardon and forgiveness.

Our Father, our King, cause deliverance to flourish for us soon.

Our Father, our King, exalt the glory of Israel Your people.

Our Father, our King, exalt the glory of Your anointed one.

Our Father, our King, fill our hands with Your blessings.

Our Father, our King, fill our storehouses with plenty.

Our Father, our King, hear our voice, have pity and compassion upon us.

Our Father, our King, accept our prayer with mercy and with favor.

Our Father, our King, open the gates of heaven to our prayer.

Our Father, our King, let it be remembered that we are but dust.

Our Father, our King, we beseech You, do not turn us away from You empty-handed.

Our Father, our King, may this hour be an hour of mercy and a time of favor before You.

Our Father, our King, have compassion upon us, and upon our infants and children.

Our Father, our King, do it for the sake of those who were slain for Your holy Name.

Our Father, our King, do it for the sake of those who were slaughtered for Your Oneness.

Our Father, our King, do it for the sake of those who went through fire and water for the sanctification of Your Name.

Our Father, our King, avenge the spilled blood of Your servants.

Our Father, our King, do it for Your sake, if not for ours.

Our Father, our King, do it for Your sake, and deliver us.

Our Father, our King, do it for the sake of Your abounding mercies.

Our Father, our King, do it for the sake of Your great, mighty and awesome Name which is proclaimed over us.

Our Father, our King, be gracious to us and answer us, for we have no meritorious deeds; deal charitably and kindly with us and deliver us.

The Ark is closed.
Continue with *We know not*, page 16.

Between Rosh Hashanah and Yom Kippur:

אָבִינוּ מַלְכֵּנוּ כָּתְבֵנוּ בְּסֵפֶר פַּרְנָסָה וְכַלְכָּלָה:
אָבִינוּ מַלְכֵּנוּ כָּתְבֵנוּ בְּסֵפֶר זְכֻיּוֹת:
אָבִינוּ מַלְכֵּנוּ כָּתְבֵנוּ בְּסֵפֶר סְלִיחָה וּמְחִילָה:

On a public fast day (except on the Fast of Gedaliah):

אָבִינוּ מַלְכֵּנוּ זָכְרֵנוּ לְפַרְנָסָה וְכַלְכָּלָה:
אָבִינוּ מַלְכֵּנוּ זָכְרֵנוּ לִזְכֻיּוֹת:
אָבִינוּ מַלְכֵּנוּ זָכְרֵנוּ לִסְלִיחָה וּמְחִילָה:

אָבִינוּ מַלְכֵּנוּ הַצְמַח לָנוּ יְשׁוּעָה בְּקָרוֹב:
אָבִינוּ מַלְכֵּנוּ הָרֵם קֶרֶן יִשְׂרָאֵל עַמֶּךָ:
אָבִינוּ מַלְכֵּנוּ הָרֵם קֶרֶן מְשִׁיחֶךָ:
אָבִינוּ מַלְכֵּנוּ מַלֵּא יָדֵינוּ מִבִּרְכוֹתֶיךָ:
אָבִינוּ מַלְכֵּנוּ מַלֵּא אֲסָמֵינוּ שָׂבָע:
אָבִינוּ מַלְכֵּנוּ שְׁמַע קוֹלֵנוּ חוּס וְרַחֵם עָלֵינוּ:
אָבִינוּ מַלְכֵּנוּ קַבֵּל בְּרַחֲמִים וּבְרָצוֹן אֶת תְּפִלָּתֵנוּ:
אָבִינוּ מַלְכֵּנוּ פְּתַח שַׁעֲרֵי שָׁמַיִם לִתְפִלָּתֵנוּ:
אָבִינוּ מַלְכֵּנוּ זָכוֹר כִּי עָפָר אֲנָחְנוּ:
אָבִינוּ מַלְכֵּנוּ נָא אַל תְּשִׁיבֵנוּ רֵיקָם מִלְּפָנֶיךָ:
אָבִינוּ מַלְכֵּנוּ תְּהֵא הַשָּׁעָה הַזֹּאת שְׁעַת רַחֲמִים וְעֵת רָצוֹן מִלְּפָנֶיךָ:
אָבִינוּ מַלְכֵּנוּ חֲמוֹל עָלֵינוּ וְעַל עוֹלָלֵינוּ וְטַפֵּנוּ:
אָבִינוּ מַלְכֵּנוּ עֲשֵׂה לְמַעַן הֲרוּגִים עַל שֵׁם קָדְשֶׁךָ:
אָבִינוּ מַלְכֵּנוּ עֲשֵׂה לְמַעַן טְבוּחִים עַל יִחוּדֶךָ:
אָבִינוּ מַלְכֵּנוּ עֲשֵׂה לְמַעַן בָּאֵי בָאֵשׁ וּבַמַּיִם עַל קִדּוּשׁ שְׁמֶךָ:
אָבִינוּ מַלְכֵּנוּ נְקוֹם נִקְמַת דַּם עֲבָדֶיךָ הַשָּׁפוּךְ:
אָבִינוּ מַלְכֵּנוּ עֲשֵׂה לְמַעַנְךָ אִם לֹא לְמַעֲנֵנוּ:
אָבִינוּ מַלְכֵּנוּ עֲשֵׂה לְמַעַנְךָ וְהוֹשִׁיעֵנוּ:
אָבִינוּ מַלְכֵּנוּ עֲשֵׂה לְמַעַן רַחֲמֶיךָ הָרַבִּים:
אָבִינוּ מַלְכֵּנוּ עֲשֵׂה לְמַעַן שִׁמְךָ הַגָּדוֹל הַגִּבּוֹר וְהַנּוֹרָא שֶׁנִּקְרָא עָלֵינוּ:
אָבִינוּ מַלְכֵּנוּ חָנֵּנוּ וַעֲנֵנוּ כִּי אֵין בָּנוּ מַעֲשִׂים עֲשֵׂה עִמָּנוּ צְדָקָה וָחֶסֶד וְהוֹשִׁיעֵנוּ:

The Ark is closed.

Continue with וַאֲנַחְנוּ לֹא נֵדַע, page 16.

☙❦☙

AVINU MALKEINU

The Ark is opened.

אָבִינוּ Our Father, our King, we have sinned before You.

Our Father, our King, we have no King but You.

Our Father, our King, act [benevolently] with us for the sake of Your Name.

Between Rosh Hashanah and Yom Kippur:	On a public fast day (except on the fast of Gedaliah):
Our Father, our King, renew for us a good year.	Our Father, our King, bless us with a good year.

Our Father, our King, remove from us all harsh decrees.

Our Father, our King, annul the intentions of our enemies.

Our Father, our King, foil the plans of our foes.

Our Father, our King, wipe out every oppressor and adversary from against us.

Our Father, our King, close the mouths of our adversaries and accusers.

Our Father, our King, remove pestilence, sword, famine, captivity, and destruction from the members of Your covenant.

Our Father, our King, withhold the plague from Your inheritance.

Our Father, our King, pardon and forgive all our iniquities.

Our Father, our King, blot out and remove our transgressions from before Your eyes.

Our Father, our King, erase in Your abounding mercies all the records of our debts [sins].

Our Father, our King, bring us back to You in wholehearted repentance.

Our Father, our King, send a complete healing to the sick of Your people.

Our Father, our King, rend the evil [aspect] of the verdict decreed against us.

Our Father, our King, remember us with a favorable remembrance before You.

Between Rosh Hashanah and Yom Kippur:	On a public fast day (except on the Fast of Gedaliah):
Our Father, our King, inscribe us in the book of good life.	Our Father, our King, remember us for a good life.
Our Father, our King, inscribe us in the book of redemption and deliverance.	Our Father, our King, remember us for redemption and deliverance.

AVINU MALKEINU

The Ark is opened.

אָבִינוּ מַלְכֵּנוּ חָטָאנוּ לְפָנֶיךָ:
אָבִינוּ מַלְכֵּנוּ אֵין לָנוּ מֶלֶךְ אֶלָּא אָתָּה:
אָבִינוּ מַלְכֵּנוּ עֲשֵׂה עִמָּנוּ לְמַעַן שְׁמֶךָ:

Between Rosh Hashanah and Yom Kippur:

אָבִינוּ מַלְכֵּנוּ חַדֵּשׁ עָלֵינוּ שָׁנָה טוֹבָה:

On a public fast day (except on the Fast of Gedaliah):

אָבִינוּ מַלְכֵּנוּ בָּרֵךְ עָלֵינוּ שָׁנָה טוֹבָה:

אָבִינוּ מַלְכֵּנוּ בַּטֵּל מֵעָלֵינוּ כָּל גְּזֵרוֹת קָשׁוֹת:
אָבִינוּ מַלְכֵּנוּ בַּטֵּל מַחְשְׁבוֹת שׂוֹנְאֵינוּ:
אָבִינוּ מַלְכֵּנוּ הָפֵר עֲצַת אוֹיְבֵינוּ:
אָבִינוּ מַלְכֵּנוּ כַּלֵּה כָּל צַר וּמַסְטִין מֵעָלֵינוּ:
אָבִינוּ מַלְכֵּנוּ סְתוֹם פִּיּוֹת מַסְטִינֵנוּ וּמְקַטְרִיגֵנוּ:
אָבִינוּ מַלְכֵּנוּ כַּלֵּה דֶּבֶר וְחֶרֶב וְרָעָב וּשְׁבִי וּמַשְׁחִית מִבְּנֵי בְרִיתֶךָ:
אָבִינוּ מַלְכֵּנוּ מְנַע מַגֵּפָה מִנַּחֲלָתֶךָ:
אָבִינוּ מַלְכֵּנוּ סְלַח וּמְחוֹל לְכָל עֲוֹנוֹתֵינוּ:
אָבִינוּ מַלְכֵּנוּ מְחֵה וְהַעֲבֵר פְּשָׁעֵינוּ מִנֶּגֶד עֵינֶיךָ:
אָבִינוּ מַלְכֵּנוּ מְחוֹק בְּרַחֲמֶיךָ הָרַבִּים כָּל שִׁטְרֵי חוֹבוֹתֵינוּ:
אָבִינוּ מַלְכֵּנוּ הַחֲזִירֵנוּ בִּתְשׁוּבָה שְׁלֵמָה לְפָנֶיךָ:
אָבִינוּ מַלְכֵּנוּ שְׁלַח רְפוּאָה שְׁלֵמָה לְחוֹלֵי עַמֶּךָ:
אָבִינוּ מַלְכֵּנוּ קְרַע רוֹעַ גְּזַר דִּינֵנוּ:
אָבִינוּ מַלְכֵּנוּ זָכְרֵנוּ בְּזִכָּרוֹן טוֹב לְפָנֶיךָ:

Between Rosh Hashanah and Yom Kippur:

אָבִינוּ מַלְכֵּנוּ כָּתְבֵנוּ בְּסֵפֶר חַיִּים טוֹבִים:
אָבִינוּ מַלְכֵּנוּ כָּתְבֵנוּ בְּסֵפֶר גְּאֻלָּה וִישׁוּעָה:

On a public fast day (except on the Fast of Gedaliah):

אָבִינוּ מַלְכֵּנוּ זָכְרֵנוּ לְחַיִּים טוֹבִים:
אָבִינוּ מַלְכֵּנוּ זָכְרֵנוּ לִגְאֻלָּה וִישׁוּעָה:

to them in My house and within My walls a monument and a memorial better than sons and daughters; I will give them an everlasting memorial which shall not be cut off. And the sons of the foreigners who adhere to the Lord, to serve Him, and to love the Name of the Lord, to be His servants—every one who keeps the Shabbat by not desecrating it, and holds fast to My covenant, I will bring them to My holy mountain and make them rejoice in My house of prayer; their burnt offerings and their sacrifices shall be favorably accepted upon My altar, for My House shall be called a house of prayer for all the nations. Says the Lord God who gathers the dispersed of Israel: I will yet gather others to him besides those already gathered.

Upon concluding the Haftarah, the *maftir* recites the following blessings:

בָּרוּךְ Blessed are You, Lord our God, King of the universe, Creator of all the worlds, righteous in all generations, faithful God, who says and does, who speaks and fulfills, for all His words are true and just. You are trustworthy, Lord our God, and Your words are trustworthy; not one of Your words returns unfulfilled, for You, Almighty King, are trustworthy and compassionate. Blessed are You Lord, the God who is trustworthy in all His words.

רַחֵם Have mercy on Zion, for it is the abode of our life; bring deliverance and joy to the humiliated spirit speedily in our days. Blessed are You Lord, who causes Zion to rejoice in her children.

שַׂמְּחֵנוּ Gladden us, Lord our God, with [the coming of] Your servant Elijah the Prophet, and with the kingdom of the house of David Your anointed. May he soon come and delight our heart; no stranger shall sit on his throne, nor shall others any longer inherit his glory, for You have sworn to him by Your holy Name that his light will never be extinguished. Blessed are You Lord, Shield of David.

RETURNING THE TORAH TO THE ARK

On days when the Torah is read, stand while the Torah is returned to the Ark.

Chazzan recites the following aloud:

יְהַלְלוּ Let them praise the Name of the Lord, for His Name is sublimely exalted.[1]

Congregation responds:

הוֹדוֹ His radiance is upon the earth and heavens. He shall raise the glory of His people, [increase] the praise of all His pious ones, the children of Israel, the people close to Him. Praise the Lord.[2]

Chazzan recites Half Kaddish, page 4. Continue with the Amidah, page 5.

לָהֶם בְּבֵיתִי וּבְחוֹמֹתַי יָד וָשֵׁם טוֹב מִבָּנִים וּמִבָּנוֹת שֵׁם עוֹלָם אֶתֶּן־לוֹ אֲשֶׁר לֹא יִכָּרֵת: וּבְנֵי הַנֵּכָר הַנִּלְוִים עַל־יְהֹוָה לְשָׁרְתוֹ וּלְאַהֲבָה אֶת־שֵׁם יְהֹוָה לִהְיוֹת לוֹ לַעֲבָדִים כָּל־שֹׁמֵר שַׁבָּת מֵחַלְּלוֹ וּמַחֲזִיקִים בִּבְרִיתִי: וַהֲבִיאוֹתִים אֶל־הַר קָדְשִׁי וְשִׂמַּחְתִּים בְּבֵית תְּפִלָּתִי עוֹלֹתֵיהֶם וְזִבְחֵיהֶם לְרָצוֹן עַל־מִזְבְּחִי כִּי בֵיתִי בֵּית־תְּפִלָּה יִקָּרֵא לְכָל־הָעַמִּים: נְאֻם אֲדֹנָי אֱלֹהִים מְקַבֵּץ נִדְחֵי יִשְׂרָאֵל עוֹד אֲקַבֵּץ עָלָיו לְנִקְבָּצָיו:

Upon concluding the Haftarah, the *maftir* recites the following blessings:

בָּרוּךְ אַתָּה יְיָ אֱלֹהֵינוּ מֶלֶךְ הָעוֹלָם, צוּר כָּל הָעוֹלָמִים, צַדִּיק בְּכָל הַדּוֹרוֹת, הָאֵל הַנֶּאֱמָן הָאוֹמֵר וְעֹשֶׂה, הַמְּדַבֵּר וּמְקַיֵּם, שֶׁכָּל דְּבָרָיו אֱמֶת וָצֶדֶק: נֶאֱמָן אַתָּה הוּא יְיָ אֱלֹהֵינוּ, וְנֶאֱמָנִים דְּבָרֶיךָ, וְדָבָר אֶחָד מִדְּבָרֶיךָ אָחוֹר לֹא יָשׁוּב רֵיקָם, כִּי אֵל מֶלֶךְ נֶאֱמָן וְרַחֲמָן אָתָּה. בָּרוּךְ אַתָּה יְיָ, הָאֵל הַנֶּאֱמָן בְּכָל דְּבָרָיו: (אָמֵן)

רַחֵם עַל צִיּוֹן, כִּי הִיא בֵּית חַיֵּינוּ, וְלַעֲלוּבַת נֶפֶשׁ תּוֹשִׁיעַ וּתְשַׂמַּח בִּמְהֵרָה בְיָמֵינוּ. בָּרוּךְ אַתָּה יְיָ, מְשַׂמֵּחַ צִיּוֹן בְּבָנֶיהָ: (אָמֵן)

שַׂמְּחֵנוּ יְיָ אֱלֹהֵינוּ, בְּאֵלִיָּהוּ הַנָּבִיא עַבְדֶּךָ, וּבְמַלְכוּת בֵּית דָּוִד מְשִׁיחֶךָ, בִּמְהֵרָה יָבֹא וְיָגֵל לִבֵּנוּ, עַל כִּסְאוֹ לֹא יֵשֵׁב זָר, וְלֹא יִנְחֲלוּ עוֹד אֲחֵרִים אֶת כְּבוֹדוֹ, כִּי בְשֵׁם קָדְשְׁךָ נִשְׁבַּעְתָּ לּוֹ, שֶׁלֹּא יִכְבֶּה נֵרוֹ לְעוֹלָם וָעֶד. בָּרוּךְ אַתָּה יְיָ, מָגֵן דָּוִד: (אָמֵן)

RETURNING THE TORAH TO THE ARK

On days when the Torah is read, stand while the Torah is returned to the Ark.

Chazzan recites the following aloud:

יְהַלְלוּ אֶת שֵׁם יְיָ, כִּי נִשְׂגָּב שְׁמוֹ לְבַדּוֹ:[1]

Congregation responds:

הוֹדוֹ עַל אֶרֶץ וְשָׁמָיִם: וַיָּרֶם קֶרֶן לְעַמּוֹ, תְּהִלָּה לְכָל חֲסִידָיו, לִבְנֵי יִשְׂרָאֵל עַם קְרוֹבוֹ, הַלְלוּיָהּ:[2]

Chazzan recites Half Kaddish, page 4. Continue with the Amidah, page 5.

1. Psalms 148:13. **2.** Ibid. 148:13-14.

As the Torah is raised the congregation rises, looks at the Torah, and says aloud:

וְזֹאת This is the Torah which Moses placed before the children of Israel.[1] It is a tree of life for those who hold fast to it, and those who support it are fortunate.[2] Its ways are pleasant ways, and all its paths are peace.[3] Long life is at its right, riches and honor at its left.[4] The Lord desired, for the sake of his [Israel's] righteousness, to make the Torah great and glorious.[5]

The *golel* wraps the sash around the Torah at the top of the lower third, and places the mantle over the Torah (followed by the crown, etc.).

HAFTARAH

The third *oleh* recites the following blessing and Haftarah.

בָּרוּךְ Blessed are You, Lord our God, King of the universe, who has chosen good prophets and found favor with their words which were spoken in truth. Blessed are You Lord, who has chosen the Torah, Moses His servant, Israel His people, and the prophets of truth and righteousness.

Isaiah 55:6-56:8

דִּרְשׁוּ Seek the Lord while He may be found, call upon Him while He is near. Let the wicked abandon his way, and the man of iniquity his thoughts; let him return to the Lord, and He will have compassion upon him, and to our God, for He will abundantly pardon. For My thoughts are not your thoughts, nor are your ways My ways, says the Lord. For as the heavens are higher than the earth, so are My ways higher than your ways, and My thoughts than your thoughts. For as the rain or the snow comes down from heaven and does not return there until it waters the earth, making it bring forth and bud, giving seed to the sower and bread to the eater, so shall be My word that goes forth out of My mouth—it shall not return to Me void, but it shall accomplish that which I desire, and succeed in that for which I had sent it. For you will go out with joy, and be led forth in peace; the mountains and the hills will burst into song before you, and all the trees of the field will clap hands. Instead of the thorn shall come up the cypress; instead of the briar shall come up the myrtle; and it shall be to the Lord for renown, for an everlasting sign which shall not be cut off. Thus says the Lord: Keep justice, and do righteousness, for soon My deliverance will come and My righteousness [to you] will be revealed. Happy is the man who does this, and the human who holds fast to it; who keeps the Shabbat, by not desecrating it, and keeps his hand from doing any evil. Let the son of the foreigner [the righteous proselyte] who adheres to the Lord not say: The Lord will surely separate me from His people; and let the eunuch not say: Indeed, I am a dry tree. For thus says the Lord concerning the eunuchs who observe My Sabbaths, who choose the things that please Me, and hold fast to My covenant—I will give

As the Torah is raised the congregation rises, looks at the Torah, and says aloud:

וְזֹאת הַתּוֹרָה אֲשֶׁר שָׂם מֹשֶׁה לִפְנֵי בְּנֵי יִשְׂרָאֵל:[1] עֵץ
חַיִּים הִיא לַמַּחֲזִיקִים בָּהּ, וְתֹמְכֶיהָ מְאֻשָּׁר:[2]
דְּרָכֶיהָ דַרְכֵי נֹעַם, וְכָל נְתִיבוֹתֶיהָ שָׁלוֹם:[3] אֹרֶךְ יָמִים
בִּימִינָהּ, בִּשְׂמֹאלָהּ עֹשֶׁר וְכָבוֹד:[4] יְיָ חָפֵץ לְמַעַן צִדְקוֹ,
יַגְדִּיל תּוֹרָה וְיַאְדִּיר:[5]

The *golel* wraps the sash around the Torah at the top of the lower third, and places the mantle over the Torah (followed by the crown, etc.).

HAFTARAH

The third *oleh* recites the following blessing and Haftarah.

בָּרוּךְ אַתָּה יְיָ אֱלֹהֵינוּ מֶלֶךְ הָעוֹלָם אֲשֶׁר בָּחַר בִּנְבִיאִים טוֹבִים וְרָצָה
בְדִבְרֵיהֶם הַנֶּאֱמָרִים בֶּאֱמֶת בָּרוּךְ אַתָּה יְיָ הַבּוֹחֵר בַּתּוֹרָה
וּבְמֹשֶׁה עַבְדּוֹ וּבְיִשְׂרָאֵל עַמּוֹ וּבִנְבִיאֵי הָאֱמֶת וָצֶדֶק: (אָמֵן)

ישעיה נה ו.

דִּרְשׁוּ יְהֹוָה בְּהִמָּצְאוֹ קְרָאֻהוּ בִּהְיוֹתוֹ קָרוֹב: יַעֲזֹב רָשָׁע דַּרְכּוֹ וְאִישׁ
אָוֶן מַחְשְׁבֹתָיו וְיָשֹׁב אֶל־יְהֹוָה וִירַחֲמֵהוּ וְאֶל־אֱלֹהֵינוּ כִּי־יַרְבֶּה
לִסְלוֹחַ: כִּי לֹא מַחְשְׁבוֹתַי מַחְשְׁבוֹתֵיכֶם וְלֹא דַרְכֵיכֶם דְּרָכָי נְאֻם יְהֹוָה:
כִּי־גָבְהוּ שָׁמַיִם מֵאָרֶץ כֵּן גָּבְהוּ דְרָכַי מִדַּרְכֵיכֶם וּמַחְשְׁבֹתַי מִמַּחְשְׁבֹתֵיכֶם:
כִּי כַּאֲשֶׁר יֵרֵד הַגֶּשֶׁם וְהַשֶּׁלֶג מִן־הַשָּׁמַיִם וְשָׁמָּה לֹא יָשׁוּב כִּי אִם־הִרְוָה
אֶת־הָאָרֶץ וְהוֹלִידָהּ וְהִצְמִיחָהּ וְנָתַן זֶרַע לַזֹּרֵעַ וְלֶחֶם לָאֹכֵל: כֵּן יִהְיֶה דְבָרִי
אֲשֶׁר יֵצֵא מִפִּי לֹא־יָשׁוּב אֵלַי רֵיקָם כִּי אִם־עָשָׂה אֶת־אֲשֶׁר חָפַצְתִּי וְהִצְלִיחַ
אֲשֶׁר שְׁלַחְתִּיו: כִּי־בְשִׂמְחָה תֵצֵאוּ וּבְשָׁלוֹם תּוּבָלוּן הֶהָרִים וְהַגְּבָעוֹת יִפְצְחוּ
לִפְנֵיכֶם רִנָּה וְכָל־עֲצֵי הַשָּׂדֶה יִמְחֲאוּ־כָף: תַּחַת הַנַּעֲצוּץ יַעֲלֶה בְרוֹשׁ וְתַחַת
הַסִּרְפַּד יַעֲלֶה הֲדַס וְהָיָה לַיהֹוָה לְשֵׁם לְאוֹת עוֹלָם לֹא יִכָּרֵת: כֹּה אָמַר יְהֹוָה
שִׁמְרוּ מִשְׁפָּט וַעֲשׂוּ צְדָקָה כִּי־קְרוֹבָה יְשׁוּעָתִי לָבוֹא וְצִדְקָתִי לְהִגָּלוֹת: אַשְׁרֵי
אֱנוֹשׁ יַעֲשֶׂה־זֹּאת וּבֶן־אָדָם יַחֲזִיק בָּהּ שֹׁמֵר שַׁבָּת מֵחַלְּלוֹ וְשֹׁמֵר יָדוֹ מֵעֲשׂוֹת
כָּל־רָע: וְאַל־יֹאמַר בֶּן־הַנֵּכָר הַנִּלְוָה אֶל־יְהֹוָה לֵאמֹר הַבְדֵּל יַבְדִּילַנִי יְהֹוָה
מֵעַל עַמּוֹ וְאַל־יֹאמַר הַסָּרִיס הֵן אֲנִי עֵץ יָבֵשׁ: כִּי־כֹה | אָמַר יְהֹוָה לַסָּרִיסִים
אֲשֶׁר יִשְׁמְרוּ אֶת־שַׁבְּתוֹתַי וּבָחֲרוּ בַּאֲשֶׁר חָפָצְתִּי וּמַחֲזִיקִים בִּבְרִיתִי: וְנָתַתִּי

1. Deuteronomy 4:44. 2. Proverbs 3:18. 3. Ibid. 3:17. 4. Ibid. 3:16. 5. Isaiah 42:21.

PUBLIC FAST DAYS

During the following reading, the reader pauses for the congregation to say aloud the passages in bold before he reads them.

Exodus 32:11-14; 34:1-10

וַיְחַל Moses implored the Lord his God, saying: Lord, why should Your wrath blaze against Your people whom You brought out from the land of Egypt with great strength and with a mighty hand? Why should the Egyptians say: With evil intent did He bring them out, to kill them in the mountains and to annihilate them from upon the face of the earth? (Cong. then reader:) **Shuv may-charon a-pechö v'hinöchaym al hö-rö-ö l'amechö.** (Turn from Your blazing wrath and renounce the thought of bringing evil upon Your people.) Remember Abraham, Isaac and Israel Your servants, to whom You swore by Your Self and said to them: I will make your descendants as numerous as the stars of heaven, and all this land which I promised, I will give to your descendants, and they will inherit [it] forever. And the Lord renounced the thought of the evil He said He would do to His people.

Levi: The Lord said to Moses: Hew for yourself two tablets of stone like the first ones, and I will write upon the tablets the words which were on the first tablets that you broke. Be ready for the morning, and in the morning ascend Mount Sinai and stand before Me there, on the top of the mountain. No man shall go up with you, nor shall any man be seen on the whole mountain, nor shall the flocks or the herds graze before that mountain.

Yisrael: And he hewed two tablets of stone like the first ones, and Moses rose early in the morning and ascended Mount Sinai as the Lord had commanded him; and he took in his hand the two tablets of stone. The Lord descended in a cloud and stood with him there, and he invoked the Name of the Lord. And the Lord passed before him and proclaimed: (Cong. then reader:) **Adonöy adonöy ayl rachum v'chanun erech apayim v'rav chesed ve-emes. Notzayr chesed lö-alöfim nosay övon vö-fesha v'chatö-ö v'nakay.** (Lord, Lord, benevolent God, compassionate and gracious, slow to anger and abounding in kindness and truth. He preserves kindness for two thousand generations, forgiving iniquity, transgression and sin, acquitting [the penitent]) and not acquitting [the impenitent], remembering the iniquity of the fathers for the children and children's children, for the third and for the fourth generation. Moses hastened to bow to the ground, prostrated himself, and said: If I have found favor in Your eyes, my Lord, may my Lord go in our midst, for this is a stiff-necked people; (Cong. then reader:) **V'sölachtö la-avonaynu u-l'chatösaynu un'chal-tönu.** (pardon our wrongdoings and our sins, and take us as Your own possession.) And He said: I hereby make a covenant; before all your people I will perform wonders such as have not been performed on all the earth or for any nation; and all the people in whose midst you are shall see how awesome is the deed of the Lord which I will perform for you.

RAISING THE TORAH

Before raising the Torah, open it to reveal at least three columns and one seam. Raise the Torah, turning to the left and right, so that everyone present can see the text. Place the open Torah back on the *bimah* and roll it closed with a seam centered between the two rollers. Lift the closed Torah and be seated holding it.

PUBLIC FAST DAYS

During the following reading, the reader pauses for the congregation to say aloud the passages in bold before he reads them.

שמות ל״ב, י״א-י״ד, ל״ד, א.

וַיְחַ֣ל מֹשֶׁ֔ה אֶת־פְּנֵ֖י יְהֹוָ֣ה אֱלֹהָ֑יו וַיֹּ֗אמֶר לָמָ֤ה יְהֹוָה֙ יֶחֱרֶ֤ה אַפְּךָ֙ בְּעַמֶּ֔ךָ אֲשֶׁ֤ר הוֹצֵ֨אתָ֙ מֵאֶ֣רֶץ מִצְרַ֔יִם בְּכֹ֥חַ גָּד֖וֹל וּבְיָ֥ד חֲזָקָֽה: לָ֣מָּה יֹאמְר֣וּ מִצְרַ֗יִם לֵאמֹ֗ר בְּרָעָ֤ה הֽוֹצִיאָם֙ לַהֲרֹ֤ג אֹתָם֙ בֶּֽהָרִ֔ים וּֽלְכַלֹּתָ֔ם מֵעַ֖ל פְּנֵ֣י הָֽאֲדָמָ֑ה **שׁ֚וּב מֵחֲר֣וֹן אַפֶּ֔ךָ וְהִנָּחֵ֥ם עַל־הָרָעָ֖ה לְעַמֶּֽךָ:** זְכֹ֡ר (—Cong. then reader) לְאַבְרָהָם֩ לְיִצְחָ֨ק וּלְיִשְׂרָאֵ֜ל עֲבָדֶ֗יךָ אֲשֶׁ֨ר נִשְׁבַּ֣עְתָּ לָהֶם֮ בָּךְ֒ וַתְּדַבֵּ֣ר אֲלֵהֶ֔ם אַרְבֶּה֙ אֶֽת־זַרְעֲכֶ֔ם כְּכוֹכְבֵ֖י הַשָּׁמָ֑יִם וְכָל־הָאָ֨רֶץ הַזֹּ֜את אֲשֶׁ֣ר אָמַ֗רְתִּי אֶתֵּ֛ן לְזַרְעֲכֶ֖ם וְנָחֲל֥וּ לְעֹלָֽם: וַיִּנָּ֖חֶם יְהֹוָ֑ה עַל־הָ֣רָעָ֔ה אֲשֶׁ֥ר דִּבֶּ֖ר לַעֲשׂ֥וֹת לְעַמּֽוֹ:

לוי וַיֹּ֤אמֶר יְהֹוָה֙ אֶל־מֹשֶׁ֔ה פְּסָל־לְךָ֛ שְׁנֵֽי־לֻחֹ֥ת אֲבָנִ֖ים כָּרִאשֹׁנִ֑ים וְכָתַבְתִּי֙ עַל־הַלֻּחֹ֔ת אֶת־הַדְּבָרִ֔ים אֲשֶׁ֥ר הָי֛וּ עַל־הַלֻּחֹ֥ת הָרִאשֹׁנִ֖ים אֲשֶׁ֥ר שִׁבַּֽרְתָּ: וֶהְיֵ֥ה נָכ֖וֹן לַבֹּ֑קֶר וְעָלִ֤יתָ בַבֹּ֨קֶר֙ אֶל־הַ֣ר סִינַ֔י וְנִצַּבְתָּ֥ לִ֛י שָׁ֖ם עַל־רֹ֥אשׁ הָהָֽר: וְאִ֤ישׁ לֹֽא־יַעֲלֶ֣ה עִמָּ֔ךְ וְגַם־אִ֥ישׁ אַל־יֵרָ֖א בְּכָל־הָהָ֑ר גַּם־הַצֹּ֤אן וְהַבָּקָר֙ אַל־יִרְע֔וּ אֶל־מ֖וּל הָהָ֥ר הַהֽוּא:

ישראל וַיִּפְסֹ֡ל שְׁנֵֽי־לֻחֹ֨ת אֲבָנִ֜ים כָּרִאשֹׁנִ֗ים וַיַּשְׁכֵּ֨ם מֹשֶׁ֤ה בַבֹּ֨קֶר֙ וַיַּ֨עַל֙ אֶל־הַ֣ר סִינַ֔י כַּאֲשֶׁ֛ר צִוָּ֥ה יְהֹוָ֖ה אֹת֑וֹ וַיִּקַּ֣ח בְּיָד֔וֹ שְׁנֵ֖י לֻחֹ֥ת אֲבָנִֽים: וַיֵּ֤רֶד יְהֹוָה֙ בֶּֽעָנָ֔ן וַיִּתְיַצֵּ֥ב עִמּ֖וֹ שָׁ֑ם וַיִּקְרָ֥א בְשֵׁ֖ם יְהֹוָֽה: וַיַּעֲבֹ֨ר יְהֹוָ֥ה ׀ עַל־פָּנָיו֮ וַיִּקְרָא֒ **יְהֹוָ֣ה ׀ יְהֹוָ֔ה אֵ֥ל רַח֖וּם וְחַנּ֑וּן אֶ֥רֶךְ אַפַּ֖יִם** (—Cong. then reader) **וְרַב־חֶ֥סֶד וֶאֱמֶֽת: נֹצֵ֥ר חֶ֨סֶד֙ לָאֲלָפִ֔ים נֹשֵׂ֥א עָוֺ֛ן וָפֶ֖שַׁע וְחַטָּאָ֑ה וְנַקֵּה֙** לֹ֣א יְנַקֶּ֔ה פֹּקֵ֣ד ׀ עֲוֺ֣ן אָב֗וֹת עַל־בָּנִים֙ וְעַל־בְּנֵ֣י בָנִ֔ים עַל־שִׁלֵּשִׁ֖ים וְעַל־רִבֵּעִֽים: וַיְמַהֵ֖ר מֹשֶׁ֑ה וַיִּקֹּ֥ד אַ֖רְצָה וַיִּשְׁתָּֽחוּ: וַיֹּ֡אמֶר אִם־נָא֩ מָצָ֨אתִי חֵ֤ן (—Cong. then reader) בְּעֵינֶ֨יךָ֙ אֲדֹנָ֔י יֵֽלֶךְ־נָ֥א אֲדֹנָ֖י בְּקִרְבֵּ֑נוּ כִּ֤י עַם־קְשֵׁה־עֹ֨רֶף֙ ה֔וּא **וְסָלַחְתָּ֛ לַעֲוֺנֵ֥נוּ וּלְחַטָּאתֵ֖נוּ וּנְחַלְתָּֽנוּ:** וַיֹּ֗אמֶר הִנֵּ֣ה אָנֹכִי֮ כֹּרֵ֣ת בְּרִית֒ נֶ֤גֶד כָּֽל־עַמְּךָ֙ אֶעֱשֶׂ֣ה נִפְלָאֹ֔ת אֲשֶׁ֛ר לֹא־נִבְרְא֥וּ בְכָל־הָאָ֖רֶץ וּבְכָל־הַגּוֹיִ֑ם וְרָאָ֣ה כָל־הָ֠עָם אֲשֶׁר־אַתָּ֨ה בְקִרְבּ֜וֹ אֶת־מַעֲשֵׂ֤ה יְהֹוָה֙ כִּֽי־נוֹרָ֣א ה֔וּא אֲשֶׁ֥ר אֲנִ֖י עֹשֶׂ֥ה עִמָּֽךְ:

RAISING THE TORAH

Before raising the Torah, open it to reveal at least three columns and one seam. Raise the Torah, turning to the left and right, so that everyone present can see the text. Place the open Torah back on the *bimah* and roll it closed with a seam centered between the two rollers. Lift the closed Torah and be seated holding it.

The chazzan raises the Torah slightly and says:

גַּדְּלוּ **Exalt the Lord with me, and let us extol His Name together.**[1]

As the chazzan carries the Torah to the *bimah* the congregation and chazzan respond:

לְךָ Lord, Yours is the greatness, the power, the glory, the victory, and the majesty; for all in heaven and on earth [is Yours]. Lord, Yours is the kingship and You are exalted, supreme over all rulers.[2] Exalt the Lord our God, and bow down at His footstool; holy is He.[3] Exalt the Lord our God, and bow down at His holy mountain, for the Lord our God is holy.[4]

אַב May the All-Merciful Father have compassion on the people borne [by Him],[5] and remember the covenant with the mighty ones [Patriarchs]; may He deliver our souls from evil times, and banish the evil impulse from the ones carried [by Him];[5] may He graciously grant us eternal survival and fulfill our wishes in ample measure for salvation and mercy.

The Torah is placed on the *bimah*. You may be seated.

The following is recited by the *gabbai* to call the Kohen to the Torah. If no Kohen is present, a Levite or Israelite is called up to the Torah.

וְתִגָּלֶה And may His kingship over us soon be revealed and made visible, and may He graciously grant to our remnant and the remnant of His people, the House of Israel, grace, kindness, mercy, and goodwill; and let us say, Amen. Let all render glory to our God and give honor to the Torah. Let the Kohen come forward. Arise, [Call out the Hebrew name of the person called to the Torah and that of his father] the Kohen. Blessed is He who in His holiness gave the Torah to His people Israel.

The congregation responds:

And you who cleave to the Lord your God are all alive today.[6]

The *oleh* (the one called to the Torah) should use the shortest route possible to the *bimah*.

The chazzan raises the Torah slightly and says:

גַּדְּלוּ לַיי אִתִּי וּנְרוֹמְמָה שְׁמוֹ יַחְדָּו:[1]

As the chazzan carries the Torah to the *bimah*, the congregation and chazzan respond:

לְךָ יי הַגְּדֻלָּה וְהַגְּבוּרָה וְהַתִּפְאֶרֶת וְהַנֵּצַח וְהַהוֹד, כִּי
כֹל בַּשָּׁמַיִם וּבָאָרֶץ. לְךָ יי הַמַּמְלָכָה וְהַמִּתְנַשֵּׂא
לְכֹל לְרֹאשׁ:[2] רוֹמְמוּ יי אֱלֹהֵינוּ, וְהִשְׁתַּחֲווּ לַהֲדֹם רַגְלָיו,
קָדוֹשׁ הוּא:[3] רוֹמְמוּ יי אֱלֹהֵינוּ וְהִשְׁתַּחֲווּ לְהַר קָדְשׁוֹ, כִּי
קָדוֹשׁ יי אֱלֹהֵינוּ:[4]

אַב הָרַחֲמִים הוּא יְרַחֵם עַם עֲמוּסִים,[5] וְיִזְכֹּר בְּרִית
אֵיתָנִים, וְיַצִּיל נַפְשׁוֹתֵינוּ מִן הַשָּׁעוֹת הָרָעוֹת,
וְיִגְעַר בְּיֵצֶר הָרָע מִן הַנְּשׂוּאִים,[5] וְיָחֹן עָלֵינוּ לִפְלֵיטַת
עוֹלָמִים, וִימַלֵּא מִשְׁאֲלוֹתֵינוּ בְּמִדָּה טוֹבָה יְשׁוּעָה
וְרַחֲמִים:

The Torah is placed on the *bimah*. You may be seated.

The following is recited by the *gabbai* to call the Kohen to the Torah. If no Kohen is present, a Levite or Israelite is called up to the Torah.

וְתִגָּלֶה וְתֵרָאֶה מַלְכוּתוֹ עָלֵינוּ בִּזְמַן קָרוֹב, וְיָחֹן
פְּלֵיטָתֵנוּ וּפְלֵיטַת עַמּוֹ בֵּית יִשְׂרָאֵל לְחֵן וּלְחֶסֶד
וּלְרַחֲמִים וּלְרָצוֹן וְנֹאמַר אָמֵן. הַכֹּל הָבוּ גֹדֶל לֵאלֹהֵינוּ
וּתְנוּ כָבוֹד לַתּוֹרָה. כֹּהֵן קְרָב, יַעֲמֹד (name) בֶּן (father's name)
הַכֹּהֵן. בָּרוּךְ שֶׁנָּתַן תּוֹרָה לְעַמּוֹ יִשְׂרָאֵל בִּקְדֻשָּׁתוֹ:

The congregation responds:

וְאַתֶּם הַדְּבֵקִים בַּיי אֱלֹהֵיכֶם, חַיִּים כֻּלְּכֶם הַיּוֹם:[6]

The *oleh* (the one called to the Torah) should use the shortest route possible to the *bimah*.

---

1. Psalms 34:4. **2.** I Chronicles 29:11. **3.** Psalms 99:5. **4.** Ibid. 99:9. **5.** V. Isaiah 46:3.
6. Deuteronomy 4:4.

READING OF THE TORAH FOR PUBLIC FAST DAYS

As the Ark is opened, stand and recite the following. Remain standing until the Torah is placed on the *bimah*.

וַיְהִי Whenever the Ark set out, Moses would say, "Arise, O Lord, and Your enemies will be dispersed, and Your foes will flee before You."[1] For from Zion shall go forth the Torah, and the word of the Lord from Jerusalem.[2] Blessed is He who in His holiness gave the Torah to His people Israel.

בְּרִיךְ Blessed is the Name of the Master of the universe! Blessed is Your crown and the place [of Your majesty]. May Your goodwill ever be with Your people Israel; show Your people the redemption of Your right hand through [the rebuilding of] Your Bet Hamikdash. Bestow upon us of Your beneficent light, and accept our prayer with compassion. May it be Your will to prolong our life in well-being. May I be counted among the righteous, so that You may have mercy upon me, and protect me and all that belongs to me and to Your people Israel. It is You who feeds all and sustains all. It is You who rules over all; it is You who rules over kings, and sovereignty is Yours. I am the servant of the Holy One, blessed be He, before whom and before whose glorious Torah I bow. I do not at any time put my trust in man, nor do I place my reliance on an angel, but only in the God of heaven who is the true God, whose Torah is truth, whose prophets are true, and who performs numerous deeds of goodness and truth. I put my trust in Him, and I utter praises to His holy and glorious Name. May it be Your will to open my heart to the Torah, and to fulfill the desires of my heart and the hearts of all Your people Israel for good, for life, and for peace.[3]

The Torah is removed from the Ark and handed to the chazzan.

READING OF THE TORAH FOR PUBLIC FAST DAYS

As the Ark is opened, stand and recite the following. Remain standing until the Torah is placed on the *bimah*.

וַיְהִי בִּנְסֹעַ הָאָרֹן וַיֹּאמֶר מֹשֶׁה: קוּמָה יְיָ וְיָפֻצוּ אֹיְבֶיךָ וְיָנֻסוּ מְשַׂנְאֶיךָ מִפָּנֶיךָ:[1] כִּי מִצִּיּוֹן תֵּצֵא תוֹרָה וּדְבַר יְיָ מִירוּשָׁלָיִם:[2] בָּרוּךְ שֶׁנָּתַן תּוֹרָה לְעַמּוֹ יִשְׂרָאֵל בִּקְדֻשָּׁתוֹ:

בְּרִיךְ שְׁמֵהּ דְּמָרֵא עָלְמָא, בְּרִיךְ כִּתְרָךְ וְאַתְרָךְ, יְהֵא רְעוּתָךְ עִם עַמָּךְ יִשְׂרָאֵל לְעָלַם, וּפוּרְקַן יְמִינָךְ אַחֲזֵי לְעַמָּךְ בְּבֵי מַקְדְּשָׁךְ, וּלְאַמְטוּיֵי לָנָא מִטּוּב נְהוֹרָךְ וּלְקַבֵּל צְלוֹתָנָא בְּרַחֲמִין. יְהֵא רַעֲוָא קֳדָמָךְ דְּתוֹרִיךְ לָן חַיִּין בְּטִיבוּ, וְלֶהֱוֵי אֲנָא פְּקִידָא בְּגוֹ צַדִּיקַיָּא, לְמִרְחַם עָלַי וּלְמִנְטַר יָתִי וְיַת כָּל דִּי לִי, וְדִי לְעַמָּךְ יִשְׂרָאֵל. אַנְתְּ הוּא זָן לְכֹלָּא וּמְפַרְנֵס לְכֹלָּא, אַנְתְּ הוּא שַׁלִּיט עַל כֹּלָּא. אַנְתְּ הוּא דְּשַׁלִּיט עַל מַלְכַיָּא, וּמַלְכוּתָא דִּילָךְ הִיא. אֲנָא עַבְדָּא דְקֻדְשָׁא בְּרִיךְ הוּא, דְּסָגֵידְנָא קַמֵּהּ וּמִקַּמֵּי דִּיקַר אוֹרַיְתֵהּ. בְּכָל עִדָּן וְעִדָּן לָא עַל אֱנָשׁ רָחִיצְנָא וְלָא עַל בַּר אֱלָהִין סָמִיכְנָא, אֶלָּא בֶּאֱלָהָא דִשְׁמַיָּא, דְּהוּא אֱלָהָא קְשׁוֹט, וְאוֹרַיְתֵהּ קְשׁוֹט, וּנְבִיאוֹהִי קְשׁוֹט, וּמַסְגֵּא לְמֶעְבַּד טַבְוָן וּקְשׁוֹט. בֵּהּ אֲנָא רָחִיץ, וְלִשְׁמֵהּ קַדִּישָׁא יַקִּירָא אֲנָא אֵמַר תֻּשְׁבְּחָן. יְהֵא רַעֲוָא קֳדָמָךְ דְּתִפְתַּח לִבָּאִי בְּאוֹרַיְתָא, וְתַשְׁלִים מִשְׁאֲלִין דְּלִבָּאִי, וְלִבָּא דְכָל עַמָּךְ יִשְׂרָאֵל, לְטַב וּלְחַיִּין וְלִשְׁלָם.[3]

The Torah is removed from the Ark and handed to the chazzan.

---

1. Numbers 10:35. **2.** Isaiah 2:3. **3.** Zohar II, 206a.

MOURNER'S KADDISH
Mourners recite the following Kaddish.
Congregation responds Amen as indicated.

יִתְגַּדַּל *Yis-gadal v'yis-kadash sh'mayh rabö.* (Cong: *Ömayn*)

*B'öl'mö di v'rö chir'u-sayh v'yamlich mal'chusayh,
v'yatzmach pur-könayh vikörayv m'shi-chayh.* (Cong: *Ömayn*)

*B'cha-yay-chon u-v'yomaychon u-v'cha-yay d'chöl bays
yisrö-ayl, ba-agölö u-viz'man köriv v'im'ru ömayn.*

(Cong: *Ömayn. Y'hay sh'mayh rabö m'vörach l'ölam u-l'öl'may
öl'ma-yö, yisböraych.*)

*Y'hay sh'mayh rabö m'vörach l'ölam u-l'öl'may öl'ma-yö.
Yisböraych,   v'yishtabach,   v'yispö-ayr,   v'yisromöm,
v'yis-nasay,   v'yis-hadör,   v'yis-aleh,   v'yis-halöl,   sh'may
d'kudshö b'rich hu.* (Cong: *Ömayn*)

*L'aylö   min   köl   bir-chösö   v'shirösö,   tush-b'chösö
v'neche-mösö, da-amirön b'öl'mö, v'im'ru ömayn.* (Cong:
Ömayn)

*Y'hay sh'lömö rabö min sh'ma-yö, v'cha-yim tovim ölaynu
v'al köl yisrö-ayl v'im'ru ömayn.* (Cong: *Ömayn*)

Take three steps back, then bow right saying *Oseh shölom bim'romöv,* bow forward saying
hu, bow left saying *ya-aseh shölom ölaynu,* and bow forward saying *v'al köl yisrö-ayl,
v'im'ru ömayn.*

From Rosh Hashanah through Yom Kippur, substitute *ha-shölom* for *shölom.*

*Oseh (ha-shölom) shölom bim'romöv, hu ya-a-se shölom
ölaynu v'al köl yisrö-ayl, v'im'ru ömayn.* (Cong: *Ömayn*)

אַל Do not fear sudden terror, nor the destruction of the
wicked when it comes.[1] Contrive a scheme, but it will be
foiled; conspire a plot, but it will not materialize, for God is
with us.[2] To your old age I am [with you]; to your hoary
years I will sustain you; I have made you, and I will carry
you; I will sustain you and deliver you.[3]

אַךְ Indeed, the righteous will extol Your Name; the upright
will dwell in Your presence.[4]

Mourners recite Kaddish D'Rabbanan after Mishnayot, page 87.

MOURNER'S KADDISH

Mourners recite the following Kaddish.
Congregation responds אָמֵן as indicated.

יִתְגַּדַּל וְיִתְקַדַּשׁ שְׁמֵהּ רַבָּא. (Cong—אָמֵן) בְּעָלְמָא דִּי בְרָא כִרְעוּתֵהּ וְיַמְלִיךְ מַלְכוּתֵהּ, וְיַצְמַח פּוּרְקָנֵהּ וִיקָרֵב מְשִׁיחֵהּ. (Cong—אָמֵן) בְּחַיֵּיכוֹן וּבְיוֹמֵיכוֹן וּבְחַיֵּי דְכָל בֵּית יִשְׂרָאֵל, בַּעֲגָלָא וּבִזְמַן קָרִיב וְאִמְרוּ אָמֵן:

(Cong—אָמֵן. יְהֵא שְׁמֵהּ רַבָּא מְבָרַךְ לְעָלַם וּלְעָלְמֵי עָלְמַיָּא, יִתְבָּרַךְ.)

יְהֵא שְׁמֵהּ רַבָּא מְבָרַךְ לְעָלַם וּלְעָלְמֵי עָלְמַיָּא. יִתְבָּרַךְ, וְיִשְׁתַּבַּח, וְיִתְפָּאַר, וְיִתְרוֹמַם, וְיִתְנַשֵּׂא, וְיִתְהַדָּר, וְיִתְעַלֶּה, וְיִתְהַלָּל, שְׁמֵהּ דְּקוּדְשָׁא בְּרִיךְ הוּא. (Cong—אָמֵן) לְעֵלָּא מִן כָּל בִּרְכָתָא וְשִׁירָתָא, תֻּשְׁבְּחָתָא וְנֶחֱמָתָא, דַּאֲמִירָן בְּעָלְמָא, וְאִמְרוּ אָמֵן: (Cong—אָמֵן) יְהֵא שְׁלָמָא רַבָּא מִן שְׁמַיָּא וְחַיִּים טוֹבִים עָלֵינוּ וְעַל כָּל יִשְׂרָאֵל, וְאִמְרוּ אָמֵן: (Cong—אָמֵן)

Take three steps back, then bow right saying עֹשֶׂה שָׁלוֹם בִּמְרוֹמָיו, bow forward saying הוּא, bow left saying יַעֲשֶׂה שָׁלוֹם עָלֵינוּ, and bow forward saying וְעַל כָּל יִשְׂרָאֵל, וְאִמְרוּ אָמֵן.

From Rosh Hashanah through Yom Kippur, substitute הַשָּׁלוֹם for שָׁלוֹם.

עֹשֶׂה (הַשָּׁלוֹם) שָׁלוֹם בִּמְרוֹמָיו, הוּא יַעֲשֶׂה שָׁלוֹם עָלֵינוּ וְעַל כָּל יִשְׂרָאֵל, וְאִמְרוּ אָמֵן: (Cong—אָמֵן)

אַל תִּירָא מִפַּחַד פִּתְאֹם, וּמִשֹּׁאַת רְשָׁעִים כִּי תָבֹא:[1] עֻצוּ עֵצָה וְתֻפָר, דַּבְּרוּ דָבָר וְלֹא יָקוּם, כִּי עִמָּנוּ אֵל:[2] וְעַד זִקְנָה אֲנִי הוּא, וְעַד שֵׂיבָה אֲנִי אֶסְבֹּל; אֲנִי עָשִׂיתִי וַאֲנִי אֶשָּׂא וַאֲנִי אֶסְבֹּל וַאֲמַלֵּט:[3]

אַךְ צַדִּיקִים יוֹדוּ לִשְׁמֶךָ, יֵשְׁבוּ יְשָׁרִים אֶת פָּנֶיךָ:[4]

Mourners recite Kaddish D'Rabbanan after Mishnayot, page 87.

1. Proverbs 3:25. 2. Isaiah 8:10. 3. Ibid. 46:4. 4. Psalms 140:14.

On Chanukah, the menorah in the synagogue is kindled at this point, page 85.

Stand while reciting *Aleinu*.

עָלֵינוּ It is incumbent upon us to praise the Master of all things, to exalt the Creator of all existence, that He has not made us like the nations of the world, nor caused us to be like the families of the earth; that He has not assigned us a portion like theirs, nor a lot like that of all their multitudes, for they bow to vanity and nothingness. But we bend the knee, bow down, and offer praise before the supreme King of kings, the Holy One, blessed be He, who stretches forth the heavens and establishes the earth, the seat of whose glory is in the heavens above and the abode of whose majesty is in the loftiest heights. He is our God; there is none else. Truly, He is our King; there is nothing besides Him, as it is written in His Torah:[1] Know this day and take unto your heart that the Lord is God; in the heavens above and upon the earth below there is nothing else.[2]

וְעַל And therefore we hope to You, Lord our God, that we may speedily behold the splendor of Your might, to banish idolatry from the earth—and false gods will be utterly destroyed; to perfect the world under the sovereignty of the Almighty. All mankind shall invoke Your Name, to turn to You all the wicked of the earth. Then all the inhabitants of the world will recognize and know that every knee should bend to You, every tongue should swear [by Your Name]. Before You, Lord our God, they will bow and prostrate themselves, and give honor to the glory of Your Name; and they will all take upon themselves the yoke of Your kingdom. May You soon reign over them forever and ever, for Kingship is Yours, and to all eternity You will reign in glory, as it is written in Your Torah: The Lord will reign forever and ever.[3] And it is said: The Lord shall be King over the entire earth; on that day the Lord shall be One and His Name One.[4]

On Chanukah, the menorah in the synagogue is kindled at this point, page 85.

Stand while reciting עָלֵינוּ.

עָלֵינוּ לְשַׁבֵּחַ לַאֲדוֹן הַכֹּל, לָתֵת גְּדֻלָּה לְיוֹצֵר בְּרֵאשִׁית, שֶׁלֹּא עָשָׂנוּ כְּגוֹיֵי הָאֲרָצוֹת, וְלֹא שָׂמָנוּ כְּמִשְׁפְּחוֹת הָאֲדָמָה, שֶׁלֹּא שָׂם חֶלְקֵנוּ כָּהֶם, וְגוֹרָלֵנוּ כְּכָל הֲמוֹנָם, שֶׁהֵם מִשְׁתַּחֲוִים לְהֶבֶל וָלָרִיק. וַאֲנַחְנוּ כּוֹרְעִים וּמִשְׁתַּחֲוִים וּמוֹדִים לִפְנֵי מֶלֶךְ מַלְכֵי הַמְּלָכִים, הַקָּדוֹשׁ בָּרוּךְ הוּא. שֶׁהוּא נוֹטֶה שָׁמַיִם וְיוֹסֵד אָרֶץ, וּמוֹשַׁב יְקָרוֹ בַּשָּׁמַיִם מִמַּעַל, וּשְׁכִינַת עֻזּוֹ בְּגָבְהֵי מְרוֹמִים. הוּא אֱלֹהֵינוּ אֵין עוֹד, אֱמֶת מַלְכֵּנוּ, אֶפֶס זוּלָתוֹ, כַּכָּתוּב בְּתוֹרָתוֹ:[1] וְיָדַעְתָּ הַיּוֹם וַהֲשֵׁבֹתָ אֶל לְבָבֶךָ, כִּי יְיָ הוּא הָאֱלֹהִים, בַּשָּׁמַיִם מִמַּעַל וְעַל הָאָרֶץ מִתָּחַת, אֵין עוֹד:[2]

וְעַל כֵּן נְקַוֶּה לְּךָ יְיָ אֱלֹהֵינוּ, לִרְאוֹת מְהֵרָה בְּתִפְאֶרֶת עֻזֶּךָ, לְהַעֲבִיר גִּלּוּלִים מִן הָאָרֶץ, וְהָאֱלִילִים כָּרוֹת יִכָּרֵתוּן, לְתַקֵּן עוֹלָם בְּמַלְכוּת שַׁדַּי, וְכָל בְּנֵי בָשָׂר יִקְרְאוּ בִשְׁמֶךָ, לְהַפְנוֹת אֵלֶיךָ כָּל רִשְׁעֵי אָרֶץ. יַכִּירוּ וְיֵדְעוּ כָּל יוֹשְׁבֵי תֵבֵל, כִּי לְךָ תִּכְרַע כָּל בֶּרֶךְ, תִּשָּׁבַע כָּל לָשׁוֹן. לְפָנֶיךָ יְיָ אֱלֹהֵינוּ יִכְרְעוּ וְיִפֹּלוּ, וְלִכְבוֹד שִׁמְךָ יְקָר יִתֵּנוּ. וִיקַבְּלוּ כֻלָּם עֲלֵיהֶם אֶת עוֹל מַלְכוּתֶךָ, וְתִמְלוֹךְ עֲלֵיהֶם מְהֵרָה לְעוֹלָם וָעֶד. כִּי הַמַּלְכוּת שֶׁלְּךָ הִיא, וּלְעוֹלְמֵי עַד תִּמְלוֹךְ בְּכָבוֹד, כַּכָּתוּב בְּתוֹרָתֶךָ: יְיָ יִמְלֹךְ לְעֹלָם וָעֶד:[3] וְנֶאֱמַר: וְהָיָה יְיָ לְמֶלֶךְ עַל כָּל הָאָרֶץ, בַּיּוֹם הַהוּא יִהְיֶה יְיָ אֶחָד וּשְׁמוֹ אֶחָד:[4]

---

1. Deuteronomy 4:39. **2.** For further elucidation, see Tanya, Part II, ch. 6. **3.** Exodus 15:18. **4.** Zechariah 14:9.

May the prayers and supplications of the entire House of Israel be accepted before their Father in heaven; and say, Amen. (Cong: Amen.) May there be abundant peace from heaven, and a good life for us and for all Israel; and say, Amen. (Cong: Amen.)

Take three steps back, then bow right saying *He who makes peace in His Heavens,* bow forward saying *may He,* bow left saying *make peace for us,* and bow forward saying *and for all Israel; and say, Amen.*

From Rosh Hashanah through Yom Kippur substitute *the peace* for *peace.*

He who makes (the) peace in His heavens, may He make peace for us and for all Israel; and say, Amen. (Cong: Amen.)

From the first day of Rosh Chodesh Elul through Hoshana Rabbah, recite the following psalm.

לְדָוִד By David. The Lord is my light and my salvation—whom shall I fear? The Lord is the strength of my life—whom shall I dread? When evildoers approached me to devour my flesh, my oppressors and my foes, they stumbled and fell. If an army were to beleaguer me, my heart would not fear; if war were to arise against me, in this[1] I trust. One thing I have asked of the Lord, this I seek: that I may dwell in the House of the Lord all the days of my life, to behold the pleasantness of the Lord and to visit in His Sanctuary. For He will hide me in His tabernacle on a day of adversity; He will conceal me in the hidden places of His tent; He will lift me upon a rock. And then my head will be raised above my enemies around me, and I will offer in His tabernacle sacrifices of jubilation; I will sing and chant to the Lord. Lord, hear my voice as I call; be gracious to me and answer me. In Your behalf my heart says, "Seek My countenance;" Your countenance, Lord, I seek. Do not conceal Your countenance from me, do not cast aside Your servant in wrath; You have been my help; do not abandon me nor forsake me, God of my deliverance. Though my father and mother have forsaken me, the Lord has taken me in. Lord, teach me Your way and lead me in the path of righteousness because of my watchful enemies. Do not give me over to the will of my oppressors, for there have risen against me false witnesses and they speak evil. [They would have crushed me] had I not believed that I would see the goodness of the Lord in the land of the living. Hope in the Lord, be strong and let your heart be valiant, and hope in the Lord.[2]

תִּתְקַבַּל צְלוֹתְהוֹן וּבָעוּתְהוֹן דְּכָל בֵּית יִשְׂרָאֵל, קֳדָם אֲבוּהוֹן דִּי בִשְׁמַיָּא, וְאִמְרוּ אָמֵן: (Cong—אָמֵן) יְהֵא שְׁלָמָא רַבָּא מִן שְׁמַיָּא וְחַיִּים טוֹבִים עָלֵינוּ וְעַל כָּל יִשְׂרָאֵל, וְאִמְרוּ אָמֵן: (Cong—אָמֵן)

Take three steps back, then bow right saying עֹשֶׂה שָׁלוֹם בִּמְרוֹמָיו, bow forward saying הוּא, bow left saying יַעֲשֶׂה שָׁלוֹם עָלֵינוּ, and bow forward saying וְעַל כָּל יִשְׂרָאֵל, וְאִמְרוּ אָמֵן.

From Rosh Hashanah through Yom Kippur, substitute הַשָּׁלוֹם for שָׁלוֹם.

עֹשֶׂה (הַשָּׁלוֹם) שָׁלוֹם בִּמְרוֹמָיו, הוּא יַעֲשֶׂה שָׁלוֹם עָלֵינוּ וְעַל כָּל יִשְׂרָאֵל, וְאִמְרוּ אָמֵן: (Cong—אָמֵן)

From the first day of Rosh Chodesh Elul through Hoshana Rabbah, recite the following psalm.

לְדָוִד, יְיָ אוֹרִי וְיִשְׁעִי מִמִּי אִירָא, יְיָ מָעוֹז חַיַּי מִמִּי אֶפְחָד: בִּקְרֹב עָלַי מְרֵעִים לֶאֱכֹל אֶת בְּשָׂרִי, צָרַי וְאֹיְבַי לִי, הֵמָּה כָשְׁלוּ וְנָפָלוּ: אִם תַּחֲנֶה עָלַי מַחֲנֶה לֹא יִירָא לִבִּי, אִם תָּקוּם עָלַי מִלְחָמָה, בְּזֹאת[1] אֲנִי בוֹטֵחַ: אַחַת שָׁאַלְתִּי מֵאֵת יְיָ, אוֹתָהּ אֲבַקֵּשׁ, שִׁבְתִּי בְּבֵית יְיָ כָּל יְמֵי חַיַּי, לַחֲזוֹת בְּנֹעַם יְיָ וּלְבַקֵּר בְּהֵיכָלוֹ: כִּי יִצְפְּנֵנִי בְּסֻכֹּה בְּיוֹם רָעָה, יַסְתִּירֵנִי בְּסֵתֶר אָהֳלוֹ, בְּצוּר יְרוֹמְמֵנִי: וְעַתָּה יָרוּם רֹאשִׁי עַל אֹיְבַי סְבִיבוֹתַי, וְאֶזְבְּחָה בְאָהֳלוֹ זִבְחֵי תְרוּעָה, אָשִׁירָה וַאֲזַמְּרָה לַייָ: שְׁמַע יְיָ קוֹלִי אֶקְרָא, וְחָנֵּנִי וַעֲנֵנִי: לְךָ אָמַר לִבִּי בַּקְּשׁוּ פָנָי, אֶת פָּנֶיךָ יְיָ אֲבַקֵּשׁ: אַל תַּסְתֵּר פָּנֶיךָ מִמֶּנִּי, אַל תַּט בְּאַף עַבְדֶּךָ, עֶזְרָתִי הָיִיתָ, אַל תִּטְּשֵׁנִי וְאַל תַּעַזְבֵנִי אֱלֹהֵי יִשְׁעִי: כִּי אָבִי וְאִמִּי עֲזָבוּנִי, וַייָ יַאַסְפֵנִי: הוֹרֵנִי יְיָ דַּרְכֶּךָ, וּנְחֵנִי בְּאֹרַח מִישׁוֹר, לְמַעַן שׁוֹרְרָי: אַל תִּתְּנֵנִי בְּנֶפֶשׁ צָרָי, כִּי קָמוּ בִי עֵדֵי שֶׁקֶר וִיפֵחַ חָמָס: לוּלֵא הֶאֱמַנְתִּי לִרְאוֹת בְּטוּב יְיָ בְּאֶרֶץ חַיִּים: קַוֵּה אֶל יְיָ, חֲזַק וְיַאֲמֵץ לִבֶּךָ, וְקַוֵּה אֶל יְיָ:[2]

1. I.e., that "the Lord is my light and my salvation," etc. 2. Psalm 27.

Between Rosh Hashanah and Yom Kippur, and on public fast days, substitute *Our Father our King* (page 25) for the following paragraph.

אָבִינוּ Our Father, our King, You are our Father. Our Father, our King, we have no King except You. Our Father, our King, have mercy upon us. Our Father, our King, be gracious to us and answer us, for we have no meritorious deeds; for the sake of Your great Name, deal charitably and kindly with us and deliver us.

Rise while saying the words *what to do* in the following paragraph.

וַאֲנַחְנוּ We know not what to do; but our eyes are upon You.[1] Lord, remember Your mercies and kindnesses, for they have existed for all time.[2] May Your kindness, Lord, be upon us, as we have put our hope in You.[3] Do not bring to mind our former wrongdoings; let Your mercies come swiftly toward us, for we have been brought very low.[4] Be gracious to us, Lord, be gracious to us, for we have been surfeited with humiliation.[5] When in anger, remember the compassion [of Abraham];[6] when in anger, remember the binding [of Isaac upon the altar]; when in anger, remember the uprightness [of Jacob]; when in anger, remember the love [of David for You]. Deliver us, O Lord; may the King answer us on the day we call.[7] For He knows our nature; He is mindful that we are but dust.[8] Help us, God of our deliverance, for the sake of the glory of Your Name; save us and pardon our sins for the sake of Your Name.[9]

Chazzan recites Complete Kaddish. Congregation responds Amen as indicated.

יִתְגַּדַּל Exalted and hallowed be His great Name (Cong: Amen.) throughout the world which He has created according to His will. May He establish His kingship, bring forth His redemption and hasten the coming of His Mashiach (Cong: Amen.) in your lifetime and in your days and in the lifetime of the entire House of Israel, speedily and soon, and say, Amen.

(Cong: Amen. May His great Name be blessed forever and to all eternity. Blessed.)

May His great Name be blessed forever and to all eternity. Blessed and praised, glorified, exalted and extolled, honored, adored and lauded be the Name of the Holy One, blessed be He, (Cong: Amen.) beyond all the blessings, hymns, praises and consolations that are uttered in the world; and say, Amen. (Cong: Amen.)

Between Rosh Hashanah and Yom Kippur, and on public fast days, substitute אָבִינוּ מַלְכֵּנוּ (page 25) for the following paragraph.

אָבִינוּ מַלְכֵּנוּ אָבִינוּ אָתָּה. אָבִינוּ מַלְכֵּנוּ אֵין לָנוּ מֶלֶךְ אֶלָּא אָתָּה. אָבִינוּ מַלְכֵּנוּ רַחֵם עָלֵינוּ. אָבִינוּ מַלְכֵּנוּ חָנֵּנוּ וַעֲנֵנוּ כִּי אֵין בָּנוּ מַעֲשִׂים, עֲשֵׂה עִמָּנוּ צְדָקָה וָחֶסֶד לְמַעַן שִׁמְךָ הַגָּדוֹל וְהוֹשִׁיעֵנוּ:

Rise while saying the words מַה נַּעֲשֶׂה in the following paragraph.

וַאֲנַחְנוּ לֹא נֵדַע מַה נַּעֲשֶׂה, כִּי עָלֶיךָ עֵינֵינוּ:[1] זְכֹר רַחֲמֶיךָ יְיָ, וַחֲסָדֶיךָ, כִּי מֵעוֹלָם הֵמָּה:[2] יְהִי חַסְדְּךָ יְיָ עָלֵינוּ, כַּאֲשֶׁר יִחַלְנוּ לָךְ:[3] אַל תִּזְכָּר לָנוּ עֲוֹנֹת רִאשֹׁנִים, מַהֵר יְקַדְּמוּנוּ רַחֲמֶיךָ, כִּי דַלּוֹנוּ מְאֹד:[4] חָנֵּנוּ יְיָ חָנֵּנוּ, כִּי רַב שָׂבַעְנוּ בוּז:[5] בְּרֹגֶז רַחֵם תִּזְכּוֹר,[6] בְּרֹגֶז עֲקֵדָה תִּזְכּוֹר, בְּרֹגֶז תְּמִימוּת תִּזְכּוֹר, בְּרֹגֶז אַהֲבָה תִזְכּוֹר. יְיָ הוֹשִׁיעָה, הַמֶּלֶךְ יַעֲנֵנוּ בְיוֹם קָרְאֵנוּ:[7] כִּי הוּא יָדַע יִצְרֵנוּ, זָכוּר כִּי עָפָר אֲנָחְנוּ:[8] עָזְרֵנוּ אֱלֹהֵי יִשְׁעֵנוּ עַל דְּבַר כְּבוֹד שְׁמֶךָ, וְהַצִּילֵנוּ וְכַפֵּר עַל חַטֹּאתֵינוּ לְמַעַן שְׁמֶךָ:[9]

Chazzan recites Complete Kaddish. Congregation responds אָמֵן as indicated.

יִתְגַּדַּל וְיִתְקַדַּשׁ שְׁמֵהּ רַבָּא. (Cong—אָמֵן) בְּעָלְמָא דִּי בְרָא כִרְעוּתֵהּ וְיַמְלִיךְ מַלְכוּתֵהּ, וְיַצְמַח פּוּרְקָנֵהּ וִיקָרֵב מְשִׁיחֵהּ. (Cong—אָמֵן) בְּחַיֵּיכוֹן וּבְיוֹמֵיכוֹן וּבְחַיֵּי דְכָל בֵּית יִשְׂרָאֵל, בַּעֲגָלָא וּבִזְמַן קָרִיב וְאִמְרוּ אָמֵן:

(Cong—אָמֵן. יְהֵא שְׁמֵהּ רַבָּא מְבָרַךְ לְעָלַם וּלְעָלְמֵי עָלְמַיָּא, יִתְבָּרַךְ.)

יְהֵא שְׁמֵהּ רַבָּא מְבָרַךְ לְעָלַם וּלְעָלְמֵי עָלְמַיָּא. יִתְבָּרַךְ, וְיִשְׁתַּבַּח, וְיִתְפָּאַר, וְיִתְרוֹמַם, וְיִתְנַשֵּׂא, וְיִתְהַדָּר וְיִתְעַלֶּה, וְיִתְהַלָּל, שְׁמֵהּ דְּקוּדְשָׁא בְּרִיךְ הוּא. (Cong—אָמֵן) לְעֵלָּא מִן כָּל בִּרְכָתָא וְשִׁירָתָא, תֻּשְׁבְּחָתָא וְנֶחֱמָתָא, דַּאֲמִירָן בְּעָלְמָא, וְאִמְרוּ אָמֵן: (Cong—אָמֵן)

---

1. II Chronicles 20:12. **2.** Psalms 25:6. **3.** Ibid. 33:22. **4.** Ibid. 79:8. **5.** Ibid. 123:3. **6.** Habakkuk 3:2. **7.** Psalms 20:10. **8.** Ibid. 103:14. **9.** Ibid. 79:9.

אֵל God, You are slow to anger, You are called the All-Merciful One, and You have taught the way of repentance. Remember this day and every day the greatness of Your compassion and lovingkindness toward the descendants of Your beloved. Turn to us in mercy, for You are the All-Merciful One. With supplication and prayer we approach You, as You have made known to [Moses] the humble one in days gone by. Turn from Your fierce anger, as it is written in Your Torah.[1] May we find shelter and lodge in the shadow of Your wings, as on the day when "the Lord descended in a cloud."[2] Overlook [our] transgression and erase [our] trespass, as on the day when "He stood with him [Moses] there."[2] Heed our plea and hearken to our supplication, as on the day when "he [Moses] invoked the Name of the Lord"[2]; and there it is said:

The following two verses are recited only when praying with a *minyan*.

וַיַּעֲבֹר And the Lord passed before him and proclaimed:

יְיָ יְיָ Lord, Lord, benevolent God, compassionate and gracious, slow to anger and abounding in kindness and truth; He preserves kindness for two thousand generations, forgiving iniquity, transgression and sin, and He cleanses.[3]

The following is recited seated. When in the presence of the Ark, lean forward covering your forehead with the sleeve of the left arm.

רַחוּם Merciful and Gracious One, we have sinned before You; have mercy upon us and save us.

לְדָוִד [A psalm] by David. To You, O Lord, I lift my soul. My God, I have put my trust in You, may I not be put to shame; may my enemies not exult over me. Indeed, may all who hope in You not be put to shame; let those be shamed who act treacherously without provocation. Lord, make Your ways known to me; teach me Your paths. Lead me in Your truth and teach me, for You are the God of my deliverance; I yearn for You all day. Lord, remember Your mercies and Your kindnesses, for they have existed for all time. Do not bring to mind the sins of my youth, nor my transgressions; remember me in accordance with Your lovingkindness, because of Your goodness, O Lord. Good and upright is the Lord, therefore He instructs the sinners in the [right] path. He guides the humble in the path of justice, and teaches the humble His way. All the Lord's paths are kindness and truth to those who observe His covenant and testimonies. For the sake of Your Name, O Lord, pardon my iniquity, for it is great. He who is a God-fearing man, him He instructs the path to choose. His soul shall abide in well-being, and his children shall inherit the earth. The secrets of the Lord He reveals to those who fear Him; He makes His covenant known to them. My eyes are always directed toward the Lord, for He sets free my feet from the snare. Turn to me and be gracious to me, for I am alone and afflicted. The sufferings of my heart have increased; deliver me from my tribulations. Behold my affliction and suffering, and forgive all my sins. See how numerous my enemies have become; they hate me with a violent hatred. Guard my soul and deliver me; may I not be put to shame, for I place my trust in You. Let integrity and uprightness guard me, for my hope is in You. God, redeem Israel from all his afflictions.[4] And He will redeem Israel from all his iniquities.[5]

אֵל אֶֽרֶךְ אַפַּֽיִם אַתָּה וּבַֽעַל הָרַחֲמִים נִקְרֵֽאתָ, וְדֶֽרֶךְ תְּשׁוּבָה הוֹרֵֽיתָ. גְּדֻלַּת רַחֲמֶֽיךָ וַחֲסָדֶֽיךָ, תִּזְכּוֹר הַיּוֹם וּבְכָל יוֹם לְזֶֽרַע יְדִידֶֽיךָ. תֵּֽפֶן אֵלֵֽינוּ בְּרַחֲמִים, כִּי אַתָּה הוּא בַּֽעַל הָרַחֲמִים. בְּתַחֲנוּן וּבִתְפִלָּה פָּנֶֽיךָ נְקַדֵּם, כְּהוֹדַֽעְתָּ לֶעָנָיו מִקֶּֽדֶם. מֵחֲרוֹן אַפְּךָ שׁוּב, כְּמוֹ בְּתוֹרָתְךָ כָּתוּב.[1] וּבְצֵל כְּנָפֶֽיךָ נֶחֱסֶה וְנִתְלוֹנָן, כְּיוֹם וַיֵּֽרֶד יְיָ בֶּעָנָן.[2] תַּעֲבוֹר עַל פֶּֽשַׁע וְתִמְחֶה אָשָׁם, כְּיוֹם וַיִּתְיַצֵּב עִמּוֹ שָׁם.[2] תַּאֲזִין שַׁוְעָתֵֽנוּ וְתַקְשִׁיב מֶֽנּוּ מַאֲמָר, כְּיוֹם וַיִּקְרָא בְשֵׁם יְיָ,[2] וְשָׁם נֶאֱמַר:

The following two verses are recited only when praying with a *minyan*.

וַיַּעֲבֹר יְיָ עַל פָּנָיו וַיִּקְרָא:

יְיָ יְיָ אֵל רַחוּם וְחַנּוּן אֶֽרֶךְ אַפַּֽיִם וְרַב חֶֽסֶד וֶאֱמֶת: נֹצֵר חֶֽסֶד לָאֲלָפִים נֹשֵׂא עָוֹן וָפֶֽשַׁע וְחַטָּאָה וְנַקֵּה:[3]

The following is recited seated. When in the presence of the Ark, lean forward covering your forehead with the sleeve of the left arm.

רַחוּם וְחַנּוּן חָטָֽאנוּ לְפָנֶֽיךָ רַחֵם עָלֵֽינוּ וְהוֹשִׁיעֵֽנוּ:

לְדָוִד, אֵלֶֽיךָ יְיָ נַפְשִׁי אֶשָּׂא: אֱלֹהַי בְּךָ בָטַֽחְתִּי אַל אֵבֽוֹשָׁה, אַל יַעַלְצוּ אוֹיְבַי לִי: גַּם כָּל קוֶֹֽיךָ לֹא יֵבֹֽשׁוּ, יֵבֹֽשׁוּ הַבּוֹגְדִים רֵיקָם: דְּרָכֶֽיךָ יְיָ הוֹדִיעֵֽנִי, אֹרְחוֹתֶֽיךָ לַמְּדֵֽנִי: הַדְרִיכֵֽנִי בַאֲמִתֶּֽךָ וְלַמְּדֵֽנִי כִּי אַתָּה אֱלֹהֵי יִשְׁעִי, אוֹתְךָ קִוִּֽיתִי כָּל הַיּוֹם: זְכֹר רַחֲמֶֽיךָ יְיָ, וַחֲסָדֶֽיךָ, כִּי מֵעוֹלָם הֵֽמָּה: חַטֹּאות נְעוּרַי וּפְשָׁעַי אַל תִּזְכֹּר, כְּחַסְדְּךָ זְכָר לִי אַתָּה, לְמַֽעַן טוּבְךָ יְיָ: טוֹב וְיָשָׁר יְיָ, עַל כֵּן יוֹרֶה חַטָּאִים בַּדָּֽרֶךְ: יַדְרֵךְ עֲנָוִים בַּמִּשְׁפָּט, וִילַמֵּד עֲנָוִים דַּרְכּוֹ: כָּל אָרְחוֹת יְיָ חֶֽסֶד וֶאֱמֶת, לְנֹצְרֵי בְרִיתוֹ וְעֵדֹתָיו: לְמַֽעַן שִׁמְךָ יְיָ, וְסָלַחְתָּ לַעֲוֹנִי כִּי רַב הוּא: מִי זֶה הָאִישׁ יְרֵא יְיָ, יוֹרֶֽנּוּ בְּדֶֽרֶךְ יִבְחָר: נַפְשׁוֹ בְּטוֹב תָּלִין וְזַרְעוֹ יִֽירַשׁ אָֽרֶץ: סוֹד יְיָ לִירֵאָיו, וּבְרִיתוֹ לְהוֹדִיעָם: עֵינַי תָּמִיד אֶל יְיָ, כִּי הוּא יוֹצִיא מֵרֶֽשֶׁת רַגְלָי: פְּנֵה אֵלַי וְחָנֵּֽנִי, כִּי יָחִיד וְעָנִי אָֽנִי: צָרוֹת לְבָבִי הִרְחִֽיבוּ, מִמְּצוּקוֹתַי הוֹצִיאֵֽנִי: רְאֵה עָנְיִי וַעֲמָלִי, וְשָׂא לְכָל חַטֹּאתָי: רְאֵה אוֹיְבַי כִּי רָֽבּוּ, וְשִׂנְאַת חָמָס שְׂנֵאֽוּנִי: שָׁמְרָה נַפְשִׁי וְהַצִּילֵֽנִי, אַל אֵבוֹשׁ כִּי חָסִֽיתִי בָךְ: תֹּם וָיֹֽשֶׁר יִצְּרֽוּנִי, כִּי קִוִּיתִֽיךָ: פְּדֵה אֱלֹהִים אֶת יִשְׂרָאֵל מִכֹּל צָרוֹתָיו:[4] וְהוּא יִפְדֶּה אֶת יִשְׂרָאֵל מִכֹּל עֲוֹנֹתָיו:[5]

---

1. V. Exodus 32:12. **2.** Ibid. 34:5. **3.** Ibid. 34:6-7. **4.** Psalm 25. **5.** Ibid. 130:8.

Take three steps back, then bow left saying *He who makes peace in His Heavens,* bow forward saying *may He,* bow right saying *make peace for us,* and bow forward saying *and for all Israel; and say, Amen.*

> From Rosh Hashanah through Yom Kippur substitute *the peace* for *peace.*

עֹשֶׂה He who makes (the) peace in His heavens, may He make peace for us and for all Israel; and say, Amen.

יְהִי May it be Your will, Lord our God and God of our fathers, that the Bet Hamikdash be speedily rebuilt in our days, and grant us our portion in Your Torah.[1]

The individual's Amidah ends here.
The chazzan repeats the Amidah, beginning on page 5.

> **THE REPETITION OF THE AMIDAH**
> The congregation must listen attentively to the chazzan and respond Amen at the conclusion of each blessing. If there are not at least nine men who respond Amen after the blessings, it is tantamount to a blessing in vain. It is proper to respond with "Boruch Hu u'Voruch Shemo" ("Blessed is He and Blessed is His Name") each time the chazzan says *Blessed are You, Lord.*

After the Amidah, Viduy and Tachnun are recited.
On days when Tachnun is not said, the chazzan continues with Complete Kaddish, page 16.

VIDUY AND TACHNUN

Stand while reciting Tachnun.

אֱלֹהֵינוּ Our God and God of our fathers, may our prayers come before You, and do not turn away from our supplication, for we are not so impudent and obdurate as to declare before You, Lord our God and God of our fathers, that we are righteous and have not sinned. Indeed, we and our fathers have sinned.

While mentioning each transgression, gently strike the left side of the chest (over the heart) with a closed fist.

אָשַׁמְנוּ We have transgressed, we have acted perfidiously, we have robbed, we have slandered. We have acted perversely and wickedly, we have willfully sinned, we have done violence, we have imputed falsely. We have given evil counsel, we have lied, we have scoffed, we have rebelled, we have provoked, we have been disobedient, we have committed iniquity, we have wantonly transgressed, we have oppressed, we have been obstinate. We have committed evil, we have acted perniciously, we have acted abominably, we have gone astray, we have led others astray.

סַרְנוּ We have strayed from Your good precepts and ordinances, and it has not profited us. Indeed, You are just in all that has come upon us, for You have acted truthfully, and it is we who have acted wickedly.[2]

Take three steps back, then bow left saying עֹשֶׂה שָׁלוֹם בִּמְרוֹמָיו, bow forward saying הוּא, bow right saying יַעֲשֶׂה שָׁלוֹם עָלֵינוּ, and bow forward saying וְעַל כָּל יִשְׂרָאֵל, וְאִמְרוּ אָמֵן.

From Rosh Hashanah through Yom Kippur, substitute הַשָּׁלוֹם for שָׁלוֹם.

עֹשֶׂה (הַשָּׁלוֹם) שָׁלוֹם בִּמְרוֹמָיו, הוּא יַעֲשֶׂה שָׁלוֹם עָלֵינוּ וְעַל כָּל יִשְׂרָאֵל, וְאִמְרוּ אָמֵן:

יְהִי רָצוֹן מִלְּפָנֶיךָ, יְיָ אֱלֹהֵינוּ וֵאלֹהֵי אֲבוֹתֵינוּ, שֶׁיִּבָּנֶה בֵּית הַמִּקְדָּשׁ בִּמְהֵרָה בְיָמֵינוּ, וְתֵן חֶלְקֵנוּ בְּתוֹרָתֶךָ:[1]

The individual's Amidah ends here.
The chazzan repeats the Amidah, beginning on page 5.

THE REPETITION OF THE AMIDAH

The congregation must listen attentively to the chazzan and respond אָמֵן at the conclusion of each blessing. If there are not at least nine men who respond אָמֵן after the blessings, it is tantamount to a blessing in vain. It is proper to respond with בָּרוּךְ הוּא וּבָרוּךְ שְׁמוֹ each time the chazzan says בָּרוּךְ אַתָּה יְיָ.

After the Amidah, Viduy and Tachnun are recited.
On days when Tachnun is not said, the chazzan continues with Complete Kaddish, page 16.

VIDUY AND TACHNUN

Stand while reciting Tachnun.

אֱלֹהֵינוּ וֵאלֹהֵי אֲבוֹתֵינוּ, תָּבוֹא לְפָנֶיךָ תְּפִלָּתֵנוּ, וְאַל תִּתְעַלַּם מִתְּחִנָּתֵנוּ, שֶׁאֵין אָנוּ עַזֵּי פָנִים וּקְשֵׁי עֹרֶף, לוֹמַר לְפָנֶיךָ יְיָ אֱלֹהֵינוּ וֵאלֹהֵי אֲבוֹתֵינוּ, צַדִּיקִים אֲנַחְנוּ וְלֹא חָטָאנוּ, אֲבָל אֲנַחְנוּ וַאֲבוֹתֵינוּ חָטָאנוּ:

While mentioning each transgression, gently strike the left side of the chest (over the heart) with a closed fist.

אָשַׁמְנוּ. בָּגַדְנוּ. גָּזַלְנוּ. דִּבַּרְנוּ דֹפִי: הֶעֱוִינוּ. וְהִרְשַׁעְנוּ. זַדְנוּ. חָמַסְנוּ. טָפַלְנוּ שֶׁקֶר: יָעַצְנוּ רָע. כִּזַּבְנוּ. לַצְנוּ. מָרַדְנוּ. נִאַצְנוּ. סָרַרְנוּ. עָוִינוּ. פָּשַׁעְנוּ. צָרַרְנוּ. קִשִּׁינוּ עֹרֶף: רָשַׁעְנוּ. שִׁחַתְנוּ. תִּעַבְנוּ. תָּעִינוּ. תִּעְתָּעְנוּ:

סַרְנוּ מִמִּצְוֹתֶיךָ וּמִמִּשְׁפָּטֶיךָ הַטּוֹבִים וְלֹא שָׁוָה לָנוּ: וְאַתָּה צַדִּיק עַל כָּל הַבָּא עָלֵינוּ, כִּי אֱמֶת עָשִׂיתָ וַאֲנַחְנוּ הִרְשָׁעְנוּ:[2]

1. Avot 5:20. 2. Nechemiah 9:33.

שִׂים Bestow peace, goodness, and blessing, life, graciousness, kindness, and mercy, upon us and upon all Your people Israel. Bless us, our Father, all of us as one, with the light of Your countenance, for by the light of Your countenance You gave us, Lord our God, the Torah of life and loving-kindness, righteousness, blessing, mercy, life and peace. May it be favorable in Your eyes to bless Your people Israel, at all times and at every moment, with Your peace.

From Rosh Hashanah through Yom Kippur, add the following. (If omitted; it is not necessary to repeat the Amidah.) During the repetition of the Amidah, the chazzan pauses for the congregation to say the following paragraph, and then repeats it.

וּבְסֵפֶר And in the book of life, blessing, peace, and prosperity, deliverance, consolation, and favorable decrees, may we and all Your people the House of Israel be remembered and inscribed before You for a happy life and for peace.

Blessed are You, Lord, who blesses His people Israel with peace.

[During the repetition of the Amidah, the chazzan recites the following verse silently.]

יִהְיוּ May the words of my mouth and the meditation of my heart be acceptable before You, Lord, my Strength and my Redeemer.[1]

[The chazzan's repetition of the Amidah ends here.]

אֱלֹהַי My God, guard my tongue from evil, and my lips from speaking deceitfully.[2] Let my soul be silent to those who curse me; let my soul be as dust to all. Open my heart to Your Torah, and let my soul eagerly pursue Your commandments. As for all those who plot evil against me, hasten to annul their counsel and frustrate their design. Let them be as chaff before the wind; let the angel of the Lord thrust them away.[3] That Your beloved ones may be delivered, help with Your right hand and answer me.[4] Do it for the sake of Your Name; do it for the sake of Your right hand; do it for the sake of Your Torah; do it for the sake of Your holiness.[5] May the words of my mouth and the meditation of my heart be acceptable before You, Lord, my Strength and my Redeemer.[1]

שִׂים שָׁלוֹם, טוֹבָה וּבְרָכָה, חַיִּים חֵן וָחֶסֶד וְרַחֲמִים, עָלֵינוּ וְעַל כָּל יִשְׂרָאֵל עַמֶּךָ. בָּרְכֵנוּ אָבִינוּ כֻּלָּנוּ כְּאֶחָד בְּאוֹר פָּנֶיךָ, כִּי בְאוֹר פָּנֶיךָ נָתַתָּ לָּנוּ יְיָ אֱלֹהֵינוּ תּוֹרַת חַיִּים וְאַהֲבַת חֶסֶד, וּצְדָקָה וּבְרָכָה וְרַחֲמִים וְחַיִּים וְשָׁלוֹם, וְטוֹב בְּעֵינֶיךָ לְבָרֵךְ אֶת עַמְּךָ יִשְׂרָאֵל בְּכָל עֵת וּבְכָל שָׁעָה בִּשְׁלוֹמֶךָ.

From Rosh Hashanah through Yom Kippur, add the following. (If omitted, it is not necessary to repeat the Amidah.) During the repetition of the Amidah, the chazzan pauses for the congregation to say the following paragraph, and then repeats it.

וּבְסֵפֶר חַיִּים בְּרָכָה וְשָׁלוֹם וּפַרְנָסָה טוֹבָה, יְשׁוּעָה וְנֶחָמָה וּגְזֵרוֹת טוֹבוֹת, נִזָּכֵר וְנִכָּתֵב לְפָנֶיךָ, אֲנַחְנוּ וְכָל עַמְּךָ בֵּית יִשְׂרָאֵל, לְחַיִּים טוֹבִים וּלְשָׁלוֹם.

בָּרוּךְ אַתָּה יְיָ, הַמְבָרֵךְ אֶת עַמּוֹ יִשְׂרָאֵל בַּשָּׁלוֹם:

[During the repetition of the Amidah, the chazzan recites the following verse silently.]

יִהְיוּ לְרָצוֹן אִמְרֵי פִי וְהֶגְיוֹן לִבִּי לְפָנֶיךָ, יְיָ צוּרִי וְגוֹאֲלִי:[1]

[The chazzan's repetition of the Amidah ends here.]

אֱלֹהַי, נְצֹר לְשׁוֹנִי מֵרָע, וּשְׂפָתַי מִדַּבֵּר מִרְמָה,[2] וְלִמְקַלְלַי נַפְשִׁי תִדּוֹם, וְנַפְשִׁי כֶּעָפָר לַכֹּל תִּהְיֶה. פְּתַח לִבִּי בְּתוֹרָתֶךָ, וּבְמִצְוֹתֶיךָ תִּרְדּוֹף נַפְשִׁי, וְכָל הַחוֹשְׁבִים עָלַי רָעָה, מְהֵרָה הָפֵר עֲצָתָם וְקַלְקֵל מַחֲשַׁבְתָּם. יִהְיוּ כְּמֹץ לִפְנֵי רוּחַ וּמַלְאַךְ יְיָ דֹּחֶה.[3] לְמַעַן יֵחָלְצוּן יְדִידֶיךָ, הוֹשִׁיעָה יְמִינְךָ וַעֲנֵנִי.[4] עֲשֵׂה לְמַעַן שְׁמֶךָ, עֲשֵׂה לְמַעַן יְמִינֶךָ, עֲשֵׂה לְמַעַן תּוֹרָתֶךָ, עֲשֵׂה לְמַעַן קְדֻשָּׁתֶךָ.[5] יִהְיוּ לְרָצוֹן אִמְרֵי פִי וְהֶגְיוֹן לִבִּי לְפָנֶיךָ, יְיָ צוּרִי וְגוֹאֲלִי:[1]

---

1. Psalms 19:15. **2.** Cf. Psalms 34:14. **3.** Ibid. 35:5. **4.** Ibid. 60:7; 108:7. **5.** It is customary to recite a verse in which the first and last letter correspond to the first and last letters of one's own Hebrew name.

violate the decrees of Your will. But You, in Your abounding mercies, stood by them in the time of their distress. You waged their battles, defended their rights, and avenged the wrong done to them. You delivered the mighty into the hands of the weak, the many into the hands of the few, the impure into the hands of the pure, the wicked into the hands of the righteous, and the wanton sinners into the hands of those who occupy themselves with Your Torah. You made a great and holy name for Yourself in Your world, and effected a great deliverance and redemption for Your people Israel to this very day. Then Your children entered the shrine of Your House, cleansed Your Temple, purified Your Sanctuary, kindled lights in Your holy courtyards, and instituted these eight days of Chanukah to give thanks and praise to Your great Name. them, and sought to destroy, slaughter and annihilate all the Jews, young and old, infants and women, in one day, on the thirteenth day of the twelfth month, the month of Adar, and to take their spoil for plunder.[1] But You, in Your abounding mercies, foiled his counsel and frustrated his intention, and caused the evil he planned to recoil on his own head; and they hanged him and his sons upon the gallows.

וְעַל And for all these, may Your Name, our King, be continually blessed, exalted, and extolled forever and all time.

From Rosh Hashanah through Yom Kippur, add the following. (If omitted, it is not necessary to repeat the Amidah.) During the repetition of the Amidah, the chazzan pauses for the congregation to say this line, and then repeats it.

וּכְתוֹב Inscribe all the children of Your Covenant for a good life.

וְכֹל And all living things shall forever thank You, and praise Your great Name eternally, for You are good. God, You are our everlasting salvation and help, O benevolent God.

Bend knees at *Blessed;* bow at *You;* straighten up at *Lord.*

Blessed are You, Lord, Beneficent is Your Name, and to You it is fitting to offer thanks.

On a public fast day, during the repetition of the Amidah, the chazzan recites the Priestly Blessing. Congregation responds Amen as indicated.

אֱלֹהֵינוּ Our God and God of our fathers, bless us with the threefold blessing written in the Torah by Moses Your servant, and pronounced by Aaron and his sons the Kohanim, Your consecrated people, as it is said: The Lord bless you and guard you. (Amen) The Lord make His countenance shine upon you and be gracious to you. (Amen) The Lord turn His countenance toward you and grant you peace.[2] (Amen)

בְּרַחֲמֶיךָ הָרַבִּים, עָמַדְתָּ לָהֶם בְּעֵת צָרָתָם. רַבְתָּ אֶת רִיבָם, דַּנְתָּ אֶת דִּינָם, נָקַמְתָּ אֶת נִקְמָתָם, מָסַרְתָּ גִבּוֹרִים בְּיַד חַלָּשִׁים, וְרַבִּים בְּיַד מְעַטִּים, וּטְמֵאִים בְּיַד טְהוֹרִים, וּרְשָׁעִים בְּיַד צַדִּיקִים, וְזֵדִים בְּיַד עוֹסְקֵי תוֹרָתֶךָ. וּלְךָ עָשִׂיתָ שֵׁם גָּדוֹל וְקָדוֹשׁ בְּעוֹלָמֶךָ, וּלְעַמְּךָ יִשְׂרָאֵל עָשִׂיתָ תְּשׁוּעָה גְדוֹלָה וּפֻרְקָן כְּהַיּוֹם הַזֶּה. וְאַחַר כֵּן בָּאוּ בָנֶיךָ לִדְבִיר בֵּיתֶךָ, וּפִנּוּ אֶת הֵיכָלֶךָ, וְטִהֲרוּ אֶת מִקְדָּשֶׁךָ, וְהִדְלִיקוּ נֵרוֹת בְּחַצְרוֹת קָדְשֶׁךָ. וְקָבְעוּ שְׁמוֹנַת יְמֵי חֲנֻכָּה אֵלּוּ, לְהוֹדוֹת וּלְהַלֵּל לְשִׁמְךָ הַגָּדוֹל:

לַהֲרֹג וּלְאַבֵּד אֶת כָּל הַיְּהוּדִים, מִנַּעַר וְעַד זָקֵן, טַף וְנָשִׁים, בְּיוֹם אֶחָד, בִּשְׁלוֹשָׁה עָשָׂר לְחֹדֶשׁ שְׁנֵים עָשָׂר, הוּא חֹדֶשׁ אֲדָר, וּשְׁלָלָם לָבוֹז.[1] וְאַתָּה בְּרַחֲמֶיךָ הָרַבִּים הֵפַרְתָּ אֶת עֲצָתוֹ, וְקִלְקַלְתָּ אֶת מַחֲשַׁבְתּוֹ, וַהֲשֵׁבוֹתָ לּוֹ גְּמוּלוֹ בְּרֹאשׁוֹ. וְתָלוּ אוֹתוֹ וְאֶת בָּנָיו עַל הָעֵץ:

וְעַל כֻּלָּם יִתְבָּרַךְ וְיִתְרוֹמַם וְיִתְנַשֵּׂא שִׁמְךָ מַלְכֵּנוּ תָּמִיד לְעוֹלָם וָעֶד:

From Rosh Hashanah through Yom Kippur, add the following. (If omitted, it is not necessary to repeat the Amidah.) During the repetition of the Amidah, the chazzan pauses for the congregation to say this line, and then repeats it.

וּכְתוֹב לְחַיִּים טוֹבִים כָּל בְּנֵי בְרִיתֶךָ:

וְכֹל הַחַיִּים יוֹדוּךָ סֶּלָה, וִיהַלְלוּ שִׁמְךָ הַגָּדוֹל לְעוֹלָם כִּי טוֹב, הָאֵל יְשׁוּעָתֵנוּ וְעֶזְרָתֵנוּ סֶלָה, הָאֵל הַטּוֹב.

Bend knees at בָּרוּךְ; bow at אַתָּה; straighten up at יְיָ.

בָּרוּךְ אַתָּה יְיָ, הַטּוֹב שִׁמְךָ וּלְךָ נָאֶה לְהוֹדוֹת:

On a public fast day, during the repetition of the Amidah, the chazzan recites the Priestly Blessing. Congregation responds אָמֵן as indicated.

אֱלֹהֵינוּ וֵאלֹהֵי אֲבוֹתֵינוּ, בָּרְכֵנוּ בַבְּרָכָה הַמְּשֻׁלֶּשֶׁת בַּתּוֹרָה הַכְּתוּבָה עַל יְדֵי מֹשֶׁה עַבְדֶּךָ, הָאֲמוּרָה מִפִּי אַהֲרֹן וּבָנָיו, כֹּהֲנִים עַם קְדוֹשֶׁךָ, כָּאָמוּר: יְבָרֶכְךָ יְיָ וְיִשְׁמְרֶךָ: (אָמֵן) יָאֵר יְיָ פָּנָיו אֵלֶיךָ, וִיחֻנֶּךָּ: (אָמֵן) יִשָּׂא יְיָ פָּנָיו אֵלֶיךָ, וְיָשֵׂם לְךָ שָׁלוֹם:[2] (אָמֵן)

1. Esther 3:13. 2. Numbers 6:24-26.

וְתֶחֱזֶינָה May our eyes behold Your return to Zion in mercy. Blessed are You, Lord, who restores His Divine Presence to Zion.

Bow at *We thankfully acknowledge*; straighten up at *Lord.*

מוֹדִים We thankfully acknowledge that You are the Lord our God and God of our fathers forever. You are the strength of our life, the shield of our salvation in every generation. We will give thanks to You and recount Your praise, evening, morning and noon, for our lives which are committed into Your hand, for our souls which are entrusted to You, for Your miracles which are with us daily, and for Your continual wonders and beneficences. You are the Beneficent One, for Your mercies never cease; the Merciful One, for Your kindnesses never end; for we always place our hope in You.

MODIM D'RABBANAN

During the repetition of the Amidah, while the chazzan recites *Modim,* the congregation recites the following, while bowing:

מודים We thankfully acknowledge that You are the Lord our God and God of our fathers, the God of all flesh, our Creator and the Creator of all existence. We offer blessings and thanks to Your great and holy Name, for You have given us life and sustained us; so may You continue to grant us life and sustain us—gather our dispersed to the courtyards of Your Sanctuary, and we shall return to You to keep Your Laws, to do Your will, and to serve You with a perfect heart—for we thankfully acknowledge You. Blessed is God, who is worthy of thanks.

On Chanukah and Purim, add the following: (If omitted, it is not necessary to repeat the Amidah. If, however, one became aware of the omission before saying *Lord* in the blessing *Beneficent is Your Name* [on the following page], it is said then.)

וְעַל And [we thank You] for the miracles, for the redemption, for the mighty deeds, for the saving acts, and for the wonders which You have wrought for our ancestors in those days, at this time—

For Chanukah:

בִּימֵי In the days of Matityahu, the son of Yochanan the High Priest, the Hasmonean and his sons, when the wicked Hellenic government rose up against Your people Israel to make them forget Your Torah and

For Purim:

בִּימֵי In the days of Mordechai and Esther, in Shushan the capital, when the wicked Haman rose up against

וְתֶחֱזֶינָה עֵינֵינוּ בְּשׁוּבְךָ לְצִיּוֹן בְּרַחֲמִים. בָּרוּךְ אַתָּה יְיָ, הַמַּחֲזִיר שְׁכִינָתוֹ לְצִיּוֹן:

Bow at מוֹדִים; straighten up at יְיָ.

מוֹדִים אֲנַחְנוּ לָךְ, שָׁאַתָּה הוּא יְיָ אֱלֹהֵינוּ וֵאלֹהֵי אֲבוֹתֵינוּ לְעוֹלָם וָעֶד, צוּר חַיֵּינוּ, מָגֵן יִשְׁעֵנוּ, אַתָּה הוּא לְדוֹר וָדוֹר, נוֹדֶה לְּךָ וּנְסַפֵּר תְּהִלָּתֶךָ, עַל חַיֵּינוּ הַמְּסוּרִים בְּיָדֶךָ, וְעַל נִשְׁמוֹתֵינוּ הַפְּקוּדוֹת לָךְ, וְעַל נִסֶּיךָ שֶׁבְּכָל יוֹם עִמָּנוּ, וְעַל נִפְלְאוֹתֶיךָ וְטוֹבוֹתֶיךָ שֶׁבְּכָל עֵת, עֶרֶב וָבֹקֶר וְצָהֳרָיִם, הַטּוֹב, כִּי לֹא כָלוּ רַחֲמֶיךָ, הַמְרַחֵם, כִּי לֹא תַמּוּ חֲסָדֶיךָ, כִּי מֵעוֹלָם קִוִּינוּ לָךְ:

MODIM D'RABBANAN

During the repetition of the Amidah, while the chazzan recites מוֹדִים, the congregation recites the following, while bowing:

מוֹדִים אֲנַחְנוּ לָךְ, שָׁאַתָּה הוּא יְיָ אֱלֹהֵינוּ וֵאלֹהֵי אֲבוֹתֵינוּ, אֱלֹהֵי כָל בָּשָׂר, יוֹצְרֵנוּ, יוֹצֵר בְּרֵאשִׁית, בְּרָכוֹת וְהוֹדָאוֹת לְשִׁמְךָ הַגָּדוֹל וְהַקָּדוֹשׁ, עַל שֶׁהֶחֱיִיתָנוּ וְקִיַּמְתָּנוּ, כֵּן תְּחַיֵּנוּ וּתְקַיְּמֵנוּ, וְתֶאֱסוֹף גָּלֻיּוֹתֵינוּ לְחַצְרוֹת קָדְשֶׁךָ, וְנָשׁוּב אֵלֶיךָ לִשְׁמוֹר חֻקֶּיךָ, וְלַעֲשׂוֹת רְצוֹנֶךָ, וּלְעָבְדְךָ בְּלֵבָב שָׁלֵם, עַל שֶׁאֲנוּ מוֹדִים לָךְ, בָּרוּךְ אֵל הַהוֹדָאוֹת:

On Chanukah and Purim, add the following: (If omitted, it is not necessary to repeat the Amidah. If, however, one became aware of the omission before saying יְיָ in the blessing הַטּוֹב שִׁמְךָ [on the following page], it is said then.)

וְעַל הַנִּסִּים וְעַל הַפֻּרְקָן וְעַל הַגְּבוּרוֹת וְעַל הַתְּשׁוּעוֹת וְעַל הַנִּפְלָאוֹת שֶׁעָשִׂיתָ לַאֲבוֹתֵינוּ בַּיָּמִים הָהֵם בַּזְּמַן הַזֶּה:

For Chanukah:

בִּימֵי מַתִּתְיָהוּ בֶּן יוֹחָנָן כֹּהֵן גָּדוֹל, חַשְׁמוֹנָאִי וּבָנָיו, כְּשֶׁעָמְדָה מַלְכוּת יָוָן הָרְשָׁעָה עַל עַמְּךָ יִשְׂרָאֵל, לְהַשְׁכִּיחָם תּוֹרָתֶךָ וּלְהַעֲבִירָם מֵחֻקֵּי רְצוֹנֶךָ, וְאַתָּה

For Purim:

בִּימֵי מָרְדְּכַי וְאֶסְתֵּר בְּשׁוּשַׁן הַבִּירָה, כְּשֶׁעָמַד עֲלֵיהֶם הָמָן הָרָשָׁע, בִּקֵּשׁ לְהַשְׁמִיד

שְׁמַע Hear our voice, Lord our God; merciful Father, have compassion upon us and accept our prayers in mercy and favor, for You are God who hears prayers and supplications; do not turn us away empty-handed from You, our King,

On a public fast day, if still fasting, add the following in the silent Amidah (if omitted, it is not necessary to repeat the Amidah):

עֲנֵנוּ Answer us, O Lord, answer us on our fast day, for we are in great distress. Do not turn to our wickedness, do not conceal Your countenance from us, and do not disregard our supplications. Be near to our cry; let Your lovingkindness console us; answer us even before we call to You, as it is said: And it shall be that before they call, I will answer; while they are yet speaking, I will hear.[1] For You, Lord, are He who answers in time of distress, who redeems and rescues in all times of distress and tribulation.

for You hear the prayer of everyone. Blessed are You, Lord, who hears prayer.

רְצֵה Look with favor, Lord our God, on Your people Israel, and pay heed to their prayer; restore the service to Your Sanctuary, and accept with love and favor Israel's fire-offerings and prayer; and may the service of Your people Israel always find favor.

On Rosh Chodesh or Chol Hamoed, add the following. (If omitted, it is necessary to correct it, and it may be necessary to repeat the Amidah.) During the chazzan's repetition of the Amidah, the congregation responds Amen as indicated.

אֱלֹהֵינוּ Our God and God of our fathers, may there ascend, come, and reach; be seen, accepted, and heard; recalled and remembered before You the remembrance and recollection of us, the remembrance of our fathers, the remembrance of Mashiach the son of David Your servant, the remembrance of Jerusalem Your holy city, and the remembrance of all Your people the House of Israel, for deliverance, well-being, grace, kindness, mercy, good life and peace, on this day of

On Rosh Chodesh:	On Pesach:	On Sukkot:
Rosh Chodesh.	the festival of Matzot.	the festival of Sukkot.

Remember us on this [day], Lord our God, for good (Amen); be mindful of us on this [day] for blessing (Amen); help us on this [day] for good life (Amen). With the promise of deliverance and compassion, spare us and be gracious to us, and have mercy upon us and deliver us, for our eyes are directed to You; for You, God, are a gracious and merciful King.

שְׁמַע קוֹלֵנוּ יְיָ אֱלֹהֵינוּ, אָב הָרַחֲמָן רַחֵם עָלֵינוּ, וְקַבֵּל בְּרַחֲמִים וּבְרָצוֹן אֶת תְּפִלָּתֵנוּ, כִּי אֵל שׁוֹמֵעַ תְּפִלּוֹת וְתַחֲנוּנִים אָתָּה, וּמִלְּפָנֶיךָ מַלְכֵּנוּ רֵיקָם אַל תְּשִׁיבֵנוּ.

On a public fast day, if still fasting, add the following in the silent Amidah (if omitted, it is not necessary to repeat the Amidah):

עֲנֵנוּ יְיָ עֲנֵנוּ בְּיוֹם צוֹם תַּעֲנִיתֵנוּ, כִּי בְצָרָה גְדוֹלָה אֲנָחְנוּ, אַל תֵּפֶן אֶל רִשְׁעֵנוּ, וְאַל תַּסְתֵּר פָּנֶיךָ מִמֶּנּוּ, וְאַל תִּתְעַלַּם מִתְּחִנָּתֵנוּ, הֱיֵה נָא קָרוֹב לְשַׁוְעָתֵנוּ, יְהִי נָא חַסְדְּךָ לְנַחֲמֵנוּ, טֶרֶם נִקְרָא אֵלֶיךָ עֲנֵנוּ, כַּדָּבָר שֶׁנֶּאֱמַר: וְהָיָה טֶרֶם יִקְרָאוּ וַאֲנִי אֶעֱנֶה, עוֹד הֵם מְדַבְּרִים וַאֲנִי אֶשְׁמָע,[1] כִּי אַתָּה יְיָ הָעוֹנֶה בְּעֵת צָרָה, פּוֹדֶה וּמַצִּיל בְּכָל עֵת צָרָה וְצוּקָה.

כִּי אַתָּה שׁוֹמֵעַ תְּפִלַּת כָּל פֶּה. בָּרוּךְ אַתָּה יְיָ, שׁוֹמֵעַ תְּפִלָּה:

רְצֵה יְיָ אֱלֹהֵינוּ בְּעַמְּךָ יִשְׂרָאֵל וְלִתְפִלָּתָם שְׁעֵה, וְהָשֵׁב הָעֲבוֹדָה לִדְבִיר בֵּיתֶךָ, וְאִשֵּׁי יִשְׂרָאֵל וּתְפִלָּתָם בְּאַהֲבָה תְקַבֵּל בְּרָצוֹן, וּתְהִי לְרָצוֹן תָּמִיד עֲבוֹדַת יִשְׂרָאֵל עַמֶּךָ:

On Rosh Chodesh or Chol Hamoed, add the following. (If omitted, it is necessary to correct it, and it may be necessary to repeat the Amidah.) During the chazzan's repetition of the Amidah, the congregation responds אָמֵן as indicated.

אֱלֹהֵינוּ וֵאלֹהֵי אֲבוֹתֵינוּ, יַעֲלֶה וְיָבוֹא וְיַגִּיעַ, וְיֵרָאֶה וְיֵרָצֶה וְיִשָּׁמַע, וְיִפָּקֵד וְיִזָּכֵר זִכְרוֹנֵנוּ וּפִקְדוֹנֵנוּ, וְזִכְרוֹן אֲבוֹתֵינוּ, וְזִכְרוֹן מָשִׁיחַ בֶּן דָּוִד עַבְדֶּךָ, וְזִכְרוֹן יְרוּשָׁלַיִם עִיר קָדְשֶׁךָ, וְזִכְרוֹן כָּל עַמְּךָ בֵּית יִשְׂרָאֵל לְפָנֶיךָ, לִפְלֵיטָה לְטוֹבָה, לְחֵן וּלְחֶסֶד וּלְרַחֲמִים וּלְחַיִּים טוֹבִים וּלְשָׁלוֹם, בְּיוֹם

On Rosh Chodesh:	On Pesach:	On Sukkot:
רֹאשׁ הַחֹדֶשׁ הַזֶּה:	חַג הַמַּצּוֹת הַזֶּה:	חַג הַסֻּכּוֹת הַזֶּה:

זָכְרֵנוּ יְיָ אֱלֹהֵינוּ בּוֹ לְטוֹבָה (אָמֵן), וּפָקְדֵנוּ בוֹ לִבְרָכָה (אָמֵן), וְהוֹשִׁיעֵנוּ בוֹ לְחַיִּים טוֹבִים (אָמֵן), וּבִדְבַר יְשׁוּעָה וְרַחֲמִים, חוּס וְחָנֵּנוּ, וְרַחֵם עָלֵינוּ וְהוֹשִׁיעֵנוּ, כִּי אֵלֶיךָ עֵינֵינוּ, כִּי אֵל מֶלֶךְ חַנּוּן וְרַחוּם אָתָּה:

1. Isaiah 65:24.

עַל May Your mercies be aroused, Lord our God, upon the righteous, upon the pious, upon the elders of Your people the House of Israel, upon the remnant of their sages, upon the righteous proselytes, and upon us. Grant ample reward to all who truly trust in Your Name, and place our lot among them; may we never be disgraced, for we have put our trust in You. Blessed are You, Lord, the support and security of the righteous.

וְלִירוּשָׁלַיִם Return in mercy to Jerusalem Your city, and dwell therein as You have promised; speedily establish therein the throne of David Your servant; and rebuild it, soon in our days, as an everlasting edifice.

On Tishah b'Av continue with *Console* below.

Blessed are You Lord, who rebuilds Jerusalem.

On Tishah b'Av add the following. (If omitted, it is not necessary to repeat the Amidah.)

נַחֵם Console, Lord our God, those who mourn for Zion, those who mourn for Jerusalem, and the city that is in mourning and in ruins, despised and desolate—mourning because she is bereft of her children, ruined of her dwellings, despised in the loss of her glory, desolate without inhabitants. She sits with her head covered in shame like a barren woman who never gave birth. Legions have devoured her, idolaters have possessed her; they threw Your people Israel to the sword, and wantonly murdered the pious ones of the Most High. Therefore, Zion weeps bitterly and Jerusalem raises her voice, "O my heart, my heart [breaks] for their slain! O my innards, my innards [ache] for their slain!" For You, O Lord, consumed her with fire, and with fire You will rebuild her, as it is said: I will be to her, says the Lord, a surrounding wall of fire, and I will be for a glory within her midst.[1] Blessed are You Lord, who consoles Zion and rebuilds Jerusalem.

Continue below.

אֶת Speedily cause the scion of David Your servant to flourish, and increase his power by Your salvation, for we hope for Your salvation all day. Blessed are You, Lord, who causes the power of salvation to flourish.

עַל הַצַּדִּיקִים וְעַל הַחֲסִידִים, וְעַל זִקְנֵי עַמְּךָ בֵּית יִשְׂרָאֵל, וְעַל פְּלֵיטַת בֵּית סוֹפְרֵיהֶם, וְעַל גֵּרֵי הַצֶּדֶק וְעָלֵינוּ, יֶהֱמוּ נָא רַחֲמֶיךָ יְיָ אֱלֹהֵינוּ, וְתֵן שָׂכָר טוֹב לְכָל הַבּוֹטְחִים בְּשִׁמְךָ בֶּאֱמֶת, וְשִׂים חֶלְקֵנוּ עִמָּהֶם, וּלְעוֹלָם לֹא נֵבוֹשׁ כִּי בְךָ בָּטָחְנוּ. בָּרוּךְ אַתָּה יְיָ, מִשְׁעָן וּמִבְטָח לַצַּדִּיקִים:

וְלִירוּשָׁלַיִם עִירְךָ בְּרַחֲמִים תָּשׁוּב, וְתִשְׁכּוֹן בְּתוֹכָהּ כַּאֲשֶׁר דִּבַּרְתָּ, וְכִסֵּא דָוִד עַבְדְּךָ מְהֵרָה בְּתוֹכָהּ תָּכִין, וּבְנֵה אוֹתָהּ בְּקָרוֹב בְּיָמֵינוּ בִּנְיַן עוֹלָם.

On Tishah b'Av, continue with נַחֵם below.

בָּרוּךְ אַתָּה יְיָ, בּוֹנֵה יְרוּשָׁלָיִם:

On Tishah b'Av add the following. (If omitted, it is not necessary to repeat the Amidah.)

נַחֵם יְיָ אֱלֹהֵינוּ, אֶת אֲבֵלֵי צִיּוֹן, וְאֶת אֲבֵלֵי יְרוּשָׁלָיִם, וְאֶת הָעִיר הָאֲבֵלָה וְהַחֲרֵבָה, וְהַבְּזוּיָה וְהַשּׁוֹמֵמָה. הָאֲבֵלָה מִבְּלִי בָנֶיהָ, וְהַחֲרֵבָה מִמְּעוֹנוֹתֶיהָ, וְהַבְּזוּיָה מִכְּבוֹדָהּ, וְהַשּׁוֹמֵמָה מֵאֵין יוֹשֵׁב. וְהִיא יוֹשֶׁבֶת וְרֹאשָׁהּ חָפוּי, כְּאִשָּׁה עֲקָרָה שֶׁלֹּא יָלָדָה, וַיְבַלְּעוּהָ לִגְיוֹנוֹת, וַיִּירָשׁוּהָ עוֹבְדֵי פְסִילִים, וַיָּטִילוּ אֶת עַמְּךָ יִשְׂרָאֵל לֶחָרֶב, וַיַּהַרְגוּ בְזָדוֹן חֲסִידֵי עֶלְיוֹן. עַל כֵּן צִיּוֹן בְּמַר תִּבְכֶּה, וִירוּשָׁלַיִם תִּתֵּן קוֹלָהּ, לִבִּי לִבִּי, עַל חַלְלֵיהֶם. מֵעַי מֵעַי, עַל חַלְלֵיהֶם. כִּי אַתָּה יְיָ בָּאֵשׁ הִצַּתָּהּ, וּבָאֵשׁ אַתָּה עָתִיד לִבְנוֹתָהּ. כָּאָמוּר: וַאֲנִי אֶהְיֶה לָּהּ נְאֻם יְיָ חוֹמַת אֵשׁ סָבִיב, וּלְכָבוֹד אֶהְיֶה בְתוֹכָהּ.[1] בָּרוּךְ אַתָּה יְיָ, מְנַחֵם צִיּוֹן וּבוֹנֵה יְרוּשָׁלָיִם:

Continue below.

אֶת צֶמַח דָּוִד עַבְדְּךָ מְהֵרָה תַצְמִיחַ, וְקַרְנוֹ תָּרוּם בִּישׁוּעָתֶךָ, כִּי לִישׁוּעָתְךָ קִוִּינוּ כָּל הַיּוֹם. בָּרוּךְ אַתָּה יְיָ, מַצְמִיחַ קֶרֶן יְשׁוּעָה:

1. Zechariah 2:9.

During the winter (from Maariv of the evening before the 5th of December [in the year preceding a civil leap year, the 6th of December], through Minchah of Erev Pesach), say *dew and rain for blessing*. During the summer (the rest of the year), say *blessing*.

בָּרֵךְ Bless for us, Lord our God, this year and all the varieties of its produce[1] for good; and bestow

Summer:	Winter:
blessing	dew and rain for blessing

upon the face of the earth. Satisfy us from Your bounty and bless our year like other good years, for blessing; for You are a generous God who bestows goodness and blesses the years. Blessed are You, Lord, who blesses the years.

תְּקַע Sound the great shofar for our freedom, raise a banner to gather our exiles, and bring us together from the four corners of the earth into our land. Blessed are You, Lord, who gathers the dispersed of His people Israel.

> Between Rosh Hashanah and Yom Kippur, substitute *the King of Judgment* for *King who loves righteousness and justice*.

הָשִׁיבָה Restore our judges as in former times, and our counselors as of yore;[2] remove from us sorrow and sighing; and reign over us, You alone, O Lord, with kindness and compassion, with righteousness and justice. Blessed are You, Lord, (the King of Judgment.) King who loves righteousness and justice.

וְלַמַּלְשִׁינִים Let there be no hope for informers, and may all the heretics and all the wicked instantly perish; may all the enemies of Your people be speedily extirpated; and may You swiftly uproot, break, crush, and subdue the reign of wickedness speedily in our days. Blessed are You, Lord, who crushes enemies and subdues the wicked.

During the winter (from Maariv of the evening before the 5th of December [in the year preceding a civil leap year, the 6th of December], through Minchah of Erev Pesach), say וְתֵן טַל וּמָטָר לִבְרָכָה. During the summer (the rest of the year), say וְתֵן בְּרָכָה.

בָּרֵךְ עָלֵינוּ יְיָ אֱלֹהֵינוּ אֶת הַשָּׁנָה הַזֹּאת, וְאֶת כָּל מִינֵי תְבוּאָתָהּ[1] לְטוֹבָה, וְתֵן

Summer:	Winter:
בְּרָכָה	טַל וּמָטָר לִבְרָכָה

עַל פְּנֵי הָאֲדָמָה, וְשַׂבְּעֵנוּ מִטּוּבֶךָ, וּבָרֵךְ שְׁנָתֵנוּ כַּשָּׁנִים הַטּוֹבוֹת לִבְרָכָה, כִּי אֵל טוֹב וּמֵטִיב אַתָּה וּמְבָרֵךְ הַשָּׁנִים. בָּרוּךְ אַתָּה יְיָ, מְבָרֵךְ הַשָּׁנִים:

תְּקַע בְּשׁוֹפָר גָּדוֹל לְחֵרוּתֵנוּ, וְשָׂא נֵס לְקַבֵּץ גָּלֻיּוֹתֵינוּ, וְקַבְּצֵנוּ יַחַד מֵאַרְבַּע כַּנְפוֹת הָאָרֶץ לְאַרְצֵנוּ. בָּרוּךְ אַתָּה יְיָ, מְקַבֵּץ נִדְחֵי עַמּוֹ יִשְׂרָאֵל:

Between Rosh Hashanah and Yom Kippur, substitute הַמֶּלֶךְ הַמִּשְׁפָּט for מֶלֶךְ אוֹהֵב צְדָקָה וּמִשְׁפָּט.

הָשִׁיבָה שׁוֹפְטֵינוּ כְּבָרִאשׁוֹנָה, וְיוֹעֲצֵינוּ כְּבַתְּחִלָּה,[2] וְהָסֵר מִמֶּנּוּ יָגוֹן וַאֲנָחָה, וּמְלוֹךְ עָלֵינוּ אַתָּה יְיָ לְבַדְּךָ בְּחֶסֶד וּבְרַחֲמִים, בְּצֶדֶק וּבְמִשְׁפָּט. בָּרוּךְ אַתָּה יְיָ, (הַמֶּלֶךְ הַמִּשְׁפָּט) מֶלֶךְ אוֹהֵב צְדָקָה וּמִשְׁפָּט:

וְלַמַּלְשִׁינִים אַל תְּהִי תִקְוָה, וְכָל הַמִּינִים וְכָל הַזֵּדִים כְּרֶגַע יֹאבֵדוּ, וְכָל אֹיְבֵי עַמְּךָ מְהֵרָה יִכָּרֵתוּ, וּמַלְכוּת הָרִשְׁעָה מְהֵרָה תְעַקֵּר וּתְשַׁבֵּר וּתְמַגֵּר, וְתַכְנִיעַ בִּמְהֵרָה בְיָמֵינוּ. בָּרוּךְ אַתָּה יְיָ, שׁוֹבֵר אֹיְבִים וּמַכְנִיעַ זֵדִים:

1. One should have in mind wheat for *matzah*, the *etrog*, and wine for Kiddush. 2. Cf. Isaiah 1:26.

אַתָּה You graciously bestow knowledge upon man, and teach mortals understanding. Graciously bestow upon us from You wisdom, understanding, and knowledge. Blessed are You, Lord, who graciously bestows knowledge.

הֲשִׁיבֵנוּ Cause us to return, our Father, to Your Torah; draw us near, our King, to Your service; and bring us back to You in wholehearted repentance. Blessed are You, Lord, who desires penitence.

On days when Tachnun is said, gently strike the left side of your chest (over the heart) with a closed fist at the words sinned and transgressed.

סְלַח Pardon us, our Father, for we have sinned; forgive us, our King, for we have transgressed; for You are a good and forgiving God. Blessed are You, Lord, gracious One who pardons abundantly.

רְאֵה Behold our affliction and wage our battle; redeem us speedily for the sake of Your Name, for You, God, are the mighty redeemer. Blessed are You, Lord, Redeemer of Israel.

On a public fast day, the chazzan adds this blessing during the repetition.
עֲנֵנוּ Answer us, O Lord, answer us on our fast day, for we are in great distress. Do not turn to our wickedness, do not conceal Your countenance from us, and do not disregard our supplications. Be near to our cry; let Your lovingkindness console us; answer us even before we call to You, as it is said: And it shall be that before they call, I will answer; while they are yet speaking, I will hear.[1] For You, Lord, are He who answers in time of distress, who redeems and rescues in all times of distress and tribulation. Blessed are You, Lord, who answers His people Israel in time of distress.

רְפָאֵנוּ Heal us, O Lord, and we will be healed; help us and we will be saved, for You are our praise.[2] Grant complete cure and healing to all our wounds, for You, Almighty King, are a faithful and merciful healer. Blessed are You, Lord, who heals the sick of His people Israel.

אַתָּה חוֹנֵן לְאָדָם דַּעַת, וּמְלַמֵּד לֶאֱנוֹשׁ בִּינָה. חָנֵּנוּ מֵאִתְּךָ חָכְמָה בִּינָה וָדָעַת. בָּרוּךְ אַתָּה יְיָ, חוֹנֵן הַדָּעַת:

הֲשִׁיבֵנוּ אָבִינוּ לְתוֹרָתֶךָ, וְקָרְבֵנוּ מַלְכֵּנוּ לַעֲבוֹדָתֶךָ, וְהַחֲזִירֵנוּ בִּתְשׁוּבָה שְׁלֵמָה לְפָנֶיךָ. בָּרוּךְ אַתָּה יְיָ, הָרוֹצֶה בִּתְשׁוּבָה:

On days when Tachnun is said, gently strike the left side of your chest (over the heart) with a closed fist at the words חָטָאנוּ and פָּשָׁעְנוּ.

סְלַח לָנוּ אָבִינוּ, כִּי חָטָאנוּ, מְחוֹל לָנוּ מַלְכֵּנוּ, כִּי פָשָׁעְנוּ, כִּי אֵל טוֹב וְסַלָּח אָתָּה. בָּרוּךְ אַתָּה יְיָ, חַנּוּן, הַמַּרְבֶּה לִסְלֹחַ:

רְאֵה נָא בְעָנְיֵנוּ וְרִיבָה רִיבֵנוּ, וּגְאָלֵנוּ מְהֵרָה לְמַעַן שְׁמֶךָ, כִּי אֵל גּוֹאֵל חָזָק אָתָּה. בָּרוּךְ אַתָּה יְיָ, גּוֹאֵל יִשְׂרָאֵל:

On a public fast day, the chazzan adds this blessing during the repetition.

עֲנֵנוּ יְיָ עֲנֵנוּ בְּיוֹם צוֹם תַּעֲנִיתֵנוּ, כִּי בְצָרָה גְדוֹלָה אֲנָחְנוּ, אַל תֵּפֶן אֶל רִשְׁעֵנוּ, וְאַל תַּסְתֵּר פָּנֶיךָ מִמֶּנּוּ, וְאַל תִּתְעַלַּם מִתְּחִנָּתֵנוּ, הֱיֵה נָא קָרוֹב לְשַׁוְעָתֵנוּ, יְהִי נָא חַסְדְּךָ לְנַחֲמֵנוּ, טֶרֶם נִקְרָא אֵלֶיךָ עֲנֵנוּ, כַּדָּבָר שֶׁנֶּאֱמַר: וְהָיָה טֶרֶם יִקְרָאוּ וַאֲנִי אֶעֱנֶה, עוֹד הֵם מְדַבְּרִים וַאֲנִי אֶשְׁמָע,[1] כִּי אַתָּה יְיָ הָעוֹנֶה בְּעֵת צָרָה, פּוֹדֶה וּמַצִּיל בְּכָל עֵת צָרָה וְצוּקָה. בָּרוּךְ אַתָּה יְיָ, הָעוֹנֶה לְעַמּוֹ יִשְׂרָאֵל בְּעֵת צָרָה:

רְפָאֵנוּ יְיָ וְנֵרָפֵא, הוֹשִׁיעֵנוּ וְנִוָּשֵׁעָה, כִּי תְהִלָּתֵנוּ אָתָּה,[2] וְהַעֲלֵה אֲרוּכָה וּרְפוּאָה שְׁלֵמָה לְכָל מַכּוֹתֵינוּ, כִּי אֵל מֶלֶךְ רוֹפֵא נֶאֱמָן וְרַחֲמָן אָתָּה. בָּרוּךְ אַתָּה יְיָ, רוֹפֵא חוֹלֵי עַמּוֹ יִשְׂרָאֵל:

1. Isaiah 65:24. 2. Cf. Jeremiah 17:14.

His trust to those who sleep in the dust. Who is like You, mighty One! And who can be compared to You, King, who brings death and restores life, and causes deliverance to spring forth!

From Rosh Hashanah through Yom Kippur add the following. (If omitted, it is not necessary to repeat the Amidah.)

מִי Who is like You, merciful Father, who in compassion remembers His creatures for life.

וְנֶאֱמָן You are trustworthy to revive the dead. Blessed are You, Lord, who revives the dead.

KEDUSHAH

During the chazzan's repetition of the Amidah, Kedushah is recited. Stand with feet together, and avoid any interruption. Rise on the toes at the words *Ködosh, ködosh, ködosh; Böruch;* and *Yimloch.*

Cong. then chazzan: נְקַדֵּישָׁךְ *Nak-dishöch v'na-aritzöch k'no-am si-ach sod sar'fay kodesh ha-m'shal'shim l'chö k'dushö, ka-kösuv al yad n'vi-echö v'körö ze el ze v'ömar,*

Cong. then chazzan: קָדוֹשׁ *Ködosh, ködosh, ködosh, adonöy tz'vö-os, m'lo chöl hö-öretz k'vodo.*[1]

Chazzan: Those facing them offer praise and say,

Cong. then chazzan: בָּרוּךְ *Böruch k'vod adonöy mi-m'komo.*[2]

Chazzan: And in Your holy Scriptures it is written thus:

Cong. then chazzan: יִמְלֹךְ *Yimloch adonöy l'olöm eloha-yich tziyon l'dor vö-dor ha-l'luyöh.*[3]

Remain standing with feet together until the chazzan concludes the following blessing.

From Rosh Hashanah through Yom Kippur, substitute *the holy King* for *the holy God.* (If omitted, it is necessary to repeat the Amidah.)

אַתָּה You are holy and Your Name is holy, and holy beings praise You daily for all eternity. Blessed are You Lord, (the holy King.) the holy God.

נקדישך We will hallow and adore You as the sweet words of the assembly of the holy Seraphim who thrice repeat "holy" unto You, as it is written by Your

לִישֵׁנֵי עָפָר. מִי כָמְוֹךָ בַּעַל גְּבוּרוֹת, וּמִי דּוֹמֶה לָּךְ, מֶלֶךְ מֵמִית וּמְחַיֶּה וּמַצְמִיחַ יְשׁוּעָה:

From Rosh Hashanah through Yom Kippur, add the following. (If omitted, it is not necessary to repeat the Amidah.)

מִי כָמְוֹךָ אַב הָרַחֲמָן זוֹכֵר יְצוּרָיו לְחַיִּים בְּרַחֲמִים:

וְנֶאֱמָן אַתָּה לְהַחֲיוֹת מֵתִים. בָּרוּךְ אַתָּה יְיָ, מְחַיֵּה הַמֵּתִים:

KEDUSHAH

During the chazzan's repetition of the Amidah, Kedushah is recited. Stand with feet together, and avoid any interruption. Rise on the toes at the words קָדוֹשׁ, קָדוֹשׁ, קָדוֹשׁ; בָּרוּךְ; and יִמְלֹךְ.

—Cong. then chazzan נְקַדֵּישָׁךְ וְנַעֲרִיצָךְ כְּנְעַם שִׂיחַ סוֹד שַׂרְפֵי קֹדֶשׁ הַמְשַׁלְּשִׁים לְךָ קְדֻשָּׁה, כַּכָּתוּב עַל יַד נְבִיאֶךָ, וְקָרָא זֶה אֶל זֶה וְאָמַר:

—Cong. then chazzan קָדוֹשׁ, קָדוֹשׁ, קָדוֹשׁ יְיָ צְבָאוֹת, מְלֹא כָל הָאָרֶץ כְּבוֹדוֹ:[1]

—Chazzan לְעֻמָּתָם מְשַׁבְּחִים וְאוֹמְרִים:

—Cong. then chazzan בָּרוּךְ כְּבוֹד יְיָ מִמְּקוֹמוֹ:[2]

—Chazzan וּבְדִבְרֵי קָדְשְׁךָ כָּתוּב לֵאמֹר:

—Cong. then chazzan יִמְלֹךְ יְיָ לְעוֹלָם, אֱלֹהַיִךְ צִיּוֹן לְדֹר וָדֹר, הַלְלוּיָהּ:[3]

Remain standing with feet together until the chazzan concludes the following blessing.

From Rosh Hashanah through Yom Kippur, substitute הַמֶּלֶךְ הַקָּדוֹשׁ for הָאֵל הַקָּדוֹשׁ. (If omitted, it is necessary to repeat the Amidah.)

אַתָּה קָדוֹשׁ וְשִׁמְךָ קָדוֹשׁ, וּקְדוֹשִׁים בְּכָל יוֹם יְהַלְלְוּךָ סֶּלָה. בָּרוּךְ אַתָּה יְיָ, (הַמֶּלֶךְ הַקָּדוֹשׁ) הָאֵל הַקָּדוֹשׁ:

1. Isaiah 6:3. 2. Ezekiel 3:12. 3. Psalms 146:10.

prophet: And they call one to another and say, קדוש "Holy, holy, holy is the Lord of hosts; the whole earth is full of His glory." ברוך "Blessed be the glory of the Lord from its place." ימלך The Lord shall reign forever; your God, O Zion, throughout all generations. Praise the Lord.

THE AMIDAH

While praying, concentrate on the meaning of the words. Remember that you stand before the Divine Presence. Remove any distracting thoughts, allowing the mind to remain focused on prayer. Before beginning the Amidah, take three steps back, then three steps forward. Recite the Amidah quietly—but audibly—while standing with feet together. Throughout the Amidah, ending on page 14, interruptions of any form are forbidden.

אֲדֹנָי My Lord, open my lips, and my mouth shall declare Your praise.[1]

Bend knees at *Blessed*; bow at *You*; straighten up at *Lord*.

בָּרוּךְ Blessed are You, Lord our God and God of our fathers, God of Abraham, God of Isaac and God of Jacob, the great, mighty and awesome God, exalted God, who bestows bountiful kindness, who creates all things, who remembers the piety of the Patriarchs, and who, in love, brings a redeemer to their children's children, for the sake of His Name.

From Rosh Hashanah through Yom Kippur, add the following. (If omitted, it is not necessary to repeat the Amidah.)

זָכְרֵנוּ Remember us for life, King who desires life; inscribe us in the Book of Life, for Your sake, O living God.

Bend knees at *Blessed*; bow at *You*; straighten up at *Lord*.

O King, [You are] a helper, a savior and a shield. Blessed are You, Lord, Shield of Abraham.

אַתָּה You are mighty forever, my Lord; You resurrect the dead; You are powerful to save.

During the winter (from Musaf of Shemini Atzeret to Shacharit of the first day of Pesach), say *He causes the wind to blow and the rain to fall*. During the summer (from Musaf of the first day of Pesach through Shacharit of Shemini Atzeret), say *He causes the dew to descend*. If, in error, one said *He causes the wind to blow and the rain to fall* during the summer, it must be corrected, and it may be necessary to repeat the Amidah. However, if, in error, one said *He causes the dew to descend* during the winter, it is not necessary to go back and correct it.

Summer:	Winter:
He causes the dew to descend.	He causes the wind to blow and the rain to fall.

מְכַלְכֵּל He sustains the living with lovingkindness, resurrects the dead with great mercy, supports the falling, heals the sick, releases the bound, and fulfills

THE AMIDAH

While praying, concentrate on the meaning of the words. Remember that you stand before the Divine Presence. Remove any distracting thoughts, allowing the mind to remain focused on prayer. Before beginning the Amidah, take three steps back, then three steps forward. Recite the Amidah quietly—but audibly—while standing with feet together. Throughout the Amidah, ending on page 14, interruptions of any form are forbidden.

אֲדֹנָי, שְׂפָתַי תִּפְתָּח וּפִי יַגִּיד תְּהִלָּתֶךָ:[1]

Bend knees at בָּרוּךְ; bow at אַתָּה; straighten up at יְיָ.

בָּרוּךְ אַתָּה יְיָ, אֱלֹהֵינוּ וֵאלֹהֵי אֲבוֹתֵינוּ, אֱלֹהֵי אַבְרָהָם, אֱלֹהֵי יִצְחָק, וֵאלֹהֵי יַעֲקֹב, הָאֵל הַגָּדוֹל הַגִּבּוֹר וְהַנּוֹרָא, אֵל עֶלְיוֹן, גּוֹמֵל חֲסָדִים טוֹבִים, קוֹנֵה הַכֹּל, וְזוֹכֵר חַסְדֵי אָבוֹת, וּמֵבִיא גוֹאֵל לִבְנֵי בְנֵיהֶם, לְמַעַן שְׁמוֹ בְּאַהֲבָה:

From Rosh Hashanah through Yom Kippur, add the following. (If omitted, it is not necessary to repeat the Amidah.)

זָכְרֵנוּ לְחַיִּים, מֶלֶךְ חָפֵץ בַּחַיִּים, וְכָתְבֵנוּ בְּסֵפֶר הַחַיִּים, לְמַעַנְךָ אֱלֹהִים חַיִּים:

Bend knees at בָּרוּךְ; bow at אַתָּה; straighten up at יְיָ.

מֶלֶךְ עוֹזֵר וּמוֹשִׁיעַ וּמָגֵן. בָּרוּךְ אַתָּה יְיָ, מָגֵן אַבְרָהָם:

אַתָּה גִּבּוֹר לְעוֹלָם אֲדֹנָי, מְחַיֵּה מֵתִים אַתָּה, רַב לְהוֹשִׁיעַ.

During the winter (from Musaf of Shemini Atzeret to Shacharit of the first day of Pesach), say מַשִּׁיב הָרוּחַ וּמוֹרִיד הַגֶּשֶׁם. During the summer (from Musaf of the first day of Pesach through Shacharit of Shemini Atzeret), say מוֹרִיד הַטָּל. If, in error, one said מַשִּׁיב הָרוּחַ וּמוֹרִיד הַגֶּשֶׁם during the summer, it must be corrected, and it may be necessary to repeat the Amidah. However, if, in error, one said מוֹרִיד הַטָּל during the winter, it is not necessary to go back and correct it.

Summer:	Winter:
מוֹרִיד הַטָּל:	מַשִּׁיב הָרוּחַ וּמוֹרִיד הַגֶּשֶׁם:

מְכַלְכֵּל חַיִּים בְּחֶסֶד, מְחַיֵּה מֵתִים בְּרַחֲמִים רַבִּים, סוֹמֵךְ נוֹפְלִים, וְרוֹפֵא חוֹלִים, וּמַתִּיר אֲסוּרִים, וּמְקַיֵּם אֱמוּנָתוֹ

1. Psalms 51:17.

extend over all His works. Lord, all Your works will give thanks to You, and Your pious ones will bless You. They will declare the glory of Your kingdom, and tell of Your strength. To make known to men His mighty acts, and the glorious majesty of His kingdom. Your kingship is a kingship over all worlds, and Your dominion is throughout all generations. The Lord supports all who fall, and makes erect all who are bent. The eyes of all look expectantly to You, and You give them their food at the proper time. You open Your hand and satisfy the desire of every living thing. The Lord is righteous in all His ways, and benevolent in all His deeds. The Lord is close to all who call upon Him, to all who call upon Him in truth. He fulfills the desire of those who fear Him, hears their cry, and delivers them. The Lord watches over all who love Him, and will destroy all the wicked. My mouth will utter the praise of the Lord, and let all flesh bless His holy Name forever.[1] And we will bless the Lord from now to eternity. Praise the Lord.[2]

Chazzan recites Half Kaddish. Congregation responds Amen as indicated.

יִתְגַּדַּל Exalted and hallowed be His great Name (Cong: Amen.) throughout the world which He has created according to His will. May He establish His kingship, bring forth His redemption and hasten the coming of His Mashiach (Cong: Amen.) in your lifetime and in your days and in the lifetime of the entire House of Israel, speedily and soon, and say, Amen.

(Cong: Amen. May His great Name be blessed forever and to all eternity. Blessed.)

May His great Name be blessed forever and to all eternity. Blessed and praised, glorified, exalted and extolled, honored, adored and lauded be the Name of the Holy One, blessed be He, (Cong: Amen.) beyond all the blessings, hymns, praises and consolations that are uttered in the world; and say, Amen. (Cong: Amen.)

On a public fast day the Torah is read at this point. The order of the reading is on page 20.

וְרַחֲמָיו עַל כָּל מַעֲשָׂיו: יוֹדוּךָ יְיָ כָּל מַעֲשֶׂיךָ, וַחֲסִידֶיךָ
יְבָרְכוּכָה: כְּבוֹד מַלְכוּתְךָ יֹאמֵרוּ, וּגְבוּרָתְךָ יְדַבֵּרוּ:
לְהוֹדִיעַ לִבְנֵי הָאָדָם גְּבוּרֹתָיו, וּכְבוֹד הֲדַר מַלְכוּתוֹ:
מַלְכוּתְךָ מַלְכוּת כָּל עֹלָמִים, וּמֶמְשַׁלְתְּךָ בְּכָל דּוֹר וָדֹר:
סוֹמֵךְ יְיָ לְכָל הַנֹּפְלִים, וְזוֹקֵף לְכָל הַכְּפוּפִים: עֵינֵי כֹל
אֵלֶיךָ יְשַׂבֵּרוּ, וְאַתָּה נוֹתֵן לָהֶם אֶת אָכְלָם בְּעִתּוֹ: פּוֹתֵחַ
אֶת יָדֶךָ, וּמַשְׂבִּיעַ לְכָל חַי רָצוֹן: צַדִּיק יְיָ בְּכָל דְּרָכָיו,
וְחָסִיד בְּכָל מַעֲשָׂיו: קָרוֹב יְיָ לְכָל קֹרְאָיו, לְכֹל אֲשֶׁר
יִקְרָאֻהוּ בֶאֱמֶת: רְצוֹן יְרֵאָיו יַעֲשֶׂה, וְאֶת שַׁוְעָתָם יִשְׁמַע
וְיוֹשִׁיעֵם: שׁוֹמֵר יְיָ אֶת כָּל אֹהֲבָיו, וְאֵת כָּל הָרְשָׁעִים
יַשְׁמִיד: תְּהִלַּת יְיָ יְדַבֶּר פִּי, וִיבָרֵךְ כָּל בָּשָׂר שֵׁם קָדְשׁוֹ
לְעוֹלָם וָעֶד:[1] וַאֲנַחְנוּ נְבָרֵךְ יָהּ, מֵעַתָּה וְעַד עוֹלָם,
הַלְלוּיָהּ:[2]

Chazzan recites Half Kaddish. Congregation responds אָמֵן as indicated.

יִתְגַּדַּל וְיִתְקַדַּשׁ שְׁמֵהּ רַבָּא. (Cong—אָמֵן) בְּעָלְמָא דִּי
בְרָא כִרְעוּתֵהּ וְיַמְלִיךְ מַלְכוּתֵהּ, וְיַצְמַח פּוּרְקָנֵהּ
וִיקָרֵב מְשִׁיחֵהּ. (Cong—אָמֵן) בְּחַיֵּיכוֹן וּבְיוֹמֵיכוֹן וּבְחַיֵּי דְכָל
בֵּית יִשְׂרָאֵל, בַּעֲגָלָא וּבִזְמַן קָרִיב וְאִמְרוּ אָמֵן:

(Cong—אָמֵן. יְהֵא שְׁמֵהּ רַבָּא מְבָרַךְ לְעָלַם וּלְעָלְמֵי עָלְמַיָּא, יִתְבָּרֵךְ.)

יְהֵא שְׁמֵהּ רַבָּא מְבָרַךְ לְעָלַם וּלְעָלְמֵי עָלְמַיָּא. יִתְבָּרֵךְ,
וְיִשְׁתַּבַּח, וְיִתְפָּאַר, וְיִתְרוֹמַם, וְיִתְנַשֵּׂא, וְיִתְהַדָּר, וְיִתְעַלֶּה,
וְיִתְהַלָּל, שְׁמֵהּ דְּקוּדְשָׁא בְּרִיךְ הוּא. (Cong—אָמֵן) לְעֵלָּא
מִן כָּל בִּרְכָתָא וְשִׁירָתָא, תֻּשְׁבְּחָתָא וְנֶחֱמָתָא, דַּאֲמִירָן
בְּעָלְמָא, וְאִמְרוּ אָמֵן: (Cong—אָמֵן)

On a public fast day the Torah is read at this point. The order of the reading is on page 20.

1. Psalm 145. 2. Ibid. 115:18.

Say three times: יי The Lord of hosts is with us; the God of Jacob is our stronghold forever.[1]

Say three times: יי Lord of hosts, happy is the man who trusts in You.[2]

Say three times: יי Lord, deliver us; may the King answer us on the day we call.[3]

וְעָרְבָה Then shall the offering of Judah and Jerusalem be pleasing to the Lord, as in the days of old and as in bygone years.[4]

אָנָּא We implore You, by the great power of Your right hand, release the captive. Accept the prayer of Your people; strengthen us, purify us, Awesome One. Mighty One, we beseech You, guard as the apple of the eye those who seek Your Oneness. Bless them, cleanse them; bestow upon them forever Your merciful righteousness. Powerful, Holy One, in Your abounding goodness, guide Your congregation. Only and Exalted One, turn to Your people who are mindful of Your holiness. Accept our supplication and hear our cry, You who knows secret thoughts. Blessed be the name of the glory of His kingdom forever and ever.

ASHREI

אַשְׁרֵי Happy are those who dwell in Your House; they will yet praise You forever.[5] Happy is the people whose lot is thus; happy is the people whose God is the Lord.[6] A psalm of praise by David: I will exalt You, my God the King, and bless Your Name forever. Every day I will bless You, and extol Your Name forever. The Lord is great and exceedingly exalted, and there is no limit to His greatness. One generation to another will laud Your works, and tell of Your mighty acts. I will speak of the splendor of Your glorious majesty and of Your wondrous deeds. They will proclaim the might of Your awesome acts, and I will recount Your greatness. They will express the remembrance of Your abounding goodness, and sing of Your righteousness. The Lord is gracious and compassionate, slow to anger and of great kindness. The Lord is good to all, and His mercies

— Say three times יְיָ צְבָאוֹת עִמָּנוּ, מִשְׂגָּב לָנוּ אֱלֹהֵי יַעֲקֹב סֶלָה:[1]

— Say three times יְיָ צְבָאוֹת, אַשְׁרֵי אָדָם בֹּטֵחַ בָּךְ:[2]

— Say three times יְיָ הוֹשִׁיעָה, הַמֶּלֶךְ יַעֲנֵנוּ בְיוֹם קָרְאֵנוּ:[3]

וְעָרְבָה לַייָ מִנְחַת יְהוּדָה וִירוּשָׁלָיִם, כִּימֵי עוֹלָם וּכְשָׁנִים קַדְמוֹנִיּוֹת:[4]

When reciting אָנָּא בְּכֹחַ, look at—or visualize—the Divine Names formed by the acronyms of the words (as they appear in the left column), but do not say them.

אָנָּא, בְּכֹחַ גְּדֻלַּת יְמִינְךָ, תַּתִּיר צְרוּרָה. אב"ג ית"ץ

קַבֵּל רִנַּת עַמְּךָ, שַׂגְּבֵנוּ, טַהֲרֵנוּ, נוֹרָא. קר"ע שט"ן

נָא גִבּוֹר, דּוֹרְשֵׁי יִחוּדְךָ, כְּבָבַת שָׁמְרֵם. נג"ד יכ"ש

בָּרְכֵם, טַהֲרֵם, רַחֲמֵי צִדְקָתְךָ תָּמִיד גָּמְלֵם. בט"ר צת"ג

חֲסִין קָדוֹשׁ, בְּרוֹב טוּבְךָ נַהֵל עֲדָתֶךָ. חק"ב טנ"ע

יָחִיד, גֵּאֶה, לְעַמְּךָ פְּנֵה, זוֹכְרֵי קְדֻשָּׁתֶךָ. יג"ל פז"ק

שַׁוְעָתֵנוּ קַבֵּל, וּשְׁמַע צַעֲקָתֵנוּ, יוֹדֵעַ תַּעֲלוּמוֹת. שק"ו צי"ת

בָּרוּךְ שֵׁם כְּבוֹד מַלְכוּתוֹ לְעוֹלָם וָעֶד:

ASHREI

אַשְׁרֵי יוֹשְׁבֵי בֵיתֶךָ, עוֹד יְהַלְלוּךָ סֶלָה:[5] אַשְׁרֵי הָעָם שֶׁכָּכָה לּוֹ, אַשְׁרֵי הָעָם שֶׁייָ אֱלֹהָיו:[6] תְּהִלָּה לְדָוִד, אֲרוֹמִמְךָ אֱלוֹהַי הַמֶּלֶךְ, וַאֲבָרְכָה שִׁמְךָ לְעוֹלָם וָעֶד: בְּכָל יוֹם אֲבָרְכֶךָּ, וַאֲהַלְלָה שִׁמְךָ לְעוֹלָם וָעֶד: גָּדוֹל יְיָ וּמְהֻלָּל מְאֹד, וְלִגְדֻלָּתוֹ אֵין חֵקֶר: דּוֹר לְדוֹר יְשַׁבַּח מַעֲשֶׂיךָ, וּגְבוּרֹתֶיךָ יַגִּידוּ: הֲדַר כְּבוֹד הוֹדֶךָ, וְדִבְרֵי נִפְלְאוֹתֶיךָ אָשִׂיחָה: וֶעֱזוּז נוֹרְאוֹתֶיךָ יֹאמֵרוּ, וּגְדֻלָּתְךָ אֲסַפְּרֶנָּה: זֵכֶר רַב טוּבְךָ יַבִּיעוּ, וְצִדְקָתְךָ יְרַנֵּנוּ: חַנּוּן וְרַחוּם יְיָ, אֶרֶךְ אַפַּיִם וּגְדָל חָסֶד: טוֹב יְיָ לַכֹּל,

1. Psalms 46:8. 2. Ibid. 84:13. 3. Ibid. 20:10. 4. Malachi 3:4. 5. Psalms 84:5. 6. Ibid. 144:15.

solar year, one *maneh* for each day—half a *maneh* to be offered in the morning and half toward evening; and the other three *manim* from which the Kohen Gadol took two handfuls [into the Holy of Holies] on Yom Kippur. These [three *manim*] were put back into the mortar on the day before Yom Kippur and ground again very thoroughly so as to make the incense extremely fine. The incense contained the following eleven kinds of spices: 1) balm, 2) onycha, 3) galbanum, 4) frankincense—each one weighing seventy *maneh*; 5) myrrh, 6) cassia, 7) spikenard, 8) saffron—each weighing sixteen *maneh*; 9) costus, twelve *maneh*; 10) aromatic bark, three [*maneh*]; 11) cinnamon, nine [*maneh*]. [Also used in the preparation of the incense were:] lye of Carshina, nine *kabin*; Cyprus wine, three *se'in* and three *kabin*—if Cyprus wine was not available, strong white wine might be used instead; salt of Sodom, a fourth of a *kab*; and a minute quantity of a smoke-raising herb. Rabbi Nathan the Babylonian says: A minute quantity of Jordan amber was also added. If, however, honey were added, the incense became unfit; while if one left out any one of the ingredients, he was liable to the penalty of death.

רַבָּן Rabban Shimon ben Gamliel says: The balm is no other than a resin which exudes from the balsam trees. The lye of Carshina was used for rubbing on the onycha to refine its appearance. The Cyprus wine was used in which to steep the onycha to make its odor more pungent. Though the water of Raglayim might have served that purpose well, it would be disrespectful to bring it into the Bet Hamikdash.

תַּנְיָא It has been taught, Rabbi Nathan says: While the Kohen was grinding the incense, the overseer would say, "Grind it thin, grind it thin," because the [rhythmic] sound is good for the compounding of the spices. If only half the yearly required quantity of incense was prepared, it was fit for use; but we have not heard if it was permissible to prepare only a third or a fourth of it. Rabbi Yehudah said: The general rule is that if the incense was compounded in its correct proportions, it was fit for use even if only half the annually required quantity was prepared; if, however, one left out any one of its ingredients, he was liable to the penalty of death.

תַּנְיָא It has been taught, Bar Kappara says: Once in sixty or seventy years, half of the required yearly quantity of incense came from the accumulated surpluses [from the three *maneh* from which the High Priest took two handfuls on Yom Kippur]. Bar Kappara also taught: Had a minute quantity of honey been mixed into the incense, no one could have resisted the scent. Why then was no honey mixed with it? Because the Torah said: You shall present no leaven nor honey as an offering by fire to the Lord.[1]

הַחַמָּה, מָנֶה לְכָל יוֹם פְּרַס בְּשַׁחֲרִית וּפְרַס בֵּין הָעַרְבָּיִם, וּשְׁלֹשָׁה מָנִים יְתֵרִים, שֶׁמֵּהֶם מַכְנִיס כֹּהֵן גָּדוֹל מְלֹא חָפְנָיו בְּיוֹם הַכִּפּוּרִים, וּמַחֲזִירָן לְמַכְתֶּשֶׁת בְּעֶרֶב יוֹם הַכִּפּוּרִים, וְשׁוֹחֲקָן יָפֶה יָפֶה כְּדֵי שֶׁתְּהֵא דַקָּה מִן הַדַּקָּה. וְאַחַד עָשָׂר סַמָּנִים הָיוּ בָהּ. וְאֵלּוּ הֵן: 1) הַצֳּרִי 2) וְהַצִּפֹּרֶן 3) הַחֶלְבְּנָה 4) וְהַלְּבוֹנָה מִשְׁקַל שִׁבְעִים שִׁבְעִים מָנֶה, 5) מוֹר 6) וּקְצִיעָה 7) שִׁבֹּלֶת נֵרְדְּ 8) וְכַרְכֹּם מִשְׁקַל שִׁשָּׁה עָשָׂר שִׁשָּׁה עָשָׂר מָנֶה, 9) הַקֹּשְׁטְ שְׁנֵים עָשָׂר, 10) קִלּוּפָה שְׁלֹשָׁה, 11) קִנָּמוֹן תִּשְׁעָה. בֹּרִית כַּרְשִׁינָה תִּשְׁעָה קַבִּין, יֵין קַפְרִיסִין סְאִין תְּלָתָא וְקַבִּין תְּלָתָא, וְאִם אֵין לוֹ יֵין קַפְרִיסִין מֵבִיא חֲמַר חִוַּרְיָן עַתִּיק. מֶלַח סְדוֹמִית רֹבַע, מַעֲלֶה עָשָׁן כָּל שֶׁהוּא. רַבִּי נָתָן הַבַּבְלִי אוֹמֵר: אַף כִּפַּת הַיַּרְדֵּן כָּל שֶׁהִיא, וְאִם נָתַן בָּהּ דְּבַשׁ פְּסָלָהּ, וְאִם חִסַּר אֶחָד מִכָּל סַמָּנֶיהָ חַיָּב מִיתָה:

רַבָּן שִׁמְעוֹן בֶּן גַּמְלִיאֵל אוֹמֵר: הַצֳּרִי אֵינוֹ אֶלָּא שְׂרָף הַנּוֹטֵף מֵעֲצֵי הַקְּטָף, בֹּרִית כַּרְשִׁינָה שֶׁשָּׁפִין בָּהּ אֶת הַצִּפֹּרֶן, כְּדֵי שֶׁתְּהֵא נָאָה; יֵין קַפְרִיסִין שֶׁשּׁוֹרִין בּוֹ אֶת הַצִּפֹּרֶן כְּדֵי שֶׁתְּהֵא עַזָּה. וַהֲלֹא מֵי רַגְלַיִם יָפִין לָהּ, אֶלָּא שֶׁאֵין מַכְנִיסִין מֵי רַגְלַיִם בַּמִּקְדָּשׁ מִפְּנֵי הַכָּבוֹד:

תַּנְיָא רַבִּי נָתָן אוֹמֵר: כְּשֶׁהוּא שׁוֹחֵק אוֹמֵר: הָדֵק הֵיטֵב, הֵיטֵב הָדֵק, מִפְּנֵי שֶׁהַקּוֹל יָפֶה לַבְּשָׂמִים. פִּטְּמָהּ לַחֲצָאִין כְּשֵׁרָה, לִשְׁלִישׁ וְלִרְבִיעַ, לֹא שָׁמַעְנוּ. אָמַר רַבִּי יְהוּדָה, זֶה הַכְּלָל: אִם כְּמִדָּתָהּ כְּשֵׁרָה לַחֲצָאִין. וְאִם חִסַּר אֶחָד מִכָּל סַמָּנֶיהָ חַיָּב מִיתָה:

תַּנְיָא בַּר קַפָּרָא אוֹמֵר: אַחַת לְשִׁשִּׁים אוֹ לְשִׁבְעִים שָׁנָה הָיְתָה בָאָה שֶׁל שִׁירַיִם לַחֲצָאִין. וְעוֹד תָּנֵי בַּר קַפָּרָא, אִלּוּ הָיָה נוֹתֵן בָּהּ קוֹרְטוֹב שֶׁל דְּבַשׁ, אֵין אָדָם יָכוֹל לַעֲמוֹד מִפְּנֵי רֵיחָהּ, וְלָמָּה אֵין מְעָרְבִין בָּהּ דְּבַשׁ, מִפְּנֵי שֶׁהַתּוֹרָה אָמְרָה, כִּי כָל שְׂאֹר וְכָל דְּבַשׁ לֹא תַקְטִירוּ מִמֶּנּוּ אִשֶּׁה לַייָ:[1]

1. Leviticus 2:11.

MINCHAH FOR WEEKDAYS

KORBANOT—OFFERINGS

Korbanot and Ketoret are recited before beginning *Ashrei* (page 3). On Friday, *Give thanks*... and *Elijah opened* are recited before Korbanot. See page 72.

וַיְדַבֵּר And the Lord spoke to Moses, saying: Command the children of Israel and say to them: My offering, My food-offering consumed by fire, a pleasing odor to Me, you shall be careful to offer Me at its appointed time. And you shall say to them: This is the fire-offering which you shall offer to the Lord—two yearling male lambs without blemish, every day, as a daily burnt-offering. You shall offer one lamb in the morning, and the other lamb toward evening; and a tenth of an *ephah* of fine flour mixed with a fourth of a *hin* of oil of crushed olives as a meal-offering. This is a daily burnt-offering, as it was made at Mount Sinai, for a pleasing odor, a fire-offering to the Lord. And its wine-offering shall be a fourth of a *hin* for the one lamb; in the Sanctuary you shall pour out a wine-offering of strong wine to the Lord. And you shall offer the other lamb toward evening, with the same meal-offering and the same wine-offering as in the morning, to be a fire-offering of pleasing odor to the Lord.[1]

וְשָׁחַט He shall slaughter it on the north side of the altar before the Lord; and Aaron's sons, the Kohanim, shall sprinkle its blood all around the altar.[2]

KETORET—INCENSE

אַתָּה You are the Lord our God and God of our fathers before whom our ancestors burned the offering of incense when the Bet Hamikdash stood, as You have commanded them through Moses Your prophet, as it is written in Your Torah:

וַיֹּאמֶר The Lord said to Moses: Take fragrant spices, stacte, onycha, and galbanum, fragrant spices, and pure frankincense; there shall be an equal weight of each. And you shall make it into incense, a compound expertly blended, well-mingled, pure and holy. You shall grind some of it very fine, and put some of it before the Ark in the Tabernacle, where I will meet with you; most holy shall it be to you.[3] And it is written: Aaron shall burn upon the altar the incense of fragrant spices; every morning when he cleans the lamps [of the menorah], he shall burn it. And toward evening, when Aaron lights the menorah, he shall burn it; this is a continual incense-offering before the Lord throughout your generations.[4]

תָּנוּ The Rabbis have taught:[5] How was the incense prepared? It weighed 368 *manim*: 365 corresponding to the number of days in the

MINCHAH FOR WEEKDAYS

KORBANOT—OFFERINGS

Korbanot and Ketoret are recited before beginning אַשְׁרֵי (page 3). On Friday, הודו and פְּתַח אֵלִיָּהוּ are recited before Korbanot. See page 72.

וַיְדַבֵּר יְיָ אֶל מֹשֶׁה לֵּאמֹר: צַו אֶת בְּנֵי יִשְׂרָאֵל וְאָמַרְתָּ אֲלֵהֶם, אֶת קָרְבָּנִי לַחְמִי לְאִשַּׁי, רֵיחַ נִיחֹחִי תִּשְׁמְרוּ לְהַקְרִיב לִי בְּמוֹעֲדוֹ: וְאָמַרְתָּ לָהֶם, זֶה הָאִשֶּׁה אֲשֶׁר תַּקְרִיבוּ לַייָ, כְּבָשִׂים בְּנֵי שָׁנָה תְמִימִם, שְׁנַיִם לַיּוֹם, עֹלָה תָמִיד: אֶת הַכֶּבֶשׂ אֶחָד תַּעֲשֶׂה בַבֹּקֶר, וְאֵת הַכֶּבֶשׂ הַשֵּׁנִי תַּעֲשֶׂה בֵּין הָעַרְבָּיִם: וַעֲשִׂירִית הָאֵיפָה סֹלֶת לְמִנְחָה, בְּלוּלָה בְּשֶׁמֶן כָּתִית רְבִיעִת הַהִין: עֹלַת תָּמִיד, הָעֲשֻׂיָה בְּהַר סִינַי לְרֵיחַ נִיחֹחַ אִשֶּׁה לַייָ: וְנִסְכּוֹ רְבִיעִת הַהִין לַכֶּבֶשׂ הָאֶחָד, בַּקֹּדֶשׁ הַסֵּךְ נֶסֶךְ שֵׁכָר לַייָ: וְאֵת הַכֶּבֶשׂ הַשֵּׁנִי תַּעֲשֶׂה בֵּין הָעַרְבָּיִם, כְּמִנְחַת הַבֹּקֶר וּכְנִסְכּוֹ תַּעֲשֶׂה, אִשֵּׁה רֵיחַ נִיחֹחַ לַייָ:[1]

וְשָׁחַט אֹתוֹ עַל יֶרֶךְ הַמִּזְבֵּחַ צָפֹנָה לִפְנֵי יְיָ, וְזָרְקוּ בְּנֵי אַהֲרֹן הַכֹּהֲנִים אֶת דָּמוֹ עַל הַמִּזְבֵּחַ סָבִיב:[2]

KETORET—INCENSE

אַתָּה הוּא יְיָ אֱלֹהֵינוּ וֵאלֹהֵי אֲבוֹתֵינוּ, שֶׁהִקְטִירוּ אֲבוֹתֵינוּ לְפָנֶיךָ אֶת קְטֹרֶת הַסַּמִּים בִּזְמַן שֶׁבֵּית הַמִּקְדָּשׁ קַיָּם, כַּאֲשֶׁר צִוִּיתָ אוֹתָם עַל יַד מֹשֶׁה נְבִיאֶךָ, כַּכָּתוּב בְּתוֹרָתֶךָ:

וַיֹּאמֶר יְיָ אֶל מֹשֶׁה, קַח לְךָ סַמִּים, נָטָף, וּשְׁחֵלֶת, וְחֶלְבְּנָה, סַמִּים, וּלְבֹנָה זַכָּה, בַּד בְּבַד יִהְיֶה: וְעָשִׂיתָ אֹתָהּ קְטֹרֶת, רֹקַח מַעֲשֵׂה רוֹקֵחַ, מְמֻלָּח טָהוֹר קֹדֶשׁ: וְשָׁחַקְתָּ מִמֶּנָּה הָדֵק, וְנָתַתָּה מִמֶּנָּה לִפְנֵי הָעֵדֻת בְּאֹהֶל מוֹעֵד, אֲשֶׁר אִוָּעֵד לְךָ שָׁמָּה, קֹדֶשׁ קָדָשִׁים תִּהְיֶה לָכֶם:[3] וְנֶאֱמַר: וְהִקְטִיר עָלָיו אַהֲרֹן קְטֹרֶת סַמִּים, בַּבֹּקֶר בַּבֹּקֶר בְּהֵיטִיבוֹ אֶת הַנֵּרֹת יַקְטִירֶנָּה: וּבְהַעֲלֹת אַהֲרֹן אֶת הַנֵּרֹת בֵּין הָעַרְבַּיִם יַקְטִירֶנָּה, קְטֹרֶת תָּמִיד לִפְנֵי יְיָ לְדֹרֹתֵיכֶם:[4]

תָּנוּ רַבָּנָן,[5] פִּטּוּם הַקְּטֹרֶת כֵּיצַד: שְׁלֹשׁ מֵאוֹת וְשִׁשִּׁים וּשְׁמוֹנָה מָנִים הָיוּ בָהּ. שְׁלֹשׁ מֵאוֹת וְשִׁשִּׁים וַחֲמִשָּׁה כְּמִנְיַן יְמוֹת

---

1. Numbers 28:1-8. **2.** Leviticus 1:11. **3.** Exodus 30:34-36. **4.** Ibid. 30:7-8. **5.** V. Keritot 6a-b; Yerushalmi, Yoma 4:5.

Tefilat Mincha
and Tefilat Arvit

NUSACH HA-ARI ZAL

Annotated Edition

•

According to the Text of
RABBI SHNEUR ZALMAN OF LIADI

With an English Translation
by
Rabbi Nissen Mangel

Published and Copyrighted by
MERKOS L'INYONEI CHINUCH
770 Eastern Parkway / Brooklyn, New York 11213
5779 • 2019

Tefilat Minchah and Tefilat Arvit
With English Translation
Annotated Edition

Copyright © 2007
Third Printing—July 2019

by

Merkos L'Inyonei Chinuch
770 Eastern Parkway / Brooklyn, New York 11213
(718) 774-4000 / Fax (718) 774-2718
editor@kehot.com / www.kehot.org

Orders Department:
291 Kingston Avenue / Brooklyn, New York 11213
(718) 778-0226 / Fax (718) 778-4148
www.kehot.com

LC record available at https://lccn.loc.gov/2012550298

3 5 7 9 11 12 10 8 6 4

ISBN 978-0-8266-0158-2

Manufactured in the United States of America

תפלת מנחה
ותפלת ערבית

לימי החול

על פי נוסח האר"י ז"ל

•

עם תרגום אנגלי

הדפסה שלישית

הוצאת

המרכז לעניני חנוך

770 איסטערן פאַרקוויי ברוקלין, נ.י.

שנת חמשת אלפים שבע מאות שבעים ותשע לבריאה